« RÉPONSES »
*Collection dirigée par Sylvie Angel
et Abel Gerschenfeld*

DU MÊME AUTEUR

Père manquant, fils manqué. Que sont les hommes devenus ?
Éditions de l'Homme, Montréal, 1989.
Comme un cri du cœur. Témoignages. Éditions l'Essentiel,
Montréal, 1992. (Avec H. Reeves, A. Jacquard, A. Maillet,
P. Dansereau, A. Grossmann.
N'y a-t-il pas d'amour heureux ?
Éditions Robert Laffont, « collection Réponses », 1997.

GUY CORNEAU

LA GUÉRISON DU CŒUR

Nos souffrances ont-elles un sens ?

ROBERT LAFFONT

© Éditions Robert Laffont, S.A., Paris, 2000
ISBN 2-221-09037-3

*À ceux et à celles qui souffrent d'être en vie,
à mon frère Réjean
et à ceux de mes amis qui nous ont déjà quittés
parce que la souffrance leur était intolérable,
ce livre, en offrande.*

Tout y parle d'amour, et les eaux, et la brise, et les rameaux, et les oiseaux, et les poissons, et l'herbe, et tous font des vœux pour que je ne cesse pas d'aimer.

Pétrarque [1]

---

1. Je dois à l'auteur et acteur Philippe Avron de m'avoir fait connaître ce poème de Pétrarque qu'il cite à la fin de son spectacle « Je suis un saumon ».

Avant-propos

LA PRESQUE MORT

Un témoignage personnel

Avez-vous vu mon cheval ?

Il était une fois, au Moyen-Orient, un cavalier qui allait de village en village, en pleine nuit, à bride abattue. Il réveillait les habitants de chaque bourg pour leur demander, d'un ton anxieux : « Avez-vous vu mon cheval ? » Personne n'osait lui répondre qu'il était assis dessus tellement cela semblait évident. Il était en fait le seul à ne pas s'en apercevoir. Cette anecdote, tirée du répertoire de la sagesse soufie qui constitue la branche mystique de l'islam, illustre la course de l'homme lancé à fond de train dans sa quête de l'amour, de lui-même et du sens de la vie.

J'ai été à l'image de ce cavalier pendant la majeure partie de ma vie, et je lui ressemble encore la plupart du temps. Cependant, par la grâce de certains événements qui m'ont forcé à stopper ma course, j'ai pu sortir de ma torpeur et trouver réponse à certaines des questions qui me tourmentaient depuis l'enfance. Autrement dit, j'ai eu la bonne fortune d'entrevoir mon cheval à quelques reprises.

Je désire donc, au tout début de ce volume consacré au sens des crises et des épreuves, partager ces événements qui ont transformé ma vision de l'existence. Ils concernent un aller et retour aux frontières de la mort par l'intermédiaire de la maladie, et, bien qu'il se soit agi d'une épreuve physique et morale dont la souffrance a été l'ingrédient fondamental, l'affliction s'est avérée un bienfait dont je goûte encore les fruits.

La guérison du cœur

Mon but n'est pas ici de me singulariser en présentant cet épisode. Je vous le soumets, avec quelque hésitation d'ailleurs, pour que vous compreniez comment les questions qu'il m'a posées ont pu à la fois bouleverser ma vie et nourrir ma réflexion de psychanalyste. J'espère que vous serez à même d'en tirer quelque chose qui puisse vous servir sur votre propre chemin, car nous apprenons souvent mieux à travers les témoignages que par les théories.

En réalité, il m'a fallu une bonne dizaine d'années pour intégrer cette expérience et modifier mon regard par rapport au sens des crises, des épreuves et des souffrances qui jalonnent nos vies. Ce livre est en quelque sorte le résultat de cette réflexion. Je vous invite donc, en toute simplicité, à commencer par la lecture de ce témoignage personnel [1].

La descente aux enfers

Je souffre depuis une vingtaine d'années d'une colite ulcéreuse que je contrôle aujourd'hui sans médicaments, par un régime alimentaire approprié, de la relaxation, des exercices réguliers et un bon état d'esprit. Au moment de la crise, je vivais sans avoir fait de rechute depuis trois ans. Mon premier livre, *Père manquant, fils manqué* [2], venait tout juste d'être publié et connaissait un franc succès, succès accompagné de son cortège de conférences, d'entrevues, de tournées de promotion et de séances de signatures. Je me réjouissais à l'idée des vacances toutes proches. C'était négliger l'usure de ma monture !

L'année qui avait précédé la publication de mon livre m'avait épuisé. La réécriture du texte, ajoutée à ma pratique quotidienne de psychanalyste, à mon enseignement et à mes ateliers de fin de semaine, m'avait obligé à prendre la plume le soir, parfois jusque tard dans la nuit. Je voulais respecter l'échéance fixée par l'éditeur pour que mon livre paraisse au printemps. Et au printemps il sortit !

Mais voilà qu'après ces mois de tension mon intestin commence à faire des siennes. Peu importe les moyens auxquels

---

[1]. Je reprends ici presque sans retouches la première moitié d'un texte intitulé « Comme le nuage va, comme l'oiseau chante », écrit deux ans après les événements et paru dans un livre collectif intitulé *Comme un cri du cœur – Témoignages,* Montréal, L'Essentiel, 1992.

[2]. *Père manquant, fils manqué. Que sont les hommes devenus ?,* Montréal, Éditions de l'Homme, 1982.

j'ai recours pour enrayer l'accès qui s'annonce, rien n'y fait. Du début juillet à la mi-août, je connais une véritable descente aux enfers. Au plus mal de cette crise, je subis de vingt à trente hémorragies quotidiennes, je ne garde plus aucun aliment, je ne peux plus dormir la nuit et je maigris à vue d'œil.

Mon nouveau médecin veut m'hospitaliser, mais moi qui ne jure que par les médecines douces, je refuse. Je préfère jouer ma dernière carte : le jeûne. Le jeûne, que j'ai expérimenté à quelques reprises déjà, me semble alors la technique idéale pour donner un peu de repos à cet intestin en révolte. Je décide donc de faire faux bond à mon médecin, qui me laisse aller en exprimant ses doutes par rapport à ma décision.

Je connaissais de réputation une clinique de jeûne dans le Saguenay, au Québec, région où habitent mes parents. Je demandai une entrevue au directeur de l'institution. Au moment de me présenter à lui, mon moral s'était considérablement affaibli, j'étais à bout de forces, j'avais perdu sept kilos en quarante-cinq jours et j'avais peur d'être trop faible pour soutenir un jeûne. Quand je lui expliquai mon cas et lui mentionnai mes inquiétudes, il eut pour seule réponse : « Tes valises sont prêtes ? Viens, nous allons te guérir ! »

Je me pris à sourire intérieurement devant l'assurance sans faille de cet homme qui avait placardé sur ses murs une impressionnante panoplie de certificats et de diplômes. Je m'imaginai répondre de la sorte à l'un de mes patients après quelques minutes d'entrevue ! Cela me semblait de la pure présomption ! Je me méfiais, mais j'étais désespéré. En fait, j'avais peur de l'hôpital et je ne savais plus où chercher refuge. Je me présentai à la clinique le lendemain matin. Mes valises étaient prêtes, en effet, mais j'étais loin de me douter pour quel voyage !

Zoom dans un nuage

Contrairement à mes attentes, le jeûne ne changea pratiquement rien à ma condition. Les diarrhées diminuèrent bien jusqu'à une dizaine par jour : or, en pratique, elles auraient dû cesser tout à fait puisque je n'ingurgitais plus aucune nourriture. Mon état semblait inexplicable. Des examens ultérieurs allaient révéler que le problème de colite s'était doublé d'un problème de sang : mon sang ne coagulait plus, mes plaquettes sanguines avaient chuté à huit mille. En d'autres termes, j'étais comme un hémophile. Les ulcères n'avaient aucune chance de guérir, parce que le processus de cicatrisation a besoin de la coagulation du sang pour se réaliser. Le jeûne ne changerait rien à la chose, j'en mourrais.

Des événements intérieurs commencèrent à se manifester le septième jour, par un vendredi très chaud de la mi-août. Le terrain de la clinique donnait directement sur une rivière où l'on avait aménagé un quai. J'adore nager et je ne pouvais plus résister à la tentation de l'eau. Mon état de fatigue était cependant tel que je pouvais à peine marcher ; j'avais même dû arrêter de lire parce que les mots n'avaient plus de sens dans ma tête. Un simple quiz télévisé venait à bout de ma concentration. En bref, mes facultés mentales s'éteignaient. Je me baignai donc, mais à peine, car l'eau froide mordit mon corps et me prit en quelques secondes le peu de chaleur qui m'habitait. Je ressortis de la rivière, épuisé, et mis un temps très long à me sécher parce que j'étais ankylosé. Je montai sur le quai tout près et m'étendis sur une chaise, exténué. Le ciel était d'un bleu magnifique, un nuage majestueux s'y profilait.

Je regardais le nuage avec étonnement en ruminant le genre de pensées auxquelles j'ai l'habitude de me livrer : « Ce nuage, d'où vient-il ? Où va-t-il ? Pourquoi existe-t-il ? » C'est alors que se produisit un phénomène étrange : je me retrouvai tout d'un coup en collision avec le nuage, comme si un zoom m'en avait instantanément rapproché. Je fus pour un court moment projeté « dans » le nuage. Je me mis à pleurer parce que je venais de « faire l'expérience » du nuage. Il était simplement posé là, dans l'existence, avec sa beauté et sa majesté. Mes questions m'apparurent stupides. Elles m'empêchaient d'appréhender directement la nature du nuage, de faire un avec lui, de reconnaître en fait ma similarité de nature avec lui.

Je regagnai ma chambre comme « ouvert ». L'impression d'unité profonde avec la nature qui m'entourait ne fit que s'accentuer au cours des jours qui suivirent. Plus je m'affaiblissais, plus je me sentais vulnérable, et plus je communiais de tout mon être avec les vents, les pluies, les coups de tonnerre. Je devenais la pluie, le vent, le tonnerre, sans pour autant perdre mon identité. J'aurais pu tout aussi bien dire : « Il pleut dans moi » ou « Je suis la pluie qui tombe ». C'était la même chose.

Le lendemain matin, je voulus me rendre à une conférence qui se donnait au pavillon central de la clinique. Mais à peine avais-je fait quelques pas au-dehors que je m'écroulai de faiblesse. Encore une fois, mon état me plongea dans un désarroi extrême. Il se produisit alors un second phénomène.

J'avais les yeux ouverts et, bien que conscient, je tombai dans un rêve dont la scène avait pour décor la réalité où je me trouvais. Mes images intérieures se superposaient à ma réalité diurne. Réalité et fantasme acquéraient ainsi un statut équivalent et se fondaient en une nouvelle réalité. Je voyais deux valises couchées le long du trottoir qui bordait la clinique, elles brillaient d'une lumière dorée, mon nom était inscrit en grosses lettres sur l'une d'elles. Elles avaient été déposées là, sans précaution, comme des poubelles attendant le passage du camion à ordures. Je comprenais que ces valises représentaient ma vie et qu'elles contenaient à elles seules tous mes effets personnels. La vie de Guy Corneau prenait fin, bientôt les éboueurs emporteraient tout.

Je me relevai doucement pour aller m'asseoir sur une balançoire. Loin de me sentir abattu, je me sentais léger et libre comme l'air. J'étais délivré du poids de la vie, délivré de Guy Corneau. Un bonheur indicible montait en moi, et je me fis la réflexion suivante : « Je suis mort mais je suis heureux ! » J'étais dans l'éternité, le temps n'existait plus. Cet instant de liberté était si bon qu'il donnait à lui seul un sens à toute ma vie. Tout avait valu la peine ! Les crises, les souffrances, les déceptions, les arrachements, tout ! Tout pour connaître ces quelques instants de béatitude.

Toute ma vie, j'avais été un fruit au bout d'une branche que l'on secoue, et voilà que soudain j'étais relié au tronc par la sève qui circule et nourrit l'arbre entier. Le fruit que j'étais avait retrouvé son lien à l'arbre. J'étais en contact avec la racine. Je comprenais qu'il n'y avait pas de mort, qu'il n'y avait que des changements d'état. Mourir signifiait retourner à la source et se reconnaître identique à tout ce qui vit. Je ne savais pas si Guy Corneau était immortel mais je saisissais à travers cette expérience qu'il faisait partie de quelque chose d'immortel qui poursuivait sa route en lui, par lui et à travers lui.

Tout à coup je n'étais plus le centre de l'univers, je participais à l'histoire éternelle de la nature et de la vie, je faisais partie du grand tout. J'étais pénétré de l'évidence qu'il n'y avait pas d'esprit sans matière ni de matière sans esprit. Le voile était levé. Tout était Un. Moi qui, jusqu'à ce jour, avais toujours eu peur des vers et des insectes souterrains, je me voyais joyeusement mangé et transformé par eux, devenant ce qui n'est qu'un autre aspect de l'aventure de « cela qui est », comme disent les bouddhistes.

Dans cet état, il m'apparaissait nettement que ce que nous devenons n'a aucune importance. Saint ou dévoyé, criminel ou moraliste, chacun contribue à sa façon à cette terrifiante et merveilleuse aventure. Car notre nature la plus intime nous fait participer à une création sans limites. Notre nature, considérée dans son état le plus pur, est semblable à celle du jeune enfant vibrant, enjoué, curieux et émerveillé de tout ce qu'il découvre autour de lui. Dans ce contexte, même mourir est sans conséquence, car ce n'est qu'une autre forme de l'extase.

Pendant ce temps, ma condition physique ne cessait de se détériorer. J'avais l'air d'un individu souffrant de malnutrition : de grands yeux dans un corps excessivement amaigri. Cet après-midi-là, mon frère, qui venait me rendre visite, éclata en sanglots en me voyant : j'étais devenu méconnaissable. Tout le monde semblait se rendre compte du danger de la situation à l'exception de moi et du directeur de la clinique convaincu de l'infaillibilité du jeûne.

Quand mes parents vinrent à leur tour l'après-midi du onzième jour, je les fis asseoir sur mon lit, je les pris par la main et je pleurai. Je leur demandai de pardonner mon ingratitude à leur égard, de même que la dureté de mon livre s'ils en avaient été affectés. La scène n'était pas sans rappeler la fin d'un mélodrame : je parlais au bout de mon souffle, sans voix, comme Marlon Brando dans *Le Parrain*.

Après leur visite, je téléphonai à Francine, ma compagne de l'époque, et lui confiai la tâche d'appeler mes patients pour leur faire part de mon incapacité à reprendre le travail à la date prévue. À mon grand embarras, j'avais peine à me souvenir de leurs noms en raison de mon état de dégénérescence. Cela l'inquiéta beaucoup, et notre conversation la laissa très alarmée.

L'abandon

La nuit du mercredi au jeudi me confronta à des événements marquants. Je me souviens très bien m'être levé du siège des toilettes, à trois heures du matin, pour vérifier de façon routinière la quantité de plasma sanguin perdu, et avoir été atterré par son abondance. En me relevant, abasourdi, j'eus la sensation physique très nette d'avoir atteint mes limites, d'être à la frontière de la mort.

Je me recouchai, accablé. Cette prise de conscience m'arracha un cri muet et des pleurs sans larmes. Je n'avais plus ni voix ni larmes. Comment en étais-je arrivé là ? Je ne pouvais le croire. Je fermai les yeux et j'adressai une prière à Dieu, mon dernier recours. Moi qui n'avais pas prié depuis fort longtemps, je lui dis : « Mon Dieu, j'ai épuisé tous les moyens que je connaissais pour me guérir. Ils ont échoué les uns après les autres. J'abandonne, je cesse de combattre. Tout est maintenant entre tes mains ! »

Je sombrai de nouveau dans cette réalité double où les visions se superposent au réel et en acquièrent la solidité. Je voyais mon corps étendu sur le lit, tout habillé de blanc, et il me fit penser à un grand chien mort. Puis j'eus la sensation très nette d'avoir deux têtes. J'en voyais une devant moi, composée de plusieurs strates superposées dont chacune représentait une couche de préoccupations. Il y avait l'étage de mes soucis amoureux, l'étage de ma carrière et de mes ambitions ainsi que l'étage de mes insécurités financières. Je vis cette tête s'effacer jusqu'à disparaître dans un néant de velours noir, comme si je venais d'éteindre le poste de télévision.

Ensuite, allongé sur le côté, je sentis une présence derrière mon dos, assise juste à la hauteur de mon bassin. Pour ce que j'en devinais, il s'agissait d'un moine du Moyen Âge, vêtu d'une bure. La couleur ocre de sa tunique, vibrante, la rondeur et l'épaisseur de la laine me faisaient du bien. Le moine m'enveloppait de sa robe et parcourait mon corps de ses mains, formant par le mouvement de celles-ci un dôme de chaleur bienfaisante qui allait du dessus de ma tête à la pointe de mes orteils. Sa présence était à la fois d'une douceur infinie et d'une fermeté apaisante. Une phrase parcourait mon être tout entier comme si on la gravait en moi, je la voyais et l'entendais : « Abandonne-toi ! Tout ira bien ! »

C'est alors que je « tombai dans Dieu » ; c'est du moins l'expression qui me vint spontanément à l'esprit. J'avais l'impression d'avoir poussé durant toute ma vie contre un mur, et ce mur venait de céder d'un seul coup. De la petite pièce où je me trouvais, j'avais soudain basculé dans une pièce immense et tout éclairée. J'en éprouvai un sentiment de soulagement, d'expansion et de surprise incroyable. Au bout de cette pièce, dont les murs étaient mouvants, il y avait le sourire et le regard de Dieu. Je comprenais, mais sans pouvoir l'expliquer, que la seule chose qui me retenait à la vie était l'amour, les prières et les inquiétudes de mes proches, et, de façon mystérieuse, je me sentais en communication avec eux. J'étais plein de compassion et de gratitude. Je venais en fait de faire mes premiers pas sur le chemin des « fulgurances » intérieures qui devaient suivre.

Ensuite, je coulai dans un sommeil de trois heures sans avoir à me lever pour aller aux toilettes – une véritable bénédiction. Ces heures furent profondément réparatrices et je me levai à l'aube, réconforté. À huit heures, l'infirmière, dont la gentillesse était exemplaire, vint me chercher afin de me conduire à l'hôpital pour une prise de sang. Le médecin qui venait une fois par semaine à la clinique commençait en effet à s'inquiéter de mon état.

Au retour de l'hôpital les événements se précipitèrent, tous plus énigmatiques les uns que les autres. Je trouvai la directrice sur le pas de ma porte. Elle m'expliqua brièvement que pendant mon absence mon père était venu me chercher et qu'il reviendrait bientôt. Je ne voulais pas la croire. Je lui expliquai que j'étais entré de plein gré à la clinique, que j'avais trente-huit ans et que mon père n'avait rien à voir dans tout cela. Au même instant ce dernier arriva, accompagné par ma mère. Je n'en croyais pas mes yeux. Il me dit calmement, avec une fermeté que je lui avais rarement connue : « Guy, j'ai déjà vu des hommes mourir et tu es en train de mourir, tu dois sortir de la clinique ! » Comme je m'obstinais, il me tourna le dos et il commença à faire mes bagages. Décidément, tout continuait de tourner autour de ces innocentes valises !

Je soupçonnais, avec raison, que son plan consistait à m'emmener à l'hôpital de Chicoutimi, ce à quoi je m'opposais vivement. Au cours de nos palabres, je sentis la présence de la nuit précédente se manifester à nouveau avec beaucoup de clarté et j'entendis en moi pour la seconde fois : « Abandonne-toi ! Tout ira bien ! » Je compris alors que « m'abandonner » signifiait que ma guérison n'emprunterait pas la voie de mes idées toutes faites.

Pour mettre fin à mes tergiversations, mon père me dit alors quelque chose qui m'alla droit au cœur. Il se tourna vers moi et m'avoua sans détour : « Tu sais, c'est vrai que je n'étais pas là quand tu étais jeune, mais aujourd'hui j'y suis et tu vas sortir de la clinique même si tu dois me le reprocher jusqu'à la fin de tes jours ! » Le ton était sans réplique. J'en pris mon parti tout en lui faisant promettre de ne pas me faire hospitaliser.

La bonté fondamentale de mon père m'apparut ce matin-là, et depuis ce jour je suis régulièrement ému au contact de cette bonté. Rétrospectivement, je dois reconnaître que celui contre lequel j'avais tant ragé m'a sauvé la vie avec la clairvoyance de son instinct d'homme des bois.

À peine arrivé à la maison, je reçus un coup de téléphone de mon médecin montréalais. Il ne m'avait vu qu'une seule fois pour un examen, je lui avais fait un pied de nez et voilà qu'il était au bout du fil. Francine l'avait alerté. Je lui dressai le portrait clinique de la situation et aussitôt il m'en fit comprendre la gravité. Il me fit saisir en termes peu équivoques que ma vie était réellement en danger. Il ajouta que c'était maintenant ou jamais et que, si j'attendais encore et suivais une autre de mes lubies, je ne pourrais plus compter sur lui. Je décidai de suivre ses conseils.

La nature angélique

Mon amie Francine vint me chercher en chaise roulante à la sortie de l'avion qui me ramena à Montréal. Ce voyage m'avait malmené au plus haut point : j'avais passé la majorité des soixante-quinze minutes que dure le vol sur le siège des toilettes ! Je ne savais pas si j'allais pouvoir tenir le coup et j'avais une grande peur de m'évanouir pour ne plus jamais me réveiller. Je regrettais amèrement d'avoir insisté pour que mon père demeure à la maison, alors qu'il voulait m'accompagner. Le voyage me parut interminable.

Dans le corridor de l'hôpital, le médecin ne me reconnut pas, car j'avais littéralement fondu pendant ces trois semaines. Il ne perdit pas une minute. Deux heures plus tard, j'étais branché aux deux bras à un soluté de vitamines, un soluté de sérum, et cent milligrammes de cortisone qu'on m'administra pendant dix jours par voie intraveineuse. Je trouvai le personnel du onzième étage de l'hôpital Saint-Luc accueillant et très disponible en dépit d'une grève du personnel infirmier. Je finis même par surnommer cet endroit « le onzième ciel ». Je compris que mes craintes par rapport à l'hospitalisation n'étaient pas fondées. Enfin, je me sentais en sécurité, je savais que je n'allais pas mourir.

En plus des soins qu'il coordonnait avec une grande compétence, mon médecin allait faire preuve d'une humanité touchante. Chaque jour, il passa du temps avec moi pour me parler et m'écouter. Son support moral ne se démentit pas et constitua un élément indéniable de mon retour à la santé. Je lui fis totalement confiance et m'abandonnai à lui. Enfin je n'avais plus à décider par moi-même ce qui était bon pour moi.

Je passai les premiers jours de cette lente remontée au milieu de limbes intérieurs. Mon corps, fouetté par les vitamines et les drogues, tentait de reprendre vie. Ma chambre était fermée à toute intrusion, sauf pour quelques proches ainsi que pour Francine et sa fille Marylis dont les visites m'étaient très précieuses. La cortisone me plongeait dans une excitation artificielle particulièrement agréable, dont les effets marqués se faisaient sentir de jour en jour.

C'est à l'aube du quatrième jour que je fus surpris par un événement qui allait être déterminant pour le reste de ma vie. Ce matin-là, je m'éveillai très tôt, avec les premiers rayons du soleil. J'étais revenu dans ce lieu de double réalité ou de réalités interpénétrées. À nouveau, je voyais mon corps étendu sur mon lit d'hôpital dans la position même où j'étais en vérité. Cette fois, une barre de fer noire était plantée en travers de mon ventre, à l'endroit précis de ma souffrance.

Elle se retira peu à peu, lentement, et, quand elle fut complètement sortie de mon corps, je vis jaillir du trou laissé béant un bel adolescent d'environ dix-huit ans, aux cheveux noirs bouclés, drapé de vêtements amples et légers. Il ressemblait à un personnage d'une toile de Botticelli. Rempli d'une immense fantaisie, il sortit de mon ventre avec un grand rire, pour aller toucher le plafond et s'évanouir dans l'air au-dessus de moi. Je me pris à rire du même rire de délivrance, et, de retour à la sensation de mon corps, j'entendis et sentis s'écrire en moi la phrase suivante : « Guy, tu réprimes ta nature angélique ! »

Dans le quart de seconde qui suivit, je vis dans un éclair de lumière les vingt dernières années de ma vie. Je ne les perçus pas en détail mais je les saisis dans leur essence. Je les éprouvai. Je compris qu'il y avait vingt ans que je brutalisais ma propre sensibilité, vingt ans que je n'écoutais pas mon cœur, mes goûts et mes envies, vingt ans que je rationalisais tout et que j'agissais à mon égard comme le pire des tyrans. Je réalisai d'un coup qu'il y avait longtemps que ce n'était plus la faute de mon père, de ma mère ou de quiconque de mon entourage : j'étais le seul responsable de ma maladie, et il m'était soudain révélé comment j'en avais été l'artisan.

Cette révélation me venait avec une douceur qui emportait tout sur son passage, comme si quelqu'un m'avait approché avec d'infinies précautions pour me souffler à l'oreille : « Guy, pourquoi te fais-tu tellement mal ? Pourquoi n'es-tu pas heureux ? Pourquoi refuses-tu le bonheur ? »

Je me mis à pleurer de regret en prenant conscience du manque de respect que j'avais eu envers moi-même. Je pleurais de m'être fait si mal. J'étais touché par ce que je m'imposais. Mon cœur éclatait. Plus exactement, la carapace rigide qui l'entourait et qui empêchait quiconque d'y toucher cédait enfin. Je me rendais compte que jusqu'ici j'avais aimé par devoir, j'avais aimé par principe, parce qu'il faut aimer. Je pleurai au moins une heure, ému jusqu'au fond de l'âme, ayant une âme enfin, ayant un cœur. Je devais pleurer ainsi tous les jours du mois qui suivit, ému par ce moment de retrouvailles avec moi-même et avec le cœur de la vie. Enfin j'étais réel.

Cette ouverture du cœur ne fit que s'accentuer au fil des jours et des semaines qui suivirent. J'étais plongé dans une béatitude sans nom. Un immense feu d'amour brûlait en moi. Je n'avais qu'à fermer les yeux pour m'abreuver, m'emplir et me rassasier de ce cœur ardent. J'avais une fontaine en moi et je savais que ce lieu était éternel, que la fontaine était inépuisable. Plus, je savais que l'amour était le tissu même de cet univers, l'identité commune de chaque être et de chaque chose. Il n'y avait que l'amour et rien d'autre.

Cette ouverture du cœur modifia en profondeur mon rapport avec les gens qui m'entouraient. Je voyais la bonté et la beauté de tous les êtres qui m'approchaient. Les infirmières se confiaient à moi spontanément. Je me disais : « Est-ce que c'est possible ? Le monde est si différent et pourtant il n'a pas changé. Où suis-je quand je ne vois pas toute cette bonté et tout cet amour ? Est-ce que je dors ? » Je trouvais d'ailleurs d'une ironie incommensurable que ce soit au moment où j'étais complètement abattu et sans défense que les gens s'ouvrent à moi sans résistance.

Je compris alors que l'amour est notre manque ultime et que nous courons tous et toutes après le cheval sur lequel nous sommes assis. Je sus que la guérison véritable d'un être humain vient de ce qu'il reconnaît son lien avec l'arbre entier de la vie, de ce qu'il reconnaît l'unité indissociable de tout ce qui est. Le sens de la souffrance résidait dans ces retrouvailles avec l'unité oubliée.

De retour sur terre

Ah ! rester en contact avec la réalité du cœur, cela n'est pas si simple ! L'expérience que je venais de vivre à l'hôpital m'accompagna pendant plusieurs mois. Telle une flamme, elle brûlait au centre de moi-même et faisait briller toutes les réalités d'une lumière aux couleurs riches et intenses. Par exemple, je ne finissais pas de m'émerveiller du fait que la nourriture, dans mon assiette, possédait sa propre luminosité. Il suffisait que je m'arrête quelques secondes devant un arbre pour sentir à nouveau l'énergie circuler entre moi et le monde et retrouver la sensation d'être intégré au grand flux cosmique. Je m'étonnais de la simplicité du procédé : il suffisait de faire le vide mental et d'accepter la réalité exactement comme elle était. Je n'en revenais pas, j'avais trouvé la clé du paradis !

Enrichi de cette expérience intérieure, je recouvrai assez vite la santé, ce dont mes médecins se félicitaient. Je répondais on ne peut mieux aux traitements. La personne qui me soignait du point de vue sanguin m'avait d'ailleurs préparé à une lutte plus longue, mais tout revint à la normale si rapidement qu'après deux mois de repos je pus reprendre le travail.

Je mesurai, hélas, bien vite, l'énorme distance qui sépare une période de convalescence de l'implacable vie quotidienne. Pour vivre, il faut se lever chaque matin, décider ce que l'on va faire de sa journée, penser à ce que l'on mangera, etc. La reprise de mes activités fut donc très pénible : je me sentis pendant plusieurs jours comme un chien enragé qui voulait mordre tout le monde. De nouveau je devais dire « je », « je » décide ceci, « je » ne veux pas cela, « je » donnerai telle conférence dans six mois, « je » n'accorderai pas telle entrevue. Et, graduellement, je me voyais retourner dans mon obscurité familière et je rageais.

Une passion amoureuse acheva de me faire perdre pied. Son intensité émotive et la foule de sentiments contradictoires qu'elle provoqua en moi me firent perdre contact avec le centre si précieux que je venais de toucher à l'intérieur de moi-même. Je me rappelai cruellement les paroles d'un sage affirmant qu'une expérience spirituelle, si intense soit-elle, n'est qu'une expérience et qu'elle ne dure pas. En l'espace de six mois à peine, j'avais recréé le même enfer dont je m'étais cru affranchi à jamais. Le même enfer avec un tourment en plus : je savais maintenant, de façon certaine, que l'état d'amour, de disponibilité et de communion avec l'univers était accessible en tout temps !

Par la suite, toutes les fois que j'ai abusé de mes forces, j'ai connu des périodes de crise intense. Ces nombreux accès de colite, qui m'immobilisaient souvent pour des semaines entières, ont apporté leur lot de souffrance, de révolte, d'humiliation et de bénédictions. Rétrospectivement, je peux tout de même affirmer que cette maladie m'a sauvé la vie. Elle a joué, à proprement parler, le rôle d'initiatrice.

Cependant, même si cette expérience a fait fondre en moi le moindre doute par rapport à la nature Une de tout ce qui existe et m'a convaincu que l'amour est la force de cohésion qui unit l'ensemble des phénomènes de l'univers, de retour sur terre, pour ainsi dire, je me suis rendu compte que cette perspective amoureuse est peut-être irrémédiablement inexplicable et pour le moins difficile à vivre au quotidien.

Afin de ne pas sombrer dans une nostalgie de l'état perdu ni passer le reste de mon existence à vivre sur deux niveaux, écartelé entre une vision mystique et la difficile réalité, je me suis mis en devoir d'intégrer cette « chose inexplicable » à ma vie. Je me propose donc, dans ce volume, de vous faire partager les pensées, les lectures, les rencontres et les démarches qui m'ont aidé et qui m'aident encore dans ce travail d'intégration.

Introduction

NOS SOUFFRANCES ONT-ELLES UN SENS ?

Une hypothèse de travail

La poussée vers le sens

Venons-en maintenant à l'hypothèse qui guide ce livre. Comme vous avez pu le constater en lisant l'avant-propos, ma vie n'est pas faite que de lumière. À l'instar de bien des vies, elle est faite de ténèbres et de tâtonnements sans fin. Elle est remplie de joie mais aussi d'un désarroi extrême. Elle est pleine de réussites mais elle connaît également la crise, l'épreuve et la maladie. Les moments difficiles ont suscité en moi toutes sortes de questions dont la principale concerne le sens de la souffrance. Ce livre traite donc du désarroi intime face à la souffrance personnelle. Il concerne le rapport de soi à soi. Il parle du sens des crises, des épreuves et des maladies, de ces périodes ténébreuses qui jalonnent nos vies et qui demeurent trop souvent orphelines de sens – justement.

Les multiples questions qui ont guidé ma réflexion pourraient s'énoncer de la façon suivante : les souffrances dont nous sommes à la fois les observateurs et les expérimentateurs, pour ainsi dire, relèvent-elles de la pure absurdité ou ont-elles un sens latent ? Ces afflictions nous révèlent-elles quelque chose ? Et si oui, quoi ? Quelle attitude adopter par rapport à elles ? Peut-on les comprendre et les dépasser ? Et si oui, comment ? Peut-on passer du stade de celui qui subit sa vie à l'étape de celui qui en devient l'artisan ?

La guérison du cœur

Il existe bien des façons d'aborder ces questions. Toute une panoplie d'attitudes s'offre à celui qui tente de faire face à la souffrance en général et à la sienne en particulier. Celui-ci peut décider de tout mettre de côté jusqu'à ce que le malaise devienne si torturant qu'il ne puisse plus l'ignorer. Il doit alors consulter un médecin ou un psychologue. Et, immanquablement, il se rend compte que ses symptômes font suite à une longue histoire de négligence, d'enfouissement et d'oubli. Ne reste alors que le parti pris d'apprendre quelque chose de son mal et de travailler sur soi qui puisse vraiment profiter à la conscience et à l'évolution de l'être.

Une autre alternative consisterait à rechercher une sorte de pilule magique, une relation prétendument fantastique au sein de laquelle un autre être humain nous prendrait en charge, nous épargnant la difficile tâche de nous occuper de nous-même et d'affronter la question du sens. En général, un tel expédient ne dure cependant qu'un temps, et nous nous retrouvons tôt ou tard devant nous-même parce que le malaise est revenu.

Comme l'a souligné Freud, une souffrance dont on méconnaît le sens et qu'on ne sait pas replacer dans l'histoire d'une vie fait beaucoup plus mal qu'une souffrance que l'on peut s'expliquer. Bien que l'on ne puisse affirmer que tout symptôme a un sens, une pulsion, dans l'être, pousse à rechercher ce sens. Qui plus est, respecter cette pulsion a un effet sur le plan psychologique : soulager de l'angoisse existentielle. L'individu se sent alors sur le chemin de son épanouissement. Il a le sentiment de participer à son propre destin et de devenir l'artisan de sa vie.

La maladie m'a appris à vivre

La quête du sens est devenue une expérience intime qui a transformé ma vie. Tant que j'ai tenté d'ignorer le sens en maintenant la barrière haute entre les domaines physique et psychologique, je ne suis arrivé à rien. Pour parvenir à un mieux-être, j'ai dû abattre ces barrières et devenir sensible au fait que mes douleurs physiques étaient liées à des souffrances affectives et à l'étroitesse de mes croyances.

Je ne l'ai pas réalisé au début de ma maladie, bien sûr, car je ne voulais alors qu'oublier cette maladie en ne faisant que prendre des médicaments. Mais, avec le temps, j'en suis venu à l'idée que je n'étais pas seulement une victime. J'ai réalisé que j'y étais pour quelque chose. Sans abandonner ni condamner la médication, j'ai cherché d'autres voies. J'ai modifié mon régime alimentaire. Je me suis mis à faire de l'exercice et à pratiquer la relaxation. J'ai également appris à contrôler ma fragilité intestinale au moyen de surplus alimentaires, et cela avec de plus en plus de succès. Je ne fais aujourd'hui appel à la cortisone et aux anti-inflammatoires qu'en cas d'absolue nécessité.

Durant ces années, la maladie a continué à stimuler mon travail de transformation intérieure. À la longue, j'ai de mieux en mieux compris le dicton chinois : « Chéris un grand malheur ! » De crise en crise, en effet, j'ai pu atteindre des couches de plus en plus profondes de ma personnalité et faire le lien entre elles et mon déséquilibre physique. J'ai pris conscience du rôle du stress et des émotions difficiles dans mes problèmes. J'ai également découvert combien des convictions insidieuses minaient ma vie. J'avais beau clamer, par exemple, que je cherchais l'amour, une partie de moi soupirait que je serais toute ma vie un incompris et que je ne trouverais jamais la partenaire avec laquelle je pourrais être heureux. Ma véritable maladie consistait à me croire seul et séparé de tous.

La colite a été une initiatrice. Elle m'a appris à vivre. Elle m'a invité à rechercher le sens à tous les niveaux de mon être, mettant bien souvent à l'épreuve ma chère rationalité. La plupart des conceptions que j'avais sur moi-même, sur l'existence et sur l'univers s'en sont trouvées métamorphosées – jusqu'à ce que je perçoive que cette transformation culminait dans ce que j'appelle la « guérison du cœur ».

Ma propre réponse, toute personnelle, ne saurait en rien constituer une preuve de sens ou de non-sens des symptômes. Sur ce point, cependant, mon expérience de thérapeute ayant observé chez ses patients tant de phénomènes d'apparence absurde se développer pour ensuite, en se modifiant, s'intégrer progressivement à la vie me fait fortement pencher du côté de l'idée que les symptômes sont en fait des signaux d'alarme lancés par notre être profond pour nous inviter à plus de respect envers nous-même.

Lorsqu'une femme d'âge mûr se présente en consultation et déclare qu'elle ne peut plus marcher dans la rue de peur de voir s'entrouvrir les fentes du trottoir et de disparaître dedans, nous sommes devant une absurdité. Comme tout un chacun, elle sait que les trottoirs ne s'entrouvrent pas pour avaler les passants, mais, comme on dit, « c'est plus fort qu'elle ! ». Lorsque l'on sait que, pendant la guerre, elle a dû être placée en foyer d'accueil à plusieurs reprises et que chaque fois son univers disparaissait, sa peur commence à avoir du sens. Lorsque l'on apprend, en outre, que son père était psychologiquement fragile et qu'elle ne se sentait ni vue ni reconnue par lui, sa peur de disparaître acquiert beaucoup de sens.

Ce qui se prouve et ce qui s'éprouve

Avec le temps, mes expériences personnelles et mon travail de thérapeute m'ont amené à élaborer une hypothèse de travail que nous allons, pour ainsi dire, mettre à l'épreuve dans ce volume. Notez que je parle bel et bien d'hypothèse, car je ne me sens le détenteur d'aucune vérité universelle. Les réflexions que je vous propose m'apparaissent comme autant d'instruments servant à manier les réalités psychologiques, et il faut veiller à ne pas les utiliser comme des dogmes indéfectibles.

Mon hypothèse est que les souffrances psychologiques et physiques sont un signal qui nous indique que nous nous sommes éloignés de notre être profond et nous invite à redevenir intime avec lui. Les afflictions de toutes sortes nous proposeraient ainsi d'élargir notre conception de la vie. En ce sens, la souffrance serait une source précieuse de renseignements sur les déséquilibres, les dérapages, voire les aberrations, dans lesquels nous nous enfonçons régulièrement lorsque nous entamons le processus de retrouvailles avec notre essence intime – une intimité complexe faisant qu'au cœur de nous-même nous retrouvons le cœur de l'univers.

Ainsi les informations que nous pouvons tirer de la souffrance inhérente à la crise, à l'épreuve et à la maladie nous offriraient un pont pour passer d'une conception individualiste de soi à une conception universelle. À long terme, la souffrance favoriserait la découverte d'un monde où il n'y a pas de séparation réelle entre l'intérieur et l'extérieur, entre le corps et l'esprit, entre soi et les autres, entre l'humanité et l'univers.

Nos souffrances ont-elles un sens ?

Cet horizon lointain dont l'hypothèse a été faite par quelques psychanalystes, particulièrement par Carl Gustav Jung, constitue une avancée limite de la psychologie. Comme Jung le disait lui-même, l'idée d'un « monde un » est une hypothèse nécessaire échappant pourtant à toute tentative de preuve scientifique. La mise à l'épreuve de cette hypothèse ne peut donc se faire qu'au niveau subjectif. Sa valeur ne vient pas de ce qu'elle peut être « prouvée », mais de ce qu'elle peut être « éprouvée » au sein de l'expérience que l'individu peut faire du « soi », c'est-à-dire, au sens de Jung, le centre organisateur de la vie psychique qui inclut le moi conscient et l'inconscient.

Cet horizon correspond également à celui qu'offrent à notre connaissance les sages de la plupart des traditions spirituelles. Pour ces derniers, la souffrance refléterait les résistances à ce que nous sommes profondément, comme si, à l'instar de notre planète, nous étions entourés d'un brouillard qui nous empêcherait de voir notre essence. Alors même que le désir nous pousse à chercher un contentement total à l'extérieur, l'état de plénitude préexisterait en nous. Les heurts provoqués par notre quête tournée vers l'extérieur et presque infailliblement accompagnée de son cortège de satisfactions limitées ou de grandes désillusions auraient alors pour rôle de stimuler, tôt ou tard, le désir de se retourner vers soi pour prendre conscience de la réalité intérieure. Notre destin commun résiderait dans l'amour et l'unité.

Observer la réalité

Afin d'éviter de possibles confusions, j'aimerais préciser la position que je prends pour énoncer une telle hypothèse. Je me situe comme un observateur des différents courants de notre réalité et je regarde comment ces différentes approches peuvent contribuer à une résolution de la souffrance humaine. Je tente d'en retirer certaines connaissances à partir desquelles je peux proposer une perspective. Cette perspective ne constitue pas une vérité mais un regard tout relatif sur la réalité. Mes questions se formulent ainsi : est-ce que cela aide d'envisager les choses de cette façon et est-ce que cette vision fonctionne dans la réalité ?

Je m'abreuve à différents courants qui me semblent susceptibles de nous aider à élargir notre perspective et à nous rapprocher du bonheur. Dans cette recherche, je tente de ne rien rejeter de prime abord. Je puise autant à une expérience de souffrance personnelle, à l'instar de celle relatée dans l'avant-propos, qu'à celle dont j'ai pu être témoin chez une autre personne, comme thérapeute ou comme être humain. Je puise également aux grands courants psychologiques, philosophiques, spirituels et scientifiques.

Je m'intéresse à ce qui intéresse les gens et je me dis que tout le monde ne peut pas être fou ; pas en même temps du moins. Prenons le cas de la sexualité. S'il y a tant de pornographie sur Internet, il y a forcément quelqu'un qui en consomme. Or, qu'est-ce que cette prolifération nous dit de notre monde et de notre quête de bonheur et d'extase ? Des nuits à satisfaire nos fantasmes sur Internet allègent-elles la souffrance, apportent-elles le bonheur, et pour combien de temps ? D'autre part, quelle est la part de connaissance que nous pouvons retirer de nos expériences sexuelles ? Peut-être nous parlent-elles de notre désir d'intensité, de notre soif d'expériences révélatrices et, en ce domaine, elles ne sont peut-être pas si éloignées des expériences mystiques ? Tout cela n'est-il pas souverainement guidé par notre besoin d'être un à nouveau, à nouveau unifié avec soi-même et avec un autre être humain ?

Que penser par exemple d'une idée comme la réincarnation, qui concerne deux tiers des croyants de la planète ? Pour moi, la question ne se situe pas dans le fait de croire ou de ne pas croire à la réincarnation. Je tente plutôt de discerner si une telle idée aide ou non à vivre. Je recherche la part de cette conception qui peut alléger la souffrance et conduire au bonheur. Dans cette perspective j'ai peine à souscrire à l'idée d'une progression linéaire de vie en vie puisque notre corridor espace-temps est très relatif. Par contre, l'idée que l'individualité réelle puisse ne pas se résumer à notre identité actuelle, ne pas se limiter au corps qui porte cette identité, et même y survivre, me semble intéressante.

Bref, je ne m'attache pas à la forme que prennent les connaissances mais bien au fond, au contenu, à la connaissance elle-même. C'est ainsi que je me suis intéressé aux enseignements qu'un médium du nom de Pierre Lessard livre dans un état altéré de conscience. Ici encore, il ne me semble pas que j'aie à croire ou à ne pas croire au phénomène de la médiumnité. Je m'intéresse à ce qui est transmis tout en étant conscient que, pour l'instant, la science ne possède pas d'explication relative à ces états seconds qui accompagnent pourtant l'humanité depuis ses origines.

Si je cite Pierre Lessard à l'occasion, ce n'est pas pour promouvoir les « médiums », mais bien en raison de la qualité et de la rigueur psychologique de son enseignement. Encore une fois, bien qu'interpellé par la forme prise par le phénomène, ce qui m'importe en premier lieu, c'est ce que cet enseignement a à dire par rapport à la souffrance et aux moyens d'être heureux. Il me semble même de l'ordre du devoir, en tant qu'observateur privilégié de la réalité humaine, de ne rien rejeter de ce qui constitue cette humanité. Il me paraît primordial de s'autoriser à regarder, à expérimenter et à penser, même lorsque cela ne correspond pas aux idées reçues. N'est-ce pas ainsi que nous progresserons le plus sûrement vers un bonheur véritable ?

L'univers du cœur

Poussières d'étoiles

Poursuivons en explicitant les termes du titre même de cet ouvrage, *La Guérison du cœur,* afin de préciser les éléments de base de notre hypothèse.

L'une des rencontres qui ont été déterminantes dans ma recherche de bases solides à ma vision des choses, est celle que j'ai faite avec l'astrophysicien Hubert Reeves. Voilà quelques années, j'ai eu la chance d'animer avec lui un atelier dans le désert du Sahara. Cet atelier, tout comme les conférences que nous avons mises sur pied par la suite, s'intitulait « L'Homme au cœur de l'univers ». De nuit, couché à même le sable sous la voûte étoilée, Hubert Reeves nous entretenait du cœur de l'univers et de ses origines ; pour ma part, en fin d'après-midi, je parlais aux participants de l'univers du cœur et de la psychologie humaine.

Par ces prestations, nous avions voulu signaler que les sciences « dures » peuvent se joindre aux sciences « molles » et offrir ainsi un portrait plus complet de l'être humain. Ce portrait place l'homme au sein d'un système de relations complexes, un système où Hubert Reeves nous faisait découvrir, soir après soir, que nous sommes faits des mêmes éléments de base que tout ce que nous voyons, que nous sommes, au sens littéral comme au sens figuré, des « poussières d'étoiles [1] ».

La réalité cosmique et scientifique que décrivait l'astrophysicien m'offrait une métaphore propre à évoquer le monde intérieur. Apprendre que nous étions des poussières d'étoiles satisfaisait mon besoin de connaissance tout en complétant l'expérience subjective que j'avais faite : sentir mon cœur illuminé par une portion d'universalité.

En écoutant, comme un enfant, les histoires fabuleuses qu'il nous racontait et qui provoquaient en moi autant de plaisir que d'ébahissement, je me suis demandé si, au cours de notre vie, nous ne cherchions pas tout simplement à reprendre contact avec notre dimension universelle, que nous nous tournions vers l'extérieur ou vers l'intérieur.

La vie qui bat

Qu'est-ce que le cœur ? Le cœur physiologique est sans aucun doute le principal organe du corps humain, puisque sans lui la flamme de vie s'éteint. Son travail consiste à pomper le sang et à l'acheminer par les veines jusqu'aux cellules. Par sa position centrale et par sa fonction, le cœur est en relation avec toutes les parties du corps et il contribue à l'oxygénation des tissus.

Miracle de la vie, cette pompe est habitée dès la naissance par une pulsion. Elle pulse, elle bat, assurant ainsi le rythme de la circulation du sang, présidant au flux et au reflux du liquide vital. Le cœur est ainsi responsable d'une chose capitale qui nous échappe souvent : le mouvement.

Le mouvement central du cœur alterne systole et diastole, autrement dit contraction et expansion. Contraction/expansion, le rythme fondamental est donné. Ce rythme de base conditionne le travail des poumons et devient inspiration/expiration. Ce rythme fondamental se répercute à d'autres niveaux de l'être. Le double mouvement du cœur devient alors impression/expression.

L'impression correspond au mouvement d'inspiration : les événements et les pensées, les intuitions et les sentiments s'impri

---

[1]. *Poussières d'étoiles* est d'ailleurs le titre d'un livre qu'Hubert Reeves consacre à son étude du cosmos (Paris, Seuil, coll. « Science ouverte », 1984).

ment en nous. L'expression, elle, correspond au moment de l'expiration : des choses nous ont impressionné, nous les avons inspirées, elles nous ont inspiré, et nous réagissons. Nous nous exprimons, nous créons, nous unissons notre être intime à l'univers, nous répondons « présent » par notre souffle, par nos pensées et par nos gestes.

La notion de mouvement est centrale à ce que nous allons développer parce que tout dans l'univers est en mouvement. Des conditions climatiques aux humains, tout bouge en permanence. Tout change continuellement. Un mois d'écriture au bord d'un lac situé dans le nord du Québec vient de m'imprégner à nouveau de cette réalité.

Il est d'ailleurs intéressant de remarquer que la maladie organique correspond à un arrêt prolongé et à une stagnation. Lorsque le sang cesse de circuler, les processus de dégradation apparaissent. Lorsqu'une artère épaissit, s'encombre ou se bloque, il y a danger. La même chose vaut pour les émotions. Lorsque celles-ci se figent, se cristallisent et s'enkystent autour d'un problème non résolu, un malaise émotif s'ensuit et les gens vont en thérapie. De la même façon, si les idées n'évoluent plus et se transforment en croyances rigides, il n'y a plus de mouvement mental, et cette interruption risque d'avoir des effets néfastes sur les émotions, voire sur certaines articulations corporelles qui souffriront de raideur.

Lors d'un atelier de danse-thérapie qu'elle animait avec le sociologue et cinéaste vidéo Yves Langlois, au sein de mon organisation Cœur.com [1], la danseuse Assia Guemra me faisait, par exemple, remarquer combien il y avait correspondance entre la raideur des articulations des participants et les problèmes qu'ils éprouvaient à s'ouvrir au niveau psychologique. Immanquablement, les rigidités corporelles reflétaient le manque de fluidité psychique.

La démonstration était fascinante. Je n'aurais jamais cru que l'on puisse constater aussi directement que plus le mouvement de l'énergie dans un corps paraît fluide, plus la personne semble vivante ; que plus il y a de rigidité, plus la personne paraît éteinte.

---

1. Les Productions Cœur.com (lire cœur-point-com) réunissent des artistes et des thérapeutes dans le but de créer des conférences, des séminaires et des événements qui allient l'accompagnement thérapeutique et l'expression créatrice dans une perspective d'ouverture du cœur. Vous trouverez en fin de volume les coordonnées européennes et québécoises de cette organisation.

Cette constatation m'amena à comparer l'extrême souplesse d'un enfant à la raideur d'un cadavre.

Au fond, c'était simple : pour que l'énergie circule et se renouvelle, à quelque niveau que ce soit, il doit y avoir mouvement. Malaises physiques et douleurs morales signalent le manque de circulation des éléments et, par conséquent, un éloignement d'avec le processus vivant. C'est sans doute la raison pour laquelle les médecins recommandent les exercices cardio-vasculaires : la sédentarité dessert le processus vivant. Il paraît même qu'il est bon de faire des mathématiques ou d'apprendre une langue étrangère jusque tard dans la vie pour que le cerveau ne se rouille pas. La stagnation accélère donc le processus de dégénérescence qui mène à la mort. En développant cette idée, nous en venons à penser que nos rigidités, qu'elles soient physiques, émotives ou mentales, préparent le terrain à la maladie. J'ai eu la confirmation de cette intuition par la suite, en lisant quelques-uns des médecins dont je vous présenterai le travail plus loin.

Richard Cœur de Lion

Le cœur n'est pas qu'une pompe physiologique. Le mot a toutes sortes de résonances. Certaines expressions témoignent, par exemple, du lien intime qui unit les plans physique et émotionnel : « J'ai mal au cœur » ou « J'ai le cœur lourd » peuvent tout aussi bien signifier que l'on a envie de vomir ou que l'on a de la peine.

Le cœur comporte aussi une dimension morale. Enfant, j'étais fasciné par le légendaire Richard Cœur de Lion dont le nom témoignait non seulement de la bravoure physique mais également de la loyauté et du courage. Le mot « courage » dérive d'ailleurs du mot « cœur », tout comme l'adjectif « cordial » qui signifie, lui, un cœur chaleureux. « Avoir du cœur », « manquer de cœur », « avoir le cœur en miettes » sont autant d'expressions courantes qui indiquent les résonances morales du mot « cœur ».

En tant que nom, un « cordial », quand il ne s'agit pas d'un remède, consiste souvent en un petit verre d'alcool fort que l'on offre à quelqu'un en guise de bienvenue pour le réchauffer, c'est-à-dire provoquer une accélération de son rythme cardiaque, fouetter la circulation de son sang et montrer par là les dispositions chaleureuses que l'on a à son égard.

Nos souffrances ont-elles un sens ?

Le cœur a également une dimension sentimentale, comme en témoigne l'expression « offrir son cœur à quelqu'un ». Il ne s'agit pas ici du cœur physique mais bien du cœur affectif. Offrir son cœur est une réponse aux sentiments qu'un autre être éveille en nous. Dans une telle expression, nous faisons du cœur le centre de l'intimité de notre être. Dans le cœur réside l'amour. Nous ne disons pas « offrir notre foie ou nos poumons », non, c'est bien notre cœur que nous offrons ou que nous fermons, signifiant par là notre disponibilité ou notre inconfort à l'idée de partager notre amour avec une personne particulière.

D'ailleurs, ne disons-nous pas d'un être qui n'a pas encore été touché par le besoin de s'unir à un autre qu'il n'a pas encore « ouvert son cœur » ? L'ouverture du cœur, l'expansion de l'être individuel dans l'expérience de l'amour humain, semble être l'un des buts du mouvement vital.

Connaissez-vous des êtres qui ne soient pas possédés par un tel élan ? Connaissez-vous ne serait-ce qu'une personne qui ne souhaiterait pas rencontrer quelqu'un avec qui elle pourrait entrer en communion ? À moins de se trouver face à un individu qui a fermé son cœur à double tour à cause des coups du destin, l'on rencontre cet élan chez tous et toutes. Cette force d'attraction entre les êtres exprimerait le grand mouvement de cohésion et d'amour qui anime la création et qui semble en être la loi, une loi dont le cœur est le gardien. Dans le secret du cœur, chaque solitude cherche un compagnon ou une compagne.

Sur le plan de la relation intime, l'ouverture du cœur signifie une capacité d'engagement, la culture d'une attitude de confiance mutuelle, la possibilité de montrer ses vulnérabilités à son partenaire ainsi que la disponibilité nécessaire pour écouter, entendre, voir et accepter le monde intérieur de l'autre au-delà du désir qu'il soit ceci ou cela. L'amour romantique servirait ici de tremplin à un amour plus grand, l'amour universel.

Dans le contexte de l'approche globale de la personne, l'ouverture du cœur désigne le projet d'expansion de l'être et de sa conscience. Comme la goutte d'eau cherche sa voie dans le ruisseau et la rivière son chemin vers l'océan, chaque être chercherait, psychologiquement ou spirituellement, son union avec le tout, à savoir, en dernier lieu, l'abolition de son sentiment de séparation.

Retrouver son équilibre

Que signifie le terme de « guérison » dans le cadre de notre hypothèse de travail ? Que signifie « guérir » ? Que j'aie la grippe ou le cancer, guérir signifie que je retrouve mon équilibre et, ce faisant, ma capacité de fonctionner. Si j'éprouve le besoin de me guérir de quoi que ce soit, cela veut dire que je reconnais qu'existent en moi des malaises et des inconforts. Bien que je n'en sois pas nécessairement conscient, ces déséquilibres témoignent souvent du fait qu'un organe, ou une autre partie du corps, est ralenti ou immobilisé.

Le médecin stimulera la paresse de certaines fonctions cardio-vasculaires, intestinales, immunitaires ou autres, par le médicament approprié. Il pourra également faire observer au patient que la paresse d'un rein peut venir de ce que les glandes surrénales ont été suractivées pour un certain temps, et que, la fatigue aidant, elles ont décidé de se reposer. Ce repos occasionne à son tour des problèmes intestinaux parce que, les reins ayant déclaré forfait, la surcharge d'élimination s'accumule maintenant dans l'intestin, qui risque lui aussi de causer des douleurs.

De la même façon, l'acupuncteur répondra à la personne qui se sent fatiguée que son malaise ne vient pas d'un manque d'énergie. C'est plutôt que cette énergie est bloquée en un point, rendant ce point douloureux. Aussi s'efforcera-t-il de refaire circuler le flux énergétique par d'autres canaux, de lui ouvrir temporairement d'autres trajets, pour permettre à la surcharge de s'écouler.

Pour sa part, le psychanalyste répondra à la personne déprimée que ce n'est pas vraiment parce que sa libido est faible qu'elle ne peut plus accomplir ses tâches habituelles, mais bien parce que son énergie a changé de direction. Au lieu de se diriger comme d'habitude vers l'extérieur pour lui permettre de remplir ses activités quotidiennes, son énergie s'écoule maintenant vers l'intérieur, stimulant rêves et fantasmes pour favoriser un renouvellement et une réorientation des forces. Ainsi, bien que la personne se sente démobilisée et démoralisée, l'inconscient prépare déjà le mouvement à venir. Il s'agit en fait d'un temps d'inspiration qui ouvre la voie à la prochaine expression, même si la personne vit plutôt cette période comme un temps d'« expiration ».

Si, au niveau physiologique, guérir signifie recouvrer son équilibre, la même chose vaut sur le plan émotif. Je guéris d'une peine affective lorsque je ne me sens plus submergé par elle, lorsque, tout en faisant encore partie de moi, cette peine ne m'empêche plus de fonctionner. Elle n'occupe plus tout le champ de mes pensées et elle ne m'obsède plus. Elle ne me déséquilibre plus.

L'ouverture du cœur

De quelle affection le cœur a-t-il besoin d'être guéri ? Toujours selon une vision globale de l'être, le cœur cherche à s'ouvrir. Il cherche une expansion naturelle dans le bonheur. Il cherche à battre intensément au cœur de la vie. Il cherche à aimer pleinement à chaque seconde. Il cherche à aimer à tout rompre. Il cherche à aimer jusqu'à rompre les chaînes qui le font prisonnier du malheur. Les sentiments d'isolement, de solitude et d'abandon que la plupart des gens connaissent, oppriment le cœur qui tente de renouer son lien avec l'univers, qui cherche à retrouver le mouvement naturel liant l'individualité à l'universalité.

J'entends par « individualité » le sentiment de s'appartenir, d'être un avec soi-même, de faire un tout avec son univers personnel, et de prendre plaisir à exercer sa volonté et à maîtriser son existence. Par « universalité », j'entends le sentiment d'appartenir à un ensemble plus vaste et plus grand qui nous relie non seulement à l'humanité mais à tout le système du vivant. Plus profondément, il s'agit à la fois du sentiment d'« appartenir » et du sentiment d'« être » de la même essence et de la même identité que tout ce qui existe.

La véritable et unique maladie ne résiderait-elle pas dans la perte du lien avec notre dimension universelle ? Ne consisterait-elle pas dans la conviction d'être seul et abandonné, chacun et chacune sur son île déserte ? Ne souffririons-nous pas tout simplement d'un surplus d'individualité, d'une « surindividualisation » pour ainsi dire ?

J'entends donc par « guérison du cœur » le lien entre notre portion d'individualité et notre portion d'universalité. Il s'agit de retrouvailles avec un sentiment d'appartenance à l'humanité et au cosmos et de retrouvailles avec un sentiment d'intimité vis-à-vis de ce que le destin nous offre. Le peu d'expérience que j'en ai m'a permis d'entrevoir que ces retrouvailles rendent heureux. Ne serait-ce que pour de brefs instants, elles apportent une tranquillité intérieure, une sorte de sérénité dans le mouvement même de l'existence. Comme si, au cœur du mouvement, une position de stabilité pouvait être trouvée qui aide à s'abandonner avec confiance au processus vivant.

En résumé, si le cœur ralentit, si le battement faiblit, si la circulation est obstruée, il y a signal d'alarme et il peut y avoir maladie. Les ralentissements de la circulation de l'énergie vitale aux niveaux physique et émotionnel, ou au niveau du flot de pensées, correspondent tous à des moments d'affaiblissement qui favorisent l'éclatement de troubles physiologiques, psychiques ou mentaux.

En contrepartie, la souffrance émotive induite par l'éclatement de ces troubles est propre à nous renseigner sur les lieux d'obstruction de notre énergie. En dernière analyse, ces lieux de friction témoigneraient de notre incompréhension du fait que nous sommes purement et simplement de l'amour sur deux jambes, que nous sommes des machines à faire de l'amour. Tant que cette réalité n'est pas reconnue, les douleurs physiques et les souffrances morales nous rappelleraient que les roues de la machine tournent avec difficulté. Cela signifierait que notre compréhension appelle un élargissement.

Ainsi, la souffrance serait l'expression d'une friction entre notre personnalité de surface et notre essence intime, elle serait l'expression d'un conflit intérieur non résolu – comme si l'intérieur nous appelait à une expression plus entière de notre potentiel de créativité et d'amour.

De nombreux sages considèrent d'ailleurs que le moyen réel d'atténuer la souffrance consiste à retrouver l'unité oubliée, à retourner à l'essence de base, à prendre le chemin de soi. Alors, nous atteindrions naturellement le mouvement harmonieux qui nous anime et la tranquillité s'installerait dans notre être. En retrouvant un lien intérieur avec l'univers, nous retrouverions l'âme une de tout ce qui est. Nous retrouverions la confiance, la détente et l'abandon. Nous pourrions ainsi devenir ce que nous sommes, sans plus de prétention, souffrant ou non, confiant dans la nature intelligente de chaque phénomène et vibrant de sa joie.

Nos souffrances ont-elles un sens ?

Enseignements et renseignements

La trajectoire de ce livre

Dans ce livre, nous ferons d'abord état des différents enseignements qu'il est possible de tirer d'expériences que nous qualifions souvent de « négatives » parce que nous les jugeons difficiles à vivre. Ces expériences nous confrontent généralement au côté ombrageux de l'existence, au côté boueux de la vie, car force est de constater, comme le dit l'expression américaine, que la vie est une sale affaire, a *messy business*. En ce sens, j'ai parlé dans l'avant-propos des événements qui ont marqué le début de mon propre processus de guérison du cœur.

Les chapitres qui suivent nous entraîneront au fil des étapes que ma réflexion a dû marquer pour intégrer cette expérience à ma vie quotidienne. Le premier chapitre, consacré à quatre médecins qui sont des pionniers en ce qui a trait aux relations entre le corps et l'esprit, et à quelques témoignages, nous permettra de regarder ensemble ce que nous pouvons apprendre de la maladie. Dans le deuxième chapitre, nous aborderons le sens de la maladie par le biais de la symbolique du Roi-Pêcheur qui occupe le centre de la légende du Graal. Puis nous verrons les enseignements que nous pouvons en tirer pour rester en bonne santé. Les chapitres trois et quatre nous aideront à nous demander comment des épreuves telles qu'un accident ou une peine d'amour nous rapprochent de l'amour, même si elles semblent nous en éloigner pour de bon.

Dans le chapitre cinq intitulé « La guérison du cœur », nous nous pencherons sur les attitudes à adopter pour négocier avec de telles afflictions. Le chapitre six nous entraînera du côté de la guerre et de ses atrocités, nous confrontant à ce qui peut faire échec à la quête de sens. Nous conclurons en récapitulant les principales leçons élaborées dans ce livre et que nous pouvons tirer de notre participation à ce magnifique univers où nous ne sommes que des poussières d'étoiles.

À l'école du fracas

J'ai présenté mes réflexions sous la forme de leçons que nous livrerait la maladie, l'épreuve ou la peine, tout comme si nous allions nous mettre à l'école des grands fracas de la vie. Je ne veux pas dire par là que les expériences ont vraiment l'intention de nous montrer quelque chose ou que la vie a la prétention de nous enseigner quoi que ce soit. Je veux plutôt dire que nos douleurs nous renseignent sur nos déséquilibres et que nous pouvons en tirer une connaissance sur les lois qui régissent notre être et la vie en général.

Par exemple, je peux expérimenter que, si je passe trop de temps devant l'ordinateur à répéter les mêmes gestes, une tension s'installe dans mon bras et bientôt une douleur. Celle-ci m'interpelle et me permet de constater qu'il n'est pas bon de rester trop longtemps dans la même position, ni de répéter trop souvent le même geste, parce que alors le corps s'ankylose et que les muscles durcissent jusqu'à faire mal et refuser d'obéir. Je réalise ainsi que les lois de mon corps exigent des mouvements variés, une bonne position, ainsi que des moments de pause et de détente.

Au sens strict, cependant, il me semble que la vie n'a aucune volonté. Elle ne nous enseigne rien et ne nous donne aucune leçon. Elle ne nous juge pas et ne nous évalue pas. Elle suit son cours. Mais il se trouve que, si nous nous éloignons trop de ce cours naturel, nous souffrons.

Pour m'adresser à vous, j'ai privilégié la métaphore de l'enseignement et de la connaissance parce qu'elle correspond à ma nature. J'en conçois, cependant, non seulement la relativité, mais aussi la part d'inexactitude. Ces enseignements constituent de pauvres tentatives pour embrasser une réalité qui ne saurait être entièrement cernée par les mots. J'ai adopté la métaphore de l'enseignement mais j'aurais pu tout aussi bien recourir à celle du médecin qui aborde les choses en termes de médication, ou encore celle du missionnaire qui envisage la vie comme une mission ou dans l'esprit d'un mandat à remplir. J'aurais même pu développer l'idée que la vie est une enseignante rigide toujours heureuse de nous donner quelque « baffe d'éducation », et brosser une vision caricaturale de l'existence où nous serions tous dans l'attente d'une correction. Toutes ces façons de voir sont relatives et

Nos souffrances ont-elles un sens ?

tentent, à leur manière, de donner du sens à ce qu'il est bien difficile de contenir dans une démonstration rationnelle.

Ce qui est sûr, c'est que nous sommes en vie. Nous ne sommes ni à l'hôpital, ni à l'école, ni à l'église. Ces regards constituent des façons de nous dédouaner, de nous donner une légitimité, voire une identité. Ils servent à nous rassurer sur le fait que nous existons et que nous pouvons comprendre un tant soit peu ce qui nous arrive. Et pourquoi pas ? En ce sens, la psychologie est un mythe contemporain qui, comme tous les mythes, a pour tâche de donner un sens à la souffrance humaine. En définitive il n'y a peut-être qu'un seul enseignement, une seule mission, un seul remède : la guérison du cœur – pour notre plus grand bonheur.

À ceux qui trouvent que ce type de pensée dépasse de beaucoup les cadres conceptuels de la psychanalyse et qu'il appartient carrément au domaine de la spiritualité (ou à celui de la psychopathologie, si l'on juge qu'il s'agit d'un délire !), j'aimerais dire qu'en ce qui me concerne je n'arrive plus à dissocier biologie, psychologie et spiritualité. Il me semble que la question des liens entre la pulsion de vie qui s'enracine dans le biologique et qui traverse l'espèce et le psychisme des individus constitue le cœur de la psychanalyse. Il me semble en outre que la psychologie des profondeurs [1] se doit de s'élancer sans relâche à la recherche de ce qui motive les êtres et de ce qui constitue leur identité fondamentale. Elle demeure pour moi un outil privilégié d'exploration de soi, car elle offre une rigueur de pensée qui manque parfois sur le terrain du dit spirituel. Elle permet d'établir un dialogue avec ce qui est vécu et ressenti, car elle favorise la collaboration entre le moi conscient et l'inconscient, ce qui est le propre de toute démarche réussie.

Finalement, je terminerai cette introduction en ajoutant que, même s'il touche des aspects intimes de ma vie, ce livre n'est pas assimilable à une confession personnelle. Comme dans mes autres ouvrages, j'y présente mes propres expériences au même titre que celles de mes patients et celles des personnes qui fréquentent mes

---

1. La « psychologie analytique » est le nom que Carl Gustav Jung a choisi pour sa psychologie afin de la différencier de celle de Sigmund Freud qui porte le nom de « psychanalyse ». Les deux disciplines se regroupent sous l'appellation « psychologie des profondeurs ». Pour ma part, j'emploie la plupart du temps le terme générique de « psychanalyse » et ne me réfère à la « psychologie analytique » que lorsque j'utilise des concepts qui sont propres à Jung.

conférences et mes séminaires. Je tiens d'ailleurs à les remercier pour leur précieuse contribution. Grâce à eux, je peux continuer à enseigner ce que j'ai sans doute le plus besoin d'apprendre.

Il n'y a rien dont je veuille vous convaincre par ce livre. Je souhaite que vous vous sentiez parfaitement libre devant lui. Personne n'est obligé d'épouser le regard que je propose sur la réalité des douleurs et des souffrances. À partir d'un cœur souvent défait par la vie, à partir d'un corps tant de fois mis en échec, à partir de toutes sortes de choses brisées et cassées, je cherche un chemin vers la lumière. J'espère que ma voix sera authentique et qu'elle saura vous inspirer.

1

LES LEÇONS DE LA MALADIE

Il n'est de maux dont il ne sorte un bien.
Proverbe espagnol.

Des médecins nous parlent

« *Votre maladie est la partie la plus saine de votre personnalité !* »

J'aimerais commencer ce chapitre en vous présentant un personnage, car c'en est un, que j'ai rencontré dix ans avant les événements que j'ai relatés dans l'avant-propos. C'était au printemps 1978, quelques mois après le début de mes études à l'Institut C. G. Jung de Zurich, et à l'aube de mon mal. Cet homme a fortement influencé mes idées sur la maladie, ne serait-ce que parce qu'à l'époque je n'ai rien compris à ce qu'il me racontait. Il s'agit d'Alfred Ziegler, un psychosomaticien qui jouissait d'une certaine réputation, auteur de *Archetypal Medicine (La médecine archétypale* [1]). Psychiatre et psychanalyste, l'homme habitait dans un quartier cossu de Zurich, entre un cimetière et un bois, ce qui n'était pas un hasard, car, devait-il me confier plus tard, il appréciait par-dessus tout le silence de son jardin.

---

1. Dallas, Spring Publications, 1983. Ce livre est la traduction (par Gary V. Hartman) de celui paru en langue originale allemande, *Morbismus,* titre qui éclaire mieux le propos du Dr Ziegler.

La guérison du cœur

S'il avait ajouté qu'il n'aimait pas outre mesure la compagnie des êtres humains, cela ne m'aurait pas surpris. Son penseur favori était Diogène, un philosophe cynique grec qui méprisait les conventions sociales et qui se promenait dans les rues d'Athènes, en plein jour, une lanterne à la main, cherchant un Homme digne de ce nom. Le Dr Ziegler n'allait pas jusque-là mais il veillait à disposer sur la table de son bureau des petits bonbons mexicains en forme de tête de mort.

Cet état de choses ne devait rien au hasard puisque le Dr Ziegler considérait que les psychanalystes se montrent en général tout à fait naïfs dans leur effort pour sauver les êtres. Il pensait que personne n'a besoin d'être sauvé et que cette attitude relève plus de la croisade judéo-chrétienne que du soutien thérapeutique. La ferveur thérapeutique donne sans doute bonne conscience aux thérapeutes, poursuivait-il, mais elle traduit surtout la peur devant la mort. Selon lui, l'attitude qui consiste à vouloir épargner aux êtres la perspective de leur décrépitude ainsi que la souffrance rattachée à leurs symptômes ne respecte pas la vie. Il suffit de se promener dans une forêt, disait-il, pour constater que la nature produit beaucoup de déchets et que le processus vivant comporte une morbidité irréparable. Pis, la nature procède par essais et erreurs, et nous-mêmes, produits de la nature, ne faisons pas exception à la règle. La nature fait aussi des erreurs avec nous. Il allait même jusqu'à affirmer qu'il aimerait casser des œufs frais chaque jour dans le grand escalier qui occupait l'arrière de son fauteuil de psychanalyste afin de provoquer les thérapeutes qu'il supervisait et de les faire réfléchir à la présence inéluctable de la mort au cœur des phénomènes vivants.

Toujours selon lui, l'homme possède une nature hybride, pour ne pas dire monstrueuse, l'amenant à être constamment déchiré entre ses besoins fondamentaux et les élans de son esprit. Et il ne faut en aucun cas tenter de masquer cette division fondamentale. Le combat acharné des thérapeutes contre la réalité de la mort et de la monstruosité les conduit à s'épuiser en vain à réparer ce qui n'est pas réparable. Leur rôle devrait beaucoup plus consister à accompagner et à stimuler des processus naturels d'évolution et de guérison. Ainsi leur profession les invite-t-elle à contempler la beauté et le mystère d'une vie qui inclut le gaspillage et la mort.

Bien qu'étonnante, la vision du Dr Ziegler a quelque chose de rafraîchissant, car elle nous libère du lourd fardeau de la per-

Les leçons de la maladie

fection. Nos infirmités, tant physiques que psychologiques, sont « naturelles ». Il s'agit de les accueillir, de les comprendre et de suivre le chemin qu'elles nous proposent pour arriver à soi. Il nous est difficile de nous rallier à cette vision, car nous voulons cesser de souffrir concrètement, tout de suite, et oublier au plus vite la perspective de notre mort. Or cette précipitation, bien qu'elle soit compréhensible, ignore le fait que nos symptômes nous entraînent souvent vers une guérison qui se situe au-delà du corps physique.

Me voici donc, candide, devant cet original, par un bel après-midi ensoleillé du mois d'avril. J'avais terriblement mal au ventre mais j'étais quand même tout sourire et plein d'espoir par rapport à ce que pourrait me dire ce médecin réputé. Après m'avoir écouté pendant cinquante minutes en prenant des notes sur une petite fiche, il eut pour seul commentaire :

« Si je comprends bien, vous êtes en train de m'expliquer que votre maladie est la partie la plus saine de votre personnalité ! »

J'étais bouche bée. Je ne comprenais absolument pas ce qu'il voulait dire.

Dans les séances qui suivirent, il s'attacha à me faire rire. Il me percevait comme un jeune homme sérieux, raisonnable et hypersensible qui avait besoin de « desserrer les dents ». Longtemps avant moi, il avait perçu que je me rendais malade à force de contenir la joie de vivre et la fantaisie qui m'habitaient. Ce que la vision du jeune Italien de la Renaissance qui me sortit du ventre dix ans plus tard devait me confirmer.

D'une certaine façon, il m'a fallu vingt ans pour entendre ce que ce psychiatre original avait à me dire. Il m'a fallu bien des crises et bien des mises en échec pour commencer à penser que ma maladie était, de fait, « la partie la plus saine de ma personnalité ». Je comprends aujourd'hui que cet homme avait une vision globale de l'être et qu'il voyait la maladie physique comme un signal d'alarme manifestant un déséquilibre profond dans la gestion des forces vitales. Pour lui, se mettre à l'écoute des symptômes, dont il avait un profond respect, signifiait se mettre à l'écoute d'une partie inconsciente de soi qui n'a pas le droit de participer à l'aventure de la conscience et qui manifeste par des maux son état d'emprisonnement.

La guérison du cœur

La guérison en écho

Au moment où je vous parle, plusieurs médecins, à l'instar d'Alfred Ziegler, soutiennent, d'une façon ou d'une autre, que la maladie relève à la fois de la morbidité et d'un réflexe de santé. Dans les pages qui suivent, je vais vous présenter quatre d'entre eux, soit Jean-Charles Crombez, Liliane Reuter, Claude Sabbah et Dean Ornish. Ces médecins conçoivent l'être dans sa globalité corps-esprit. Ils ont défait les frontières habituelles que nous bâtissons entre le corps, la pensée et l'émotion. Ils tentent de bâtir un modèle d'intervention qui place la personne et ses ressources innées au centre du processus de guérison. Ils nous aideront à tirer les leçons que nous donne la maladie.

J'ai connu Jean-Charles Crombez quelques mois après mon retour de Zurich, au cours de l'été 1982. Il participait comme moi à un séminaire qui s'intitulait « Rêve et méditation ». Psychiatre et psychanalyste freudien d'origine française, mais vivant au Québec, il s'intéressait aux liens entre le corps, l'esprit, et l'imaginaire. Les quelques conversations que nous avions eues à ce moment-là m'avaient suffisamment stimulé pour que je décide, plusieurs années plus tard, de l'inviter à coanimer un séminaire de supervision qui s'adressait à des psychologues en voie de devenir psychanalystes jungiens.

Je dois être voué aux rencontres originales puisque cet homme, très grand, prenait plaisir à se présenter au séminaire coiffé d'un indescriptible chapeau de cuir et revêtu d'un très long imperméable. Il ressemblait, ainsi affublé, à un Indiana Jones de la psychanalyse ! Il faut dire que ce penseur intuitif et passionné, qui n'avait jamais tout à fait les pieds sur terre ni dans la même bottine, commençait à l'époque une grande aventure qui dure depuis. Il créait une méthode d'intervention psychosomatique qu'il a appelée la « guérison en écho » et qu'il décrit dans deux livres qu'il a consacrés à ce sujet [1].

Il m'a invité à écrire la préface de l'un de ces livres, et j'y décris notre séminaire dans ces mots :

---

[1]. Les deux livres dans lesquels le Dr Jean-Charles Crombez explique sa méthode sont *La Guérison en écho,* Montréal, MNH, 1996, et *La Personne en écho. Cheminements vers la complexité,* Montréal, MNH, 1999.

Les leçons de la maladie

Le séminaire débuta. Notre but était de discuter une à une des règles analytiques comme le silence, la neutralité, l'interprétation. Nous voulions nous situer à la jonction de Jung et de Freud. Le débat prit dès les premières soirées une tournure passionnante. Cependant, il n'y était pas beaucoup question ni de Freud ni de Jung. À l'occasion de l'un des repas animés qui suivaient immanquablement nos séminaires, Jean-Charles me confia qu'à son avis nous nous situions plutôt dans l'interstice entre les deux grands psychanalystes et que force était de constater que nous étions plutôt en train de faire du « Corneau-Crombez ».

Son mot me fit sourire, et je trouvais flatteur qu'il dise que nous étions en train de faire du Corneau-Crombez parce qu'en réalité nous étions en train de faire du Crombez, du Crombez tout court. J'étais devant un créateur de théorie et je trouvais cela fascinant. Il était venu se frotter à moi parce qu'il voulait mettre ses idées à l'épreuve jungienne, car il faisait feu de tout bois [1].

En fait, même si je vous le présente comme un Indiana Jones de la psychanalyse, le psychiatre psychosomaticien Jean-Charles Crombez n'a rien d'un farfelu. Il a développé sa méthode à l'hôpital Notre-Dame de Montréal où il travaille depuis de nombreuses années, et il est professeur titulaire en clinique psychiatrique à l'université de Montréal.

Il nous parle de la guérison comme d'un processus qui possède quatre dimensions. Premièrement, il nous rappelle que les processus de guérison sont « naturels » et qu'ils sont sans cesse en activité à l'intérieur de nous pour assurer notre équilibre et notre santé. Ils peuvent toujours être stimulés de l'extérieur par un traitement, mais ils se situent essentiellement au-dedans de nous. En fait, le corps fait face à toutes sortes de déséquilibres qu'il combat naturellement sans même que nous en ayons connaissance. Nous produisons, par exemple, couramment des métastases que le système immunitaire neutralise à notre insu.

Deuxièmement, les processus de guérison sont « complexes ». Ainsi, même dans le cas d'une simple coupure au doigt, nous ne pouvons pas décrire la multiplicité des mécanismes qui entrent en jeu pour assurer la coagulation du sang, la cicatrisa-

---
1. Crombez, Jean-Charles, *La Personne en écho, op. cit.*, p. 9.

tion et la lutte contre l'infection. Nous ne pouvons pas les décrire parce que nous ne les connaissons pas tous et que nous ne saurions pas dans quel ordre faire intervenir ceux que nous connaissons. Force est de nous rendre compte que l'organisme possède une intelligence hautement organisée.

Troisièmement, ces processus sont « globaux » au sens où chaque cellule fonctionne de façon coordonnée avec les autres. Elle possède ses propres émetteurs et récepteurs qui lui permettent de savoir à tout moment ce qui se passe dans le corps entier et de remplir des tâches spécifiques. S'il y a coupure, par exemple, la fabrication de nouvelles cellules commence instantanément à l'intérieur de l'os, dans la moelle. Ainsi, le cerveau est loin d'être le siège exclusif de l'intelligence. Celle-ci est si omniprésente au niveau cellulaire que l'on peut parler d'un « corps pensant ». De la même façon, dans un aéroport, le siège de l'intelligence ne se situe pas uniquement dans la tour de contrôle : si les pilotes et tout le personnel au sol en étaient dépourvus, aucune coordination ne serait possible. Une telle réalité devient évidente en situation de coma, quand la vie continue d'être assurée par l'intelligence des cellules.

Quatrièmement, les processus de guérison sont « singuliers », c'est-à-dire qu'ils sont personnels et individuels. Des gens se guérissent au moyen de toutes sortes de méthodes peu orthodoxes qui sont efficaces pour eux, mais souvent pour eux seulement. La raison essentielle, souligne Crombez, est qu'ils y « croient ».

Dans ce cadre, Crombez met l'accent sur un point essentiel pour notre discussion : l'état d'esprit du sujet accélère ou ralentit les processus de guérison qui sont déjà à l'œuvre de manière naturelle et tout à fait inconsciente. Si un individu se sent dans une impasse, pris au piège et condamné, ou s'il vit dans la crainte perpétuelle d'une agression à venir, ses processus naturels de retour à la santé s'en trouveront ralentis d'autant. Cela, souligne le médecin-psychiatre, parce que le corps ne fait pas la différence entre une impasse réelle et une impasse imaginée.

La psycho-neuro-immunologie, la première, a pu mettre en lumière de façon observable le rôle de la pensée, et des états psychiques en général, dans la régulation des mécanismes de guérison. On sait maintenant de façon scientifique, depuis que l'on a vu des gouttes de liquide endocrinien circuler le long des tissus nerveux, que des systèmes réputés indépendants les uns des autres sont intrinsèquement liés et qu'ils sont à l'œuvre dans la guérison.

Les leçons de la maladie

Tentant d'éclaircir le lien corps-esprit, le Dr Crombez nous parle ensuite des processus d'installation de l'état de maladie. Celui-ci est toujours précédé d'un « malaise confus et diffus » d'abord ressenti intérieurement et psychologiquement. Ce malaise est suivi d'un état de « mal-être généralisé » qui signale qu'il y a désorganisation de l'équilibre naturel. Ce mal-être reflète une situation de chaos. Finalement, la « maladie concrète et localisée » vient répondre à l'état de mal-être et, d'une certaine façon, délivrer l'organisme de cet état. Notre organisme fait ici penser à un ordinateur qui isolerait un dossier problématique au démarrage pour pouvoir continuer à fonctionner de façon globale.

Bien entendu, cette façon de faire a pour résultat que vous êtes maintenant atteint d'une maladie. Celle-ci constitue une nouvelle composante du système global, un nouveau lieu d'investissement de pensées et d'énergie qui risque de vous submerger et de faire en sorte que vous n'« ayez » plus une maladie mais que vous « soyez » malade. Vous êtes alors la maladie, pris dans une sorte de cercle vicieux que vous pourrez ressentir comme une impasse et qui pourrait bloquer votre système de pensée et, partant, freiner la guérison.

L'originalité de la méthode de Crombez consiste à amener à se demander : « Que faisons-nous à partir de maintenant si nous voulons non seulement traiter la maladie de l'extérieur mais également redonner à la personne malade un statut central qui lui permette, par son attitude, de participer activement à sa propre guérison ? »

Pour aider l'individu à reprendre le dessus en tant que personne, et à objectiver sa maladie, pour faire de cette maladie quelque chose qu'il « a » et non quelque chose qu'il « est », il convient, selon Crombez, de favoriser la création d'un « espace intérieur » à partir duquel il pourra de nouveau circuler en lui-même et prendre conscience qu'il n'est pas qu'une maladie. Grâce à la relaxation, à des visualisations et à des verbalisations, la méthode que Crombez a mise au point aide la personne à établir le contact avec ses processus de guérison naturels et à se laisser suggérer un chemin à suivre. L'individu retrouve ainsi son initiative et devient moins dépendant des soins extérieurs qui n'apparaissent plus que comme un élément parmi d'autres contribuant à stimuler des processus déjà actifs.

Les points essentiels que nous devons retenir de cette petite incursion dans une œuvre particulièrement fructueuse sont que l'équilibre du corps est vivant, dynamique et actif, et que cet équilibre repose sur des processus de guérison naturels qui sont sans cesse à l'œuvre au sein de l'organisme. Ces mêmes processus de guérison sont globaux, à savoir que le psychisme s'y trouve inclus. La pensée et l'imagination jouent donc un rôle non négligeable dans l'activation ou le ralentissement de la guérison, comme le démontrent les recherches de la psycho-neuro-immunologie. Enfin, ces processus sont individuels parce que le corps et le cerveau sont programmés différemment d'une personne à l'autre ; ce qui fait que ce qui marche pour une personne ne fonctionne pas nécessairement pour une autre.

Une hypothèse complémentaire

J'aimerais contribuer à cette œuvre, que je trouve innovatrice, en apportant un élément complémentaire. À plusieurs reprises le Dr Crombez nous fait remarquer que l'équilibre du corps est un équilibre dynamique. Pour cela, il utilise la métaphore de quelqu'un qui se promène à vélo, oscillant d'un côté et de l'autre. Nous pourrions ajouter que dans cette perspective la vitesse de circulation constitue également un élément qui contribue au maintien de l'équilibre : la motion, l'élan, la rapidité vont indéniablement le faciliter.

Poursuivant sa pensée, nous pourrions imaginer que la maladie est le fruit d'un ralentissement tel des processus de guérison que c'est un peu comme si nous mettions pied à terre parce que nous n'arrivons plus à nous maintenir en selle. Dans certains cas, nous pourrions même dire qu'elle correspond à une chute parce que certains éléments sont venus nous percuter de façon massive ou de manière tout à fait inattendue. Le ralentissement correspondrait donc à une densification du processus, à sa concrétisation dans le corps au niveau cellulaire, à la cristallisation du déséquilibre de façon palpable et concrète dans le mal.

De même, lorsque Jean-Charles Crombez nous parle de « malaise » et de « mal-être », il parle d'états psychiques, d'états d'esprit et de ce qu'il est convenu d'appeler les émotions. Or, les émotions et les pensées sont assurément, pour notre perception du moins, des états moins palpables que notre corps. Ce sont des corps plus subtils pour ainsi dire, et ces corps plus subtils circulent

Les leçons de la maladie

à des vitesses supérieures au corps physique. Constatons par exemple la volatilité de l'univers mental et du monde émotif : on se déplace infiniment plus vite en pensée que corporellement, et nos émotions varient plus facilement que nos états corporels. Lorsque nous sommes happés par des problèmes, n'y a-t-il pas ralentissement de la fluidité habituelle de nos pensées et de nos émotions ?

Dès lors, ne pourrions-nous pas concevoir que la rigidité d'un système de croyances ou le blocage des émotions, à long terme, puisse ralentir le mouvement général ? Ces encombrements ne gênent-ils pas la fluidité naturelle jusqu'au moment où ils donnent un message d'impasse au système global et aboutissent à une cristallisation locale que nous appelons une maladie ?

Nous pourrions entrevoir ainsi qu'entièrement centrées sur un conflit, un problème ou un projet, nos pensées et nos émotions se mettent à circuler à une vitesse telle autour de ce problème que cela finit par nuire au processus global. Si cet état de « captivité » dure trop longtemps sans trouver de solution appropriée, le stress se transforme en détresse. L'état de détresse correspondrait au malaise diffus qu'évoque Jean-Charles Crombez et entraînerait, à plus ou moins brève échéance, la sensation de désorganisation générale qu'il évoque. Cette désorganisation générale indique que le cerveau a déclaré forfait et qu'il est train de ralentir tout le processus en produisant une maladie. Cette façon de penser se situe en droite ligne avec les travaux du Dr Hans Selye qui, le premier, a mis à l'honneur la notion de stress et d'adaptation au stress.

Ayant constaté le ralentissement que constitue la maladie au niveau corporel, c'est en travaillant sur les blocages de la pensée et de l'émotion, qui sont des systèmes plus facilement mobilisables par le biais de l'imagination, que l'on pourra le plus économiquement et le plus adéquatement remettre le corps en mouvement, car le mot émotion signifie précisément « ce qui met en mouvement ». C'est d'ailleurs tout à fait ce à quoi s'attache la méthode développée par Jean-Charles Crombez et son équipe.

Loin de moi, comme de lui d'ailleurs, l'idée que la pensée et l'émotion soient à même d'agir seules et que l'on puisse se passer de la puissance curative des médicaments. Ce serait prendre des risques inutiles, verser dans une sorte de pensée magique et nier les avancées fantastiques de la science. Je sais cependant d'expérience que des approches psychiques de la maladie peuvent compléter adéquatement des approches médicales traditionnelles. De plus, ces approches, comme nous l'avons souligné, possèdent l'énorme avantage de redonner un rôle central au patient dans sa guérison.

Sous cet angle, la médecine compartimentée, qui aborde le problème dans son aspect le plus dense sans se référer à un modèle global de circulation des énergies, se prive de l'aide essentielle que le patient peut apporter à sa propre cure en stimulant par la pensée et de nouvelles habitudes de vie la force de ses processus de guérison.

Nous sommes de l'énergie

Il semble que nous n'ayons pas encore intégré les conclusions d'Einstein, pourtant énoncées en 1929 et confirmées par l'explosion atomique : nous sommes de l'énergie. L'énergie est une masse lancée à une certaine vitesse. La formule $E = mc^2$ signifie que l'énergie équivaut à la masse multipliée par la vitesse de la lumière au carré. Ce qui nous apparaît dense consiste en une énergie plus lente que nos sens nous permettent de percevoir parce que sa fréquence est saisissable par notre système perceptuel.

Nous savons, par exemple, que la lumière n'est pas immobile. Elle nous apparaît telle parce que nous ne pouvons pas percevoir son taux vibratoire qui est trop élevé. Autrement dit, elle va trop vite pour nos capacités de perception. De même que lors d'un voyage en avion, lorsque nous volons à mille kilomètres à l'heure, il nous semble que nous allons moins vite que lorsque nous roulons à cent kilomètres à l'heure en auto, tout simplement parce qu'à la vitesse de croisière d'un avion nous sentons moins la friction.

Le mental, l'émotif et le physique sont tous faits de la même énergie, à la différence que celle-ci se manifeste par des taux de vibration différents suivant les systèmes. L'accélération des composantes d'un système signifie sa santé, son ralentissement le malaise et la maladie. Ce fonctionnement s'apparente au mouvement de la toupie. À pleine vitesse, elle tourne si vite qu'elle semble immobile dans un parfait équilibre. C'est un état de bien-être. À mesure qu'elle perd de son élan, elle oscille et vacille, c'est l'état de malaise et de maladie. Lorsqu'elle s'arrête, redevenant une masse inerte, c'est la mort.

J'ajoute tout de suite que, par accélération, je n'entends pas ici la frénésie à laquelle nos vies sont livrées. Cette apparente vitesse, tout extérieure, masque fréquemment le manque de fluidité intérieure. À l'examen, elle semble compenser des lourdeurs émotionnelles ou mentales dues à des situations bloquées que la personne n'a pas pris le temps de régler.

« Le médecin soigne, le patient guérit »

La réalité de notre nature énergétique ne fait pas peur au Dr Liliane Reuter. D'origine luxembourgeoise, ayant pratiqué vingt ans à Paris comme médecin généraliste, elle vient de signer un livre qui a pour titre *Votre esprit est votre meilleur médecin* [1]. Elle se passionne pour les découvertes de la neuro-psycho-immunologie. Les liens que cette nouvelle science s'efforce de mettre en lumière portent sur l'interaction entre le corps, l'émotion et la pensée. Ils s'avèrent être d'une extrême importance pour la médecine du futur.

Le Dr Reuter a inventé cette magnifique formule : « le médecin soigne, le malade guérit », car l'autoguérison, affirme-t-elle en substance, est en réalité la seule guérison véritable. Voilà une formule que ne renierait sûrement pas Jean-Charles Crombez. Elle veut dire par là que la médecine peut certes apporter des soins extérieurs, mais que c'est la personne malade qui fait l'expérience de la guérison et qui, surtout, peut la faciliter de l'intérieur.

Se référant à la physique quantique pour laquelle une particule est à la fois et en même temps une infime quantité de matière et une onde, et appliquant ce concept à la médecine, elle ajoute :

> Nous ne sommes pas seulement un ensemble de particules mais aussi des ondes, notre corps n'est pas seulement une substance matérielle : il est un processus continuel et la plupart de nos composantes se modifient en permanence. Notre organisme se répare jour après jour, nos cellules se renouvellent et nos tissus se reconstituent sans cesse. Par

---

[1]. *Votre esprit est votre meilleur médecin. Préserver votre santé, favoriser l'autoguérison grâce à la médecine holistique,* Paris, Robert Laffont, coll. « Réponses », 1999.

La guérison du cœur

exemple, notre peau se renouvelle toutes les cinq semaines, et la muqueuse de notre estomac change tous les cinq jours ; quant à notre squelette qui semble pourtant extrêmement solide, il se renouvelle en trois mois. Ce qui ne change jamais, ce sont les modèles d'intelligence et l'information déterminant ces transformations. Cette mémoire profonde présente dans l'ADN de chacune de nos cellules assure le tissu universel de la nature humaine [1].

Pétrie par la médecine et ses avancées, elle s'est de plus préoccupée du rôle, dans la guérison, d'approches complémentaires telles que l'ostéopathie, l'homéopathie et l'haptonomie, art du toucher affectif [2]. Avec une connaissance physiologique étendue et de nombreux exemples scientifiques, elle nous dit où nous en sommes dans la compréhension des liens corps-esprit.

Elle décrit à son tour comment l'état psychologique de la personne malade joue un rôle fondamental dans la guérison. S'appuyant largement sur les connaissances relatives au fonctionnement du cerveau, elle explique pourquoi se relaxer et faire des choses que l'on aime plutôt que de penser sans cesse à ses problèmes stimulent les processus d'auto-organisation et d'auto-régulation de ce qu'elle appelle l'ensemble « corps-esprit », permettant à l'intelligence innée de notre être d'agir avec plus d'efficacité.

Bien que vouée à la cure des maux physiques, elle ne peut plus voir ces maux comme détachés de l'état psychologique de la personne. Pour elle, il ne s'agit pas seulement de « guérir un corps » mais de « guérir une vie », selon la belle expression du médecin américain Bernie Siegel. Le corps lui apparaît comme une plaque de résonance qui exprime la détresse vitale de l'être.

> Le processus de guérison se dirige de l'intérieur vers l'extérieur, de la profondeur vers le superficiel, de l'esprit vers le corps. Si nous ne considérons que le niveau physique de la maladie, sans nous rendre compte que la souffrance, la difficulté et l'incertitude nous demandent de nous relier à

---

1. Reuter, Liliane, *Votre esprit...*, *op. cit.*, p. 49.
2. L'haptonomie a été développée par le Dr Franz Veldman. François Dufour, un praticien de Montréal, la définit ainsi : « Il s'agit d'une manière d'être dans la relation qui par un toucher psycho-affectif invite l'autre (le patient) à la rencontre et le confirme dans ce qu'il est. »

notre être profond, alors nous restons dans la pensée magique du corps médical. Or chacune des crises que nous traversons nous guide vers notre véritable vie, vers notre authenticité [1].

« Le germe n'est rien, le terrain est tout »

Liliane Reuter estime qu'il serait présomptueux de tourner le dos aux découvertes faites sur le plan médical, mais elle insiste aussi pour dire que, lorsque nous sommes malades, les médicaments ne sont pas seuls à pouvoir nous redonner la propulsion désirée, tout simplement parce que l'élan vital existe en nous. Quarante millilitres de cortisone fournissent une aide appréciable à cet élan et ils peuvent nous sauver la vie. Ils accélèrent tous les processus, physiologiques, émotifs et mentaux, aidant notre système immunitaire et offrant un contexte souhaitable à la guérison. Mais il existe également des moyens intérieurs et personnels d'assurer la fluidité du terrain et, partant, sa résistance. Il existe des moyens d'offrir un contexte optimal à la santé, et c'est s'aimer et se respecter que de le mettre en place. Comme elle le dit si bien, « notre état d'esprit est notre meilleur médecin ».

Ces moyens ne sont « pas sorciers », ainsi qu'on aime le dire. Ils s'appellent exercices physiques, respiration, détente, relaxation, visualisation, méditation, promenade dans la nature, régime alimentaire équilibré, compréhension et expression des émotions, résolution des conflits qui s'éternisent, satisfaction des besoins fondamentaux et vie intellectuelle active. Tous permettent une connaissance approfondie de soi et soutiennent le rythme intérieur.

Notre paresse à l'égard de ces moyens qui sont à portée de main fait de nous des patients dépendants de médecins que nous plaçons pour cette raison dans la position de grands manitous. Cet état de choses résulte de la conviction moderne voulant qu'il n'existe pas de relation entre la pensée et le corps, entre ce qui se passe à l'intérieur de nous, ce que nous ressentons, et ce qui nous arrive à l'extérieur. Il correspond également à l'idée que le microbe est tout-puissant et qu'il peut opérer quel que soit le terrain qui l'accueille.

Or les microbes ne sont pas tout-puissants et ils ne peuvent opérer sans un terrain propice. De tels terrains sont faibles, mal

---

1. Reuter, Liliane, *Votre esprit..., op. cit.*, p. 10.

nourris, mal oxygénés, envahis de pensées moroses, bloqués dans l'expression des émotions et, par conséquent, fragiles sur le plan immunitaire.

Il est dit que sur son lit de mort Pasteur, le père de la microbiologie, aurait déclaré : « Le germe n'est rien. Le terrain est tout [1]. » Quel aveu au crépuscule d'une vie entière de combat contre les bactéries néfastes ! Le Dr Reuter ajoute : « Pasteur savait que le corps humain abrite une multitude de bactéries : il était persuadé qu'elles ne pouvaient devenir nuisibles que si l'organisme se trouvait affaibli. Il allait encore plus loin en affirmant que l'état de l'âme pouvait lui aussi affaiblir la barrière contre l'invasion des germes [2]. » Mais, regrette-t-elle, ces idées du grand chercheur ont été oubliées.

Autrement dit, la qualité du terrain où s'installe le microbe, sa pauvreté ou sa richesse, va donner plus ou moins de chances à la maladie de s'y développer. Si votre corps est déminéralisé parce que vous avez des horaires surchargés, une mauvaise alimentation, des ennuis amoureux, et un environnement pollué, il offre un terrain faible qui aura peine à résister aux agressions microbiennes. Si, au contraire, vous êtes reposé, que vous vous alimentiez bien et ayez l'esprit joueur et détendu, il y a de fortes chances pour que la maladie ait moins d'emprise sur vous – dans certaines limites, cela s'entend. Votre équilibre sera tout simplement plus fort. Et, dans ce dernier cas, même si vous tombez malade, vous récupérerez plus vite.

Notons que, pour Liliane Reuter, le terrain se compare au cadre de vie et qu'il se compose aussi bien de notre environnement extérieur que de notre monde intérieur. Concevoir et prendre conscience que notre état d'esprit mène notre corps, pour ensuite accepter que cet état d'esprit dépend à son tour de nos conditions générales de vie, constituent une petite révolution de palais. Chacun de nous est pourtant appelé à la réaliser s'il veut entrer dans la réalité de l'unité globale où tous les phénomènes sont interdépendants.

L'importance que l'on redonne aujourd'hui au terrain modifie entièrement notre façon de concevoir les choses. L'emphase mise sur la lutte contre les microbes nous avait fait perdre de vue un élément qui allait de soi, à savoir que la terre dans laquelle le germe

---

1. Reuter, Liliane, *Votre esprit...*, *op. cit.*, p. 33.
2. *Ibid.*, p. 35.

évolue est essentielle au développement de ce germe. Cette idée, aujourd'hui retrouvée, ne cesse de nous surprendre par sa simplicité et son efficacité, nous encourageant à agir par rapport à notre terrain personnel. Sur ce plan, nous savons que de nombreux facteurs peuvent contribuer à la qualité de notre terrain, des facteurs parmi lesquels entrent en jeu de bonnes conditions physiques autant que psychologiques.

La maladie est une solution de survie

Un autre docteur en médecine va nous aider à établir des liens supplémentaires. Je l'ai rencontré d'une façon cocasse. Au moment où j'étais en train de rédiger ce chapitre, j'ai reçu un jour un petit mot d'une inconnue estimant que la conférence qu'elle organisait m'intéresserait. Ma présence est souvent sollicitée pour de telles activités. Je mis donc l'invitation de côté, mais le titre de la conférence, « Le sens de la maladie », correspondait tellement à ce que j'étais en train d'écrire qu'il me revenait à l'esprit sans cesse. Je décidai donc d'obéir à cette « synchronicité », aurait dit Jung, à cette « coïncidence significative », et je me rendis à la conférence en question sous une pluie battante. Grand bien m'en fit. Je devais y découvrir que, pour certains médecins, le terrain se définit d'abord et avant tout en termes psychologiques.

Celui dont je vous parle s'appelle Claude Sabbah. Il a d'abord exercé comme cancérologue mais il a fini par abandonner cette pratique pour en venir à soigner par la prise de conscience. Cette approche ne jouit pas d'une grande faveur au sein de la profession médicale, ce qui lui vaut de pratiquer et d'enseigner en dehors d'une institution reconnue.

Pour nous aider à réfléchir à la santé et à la maladie, il nous propose d'imaginer une pyramide dont la pointe supérieure est le psychisme et dont la base est le corps. Le cerveau occupe le milieu de cette pyramide. Il constitue « la centrale de commande du fonctionnement biologique et il a pour objectif de maintenir la vie le plus longtemps possible [1] ». Il a également pour fonction de faire le lien entre le psychologique et le biologique.

---

1. Sünder, Richard, « Syntaxe de la santé 1. Le sens de la maladie selon Claude Sabbah », *Les Cahiers de la bioénergie,* n° 11, 1er trimestre 1999, p. 25.

La guérison du cœur

La question centrale que Claude Sabbah pose dans ce contexte, est la suivante : à quoi donc sert la maladie ? Paradoxalement parlant, elle sert à nous sauver la vie, répond-il. Elle est un moyen que le cerveau emploie pour répondre à un stress qu'il n'arrive plus à gérer au niveau psychologique, un stress qui pourrait submerger entièrement la personne et l'entraîner vers la mort, car on peut mourir beaucoup plus vite de peur que de cancer.

En d'autres termes, si le cerveau, dont la programmation de base est d'assurer la survie, doit choisir entre un stress permanent qui risque de faire mourir la personne en quelques mois, et la mort lente que représente un cancer, il choisira « la mort lente qui prolongera la vie le plus longtemps possible [1] ». Le cerveau choisit donc de supprimer la pression psychologique parce que celle-ci est plus insupportable que toute maladie. En fait, dès que la maladie commence, la peur disparaît chez le sujet. C'est qu'elle sombre dans le corps. La maladie apparaît donc comme le meilleur programme de survie lorsqu'un conflit met en danger l'intégrité physique et psychique d'un individu.

La notion de stress est au centre des recherches de Claude Sabbah. D'une certaine façon, ces recherches se situent elles aussi dans la continuation de travaux du Dr Hans Selye qui a passé sa vie à tenter de comprendre les effets du stress chez les individus et à mettre en valeur la détresse psychologique qui lui est souvent associée. Les recherches du Dr Sabbah se réfèrent également aux conclusions du chercheur français Henri Laborit qui explique que les stratégies animales devant un événement menaçant consistent à fuir, à se battre ou à s'adapter. Si, pour une raison ou une autre, aucune de ces solutions n'est envisageable, une détresse s'ensuit qui, si elle dure trop longtemps, affecte la biologie du corps.

C'est ici que Claude Sabbah prend le relais. Il précise que, pour le cerveau, le mode de fonctionnement physiologique de base correspond à l'état où il y a le moins de stress possible à gérer. L'organisme fonctionne alors en économisant de l'énergie et en faisant des réserves. S'il y a stress, le régime s'accélère ainsi que la dépense énergétique. S'il y a pour ainsi dire un « surstress » aigu et permanent, la personne s'épuise. Le cerveau

---

1. *Ibid.*, p. 23.

transforme alors le conflit psychologique en conflit biologique parce que ce dernier est moins exigeant au niveau énergétique.

Cela explique sans doute pourquoi notre société au rythme rapide produit tant d'épuisement professionnel, de fatigue chronique et de dépression. Au cours des millénaires d'évolution, notre corps a soutenu des efforts intenses. Pourtant, bien que la maladie ait toujours existé, le psychisme jouissait d'une paix relative parce que les réponses instinctives de combat ou de fuite jouaient plus librement. Avec le temps, nous sommes parvenu à offrir le confort matériel à notre corps, mais nos préoccupations psychiques se sont intensifiées à un point tel que notre esprit réclame maintenant le bien-être que nous avons donné à notre physiologie. Les préoccupations nous rendent malade parce que nous ne voulons pas ou ne pouvons pas leur échapper. Nous nous retrouvons donc impuissant devant elles.

Nous ne faisons que commencer à percevoir les effets destructeurs de ce stress permanent. Il va sans doute nous amener à prendre peu à peu conscience de l'importance considérable de nos états d'esprit. Cette information capitale est au cœur de la révolution médicale qui s'annonce.

Le Dr Sabbah pense que la maladie est une expression parfaite de l'être. Si, par exemple, les cellules cancéreuses offrent le portrait d'une prolifération chaotique, le système d'irrigation qui soutient ces mêmes cellules est loin d'être anarchique. De nouveaux ponts se créent sans cesse avec les tumeurs qui grossissent exactement selon l'ordre biologique, comme si les vaisseaux sanguins nourrissaient des cellules saines. Un réseau parfait se met en place pour effectuer un travail dirigé, contrôlé et réglé. Bref, un programme dans le corps demande à fabriquer une tumeur. Tout simplement parce que la maladie fait partie des stratégies de survie de la personne.

Un élément central de cette organisation vient de ce que le cerveau, comme nous l'avons noté précédemment, ne fait pas la différence entre un mal réel et un mal imaginaire. Si vous ne supportez pas votre patron et que vous n'ayez pas de solution pratique à portée de main telle que fuir, combattre ou vous détacher émotionnellement, votre cerveau vous aidera à détruire cette situation en envoyant de l'acide dans le duodénum, au risque de provoquer des ulcères. Le cerveau biologique et instinctif « est persuadé de dissoudre la situation intolérable de cette façon car il ne sait pas que la personne se trouve à l'extérieur puisque pour lui le stress se trouve à l'intérieur. Le cerveau ne peut agir que sur les cellules constitutives du corps dont il a la charge [1] ».

Cette remarque, essentielle, fonde le travail de Claude Sabbah, qui nous propose de remettre en question la thèse voulant qu'une maladie soit la plupart du temps provoquée par un corps étranger venu de l'extérieur. Il présente, à titre d'exemple, le cas d'un étudiant allergique aux roses qui, sa vie durant, a fait tout son possible pour éviter leur contact. Un jour, pourtant, cet étudiant rentre chez lui et découvre que sa mère en a mis un gros bouquet au centre de la table du salon. Malgré tous les traitements de désensibilisation qu'il a reçus, l'étudiant a une réaction telle qu'on doit l'emmener d'urgence à l'hôpital et lui faire des piqûres. Or, les fameuses roses étaient... en plastique [2] !

Cet exemple remet en question la thèse selon laquelle il doit absolument y avoir présence d'un allergène réel pour que l'allergie se déclenche. Il nous permet également de mieux évaluer le rôle du psychologique dans l'apparition de maux physiques.

Arthur aux mains couvertes d'eczéma

À l'instar de Jean-Charles Crombez et de Liliane Reuter, Claude Sabbah croit que la pensée précède le corps dans l'installation de la maladie. Selon lui, un conflit psychique intolérable se trouve à la base de toute atteinte physique. Que le conflit soit réel, imaginaire, symbolique ou virtuel, il provoquera les mêmes réactions de la part du cerveau. En conférence, Claude Sabbah illustre sa thèse à l'aide de nombreux cas dont celui d'Arthur, photos à l'appui [3].

Arthur a six ans. Il souffre d'eczéma aux mains à un point tel que la chair s'en va à l'encolure du pouce et de l'index. Ses paumes et ses doigts sont remplis de pus et il doit écrire avec des bandages. Le père emmène l'enfant auprès du médecin, qui pose tout de suite des questions par rapport au début de la maladie. Elle

---

1. Renard, Léon, « La maladie : une alternative du cerveau », *Biocontact*, novembre 1996, p. 31.
2. Sünder, Richard, « Syntaxe de la santé », *op. cit.*, p. 21.
3. Sabbah, Claude, « Le sens de la maladie », conférence donnée à Montréal, le 7 septembre 1999, notes personnelles de l'auteur.

Les leçons de la maladie

semble avoir commencé quelques années plus tôt alors que le père étudiait encore et que la mère travaillait à plein temps pour faire vivre la famille. À cette époque, Arthur était la plupart du temps séparé de ses parents. On le promenait entre la nourrice, la grand-mère et la crèche. Un jour, comme il entend ses parents dire qu'ils vont pouvoir prendre trois jours de vacances, il se réjouit beaucoup.

Pourtant, le jour venu, plutôt que de l'emmener en voyage, on le dépose chez ses grands-parents. Ses parents tentent même de disparaître au plus vite par le portail du jardin. Arthur s'y agrippe désespérément et connaît un moment de stress intense tandis que ses parents s'éloignent. Les barreaux de ce portail sont constitués de métal recouvert d'une peinture caoutchoutée contre la pluie. Dans les mois qui suivent, le garçon développe une allergie chronique au métal et au caoutchouc, qui se manifeste sous forme d'eczéma aux mains. On le traite avec des piqûres de latex. Mais, depuis qu'il a commencé l'école, le malaise empire, Arthur est sans cesse en phase allergique.

Le Dr Sabbah nous explique que les allergies ont souvent à voir avec des conflits de séparation. Les stress de séparation se localisent au niveau de l'épiderme parce que la peau constitue notre plus grande surface de contact avec le monde extérieur.

Dans ce cas-ci, l'eczéma affecte les mains parce que Arthur empoignait les barreaux au moment de sa grande désillusion. Cette désillusion s'accompagnait de rage et de rancune, car le gamin estimait que ses parents lui jouaient un bien mauvais tour. L'empreinte fut donc profonde. Voilà pourquoi le derme qui se situe sous l'épiderme est également affecté et que la chair s'en va à l'encolure du pouce et de l'index, des parties qui se trouvent fortement impliquées lorsque l'on saisit le barreau d'un portail. Claude Sabbah note qu'au moment du stress le cerveau, qui a analysé avec la finesse d'un laser que la situation était reliée au métal et au caoutchouc, en a déduit qu'il faut tenir Arthur loin de ces substances pour qu'un tel dérangement ne se produise plus, raison pour laquelle il crée l'allergie.

Le médecin a traité Arthur en lui expliquant la nature de ce qu'il avait vécu lors de cet événement dramatique. Il l'a également assuré que ses parents l'aimaient. À l'époque, dit-il à l'enfant, ils avaient beaucoup travaillé et ils ont pris ces jours de vacances sans lui parce qu'ils avaient besoin de se reposer. Leur but n'était pas

La guérison du cœur

de l'abandonner mais au contraire de lui offrir une vie plus confortable à long terme. Il pouvait donc mettre de côté sa rage et sa rancune s'il le désirait. Dans les mois qui suivirent, les mains d'Arthur ont commencé à guérir.

Dans le vocabulaire de Claude Sabbah, l'événement du portail a servi de « conflit programmant » pour Arthur, au sens où, à la suite de ce moment stressant, le contact du métal ou du caoutchouc allait désormais toujours déclencher la même réaction de survie de l'organisme, à savoir l'allergie. Cette réaction joue en même temps au niveau psychologique puisque, dès qu'Arthur revit un conflit de séparation, comme lorsqu'il va à l'école, l'eczéma l'exprime. À ce propos, le médecin fait remarquer qu'une maladie devient chronique lorsqu'une partie du conflit n'est pas résolue et demeure en phase active. Autrement dit, le cerveau se rappelle le stress lié au conflit et redonne sans cesse au corps l'ordre de se défendre par la production de la maladie.

L'analyse révèle que le problème se situe au niveau des programmations du cerveau qui incluent les réactions émotionnelles. Certains de ces programmations consistent en des réactions vives qui se sont produites lors d'un premier événement traumatique, à l'occasion d'un conflit initial que la personne n'a pas pu résoudre. Ce conflit se trouve par la suite occulté, et ce sont des conflits similaires qui, plus tard, serviront d'éléments déclencheurs de ces mêmes programmations. Celles-ci ont toujours pour dessein de nous sauver la vie bien qu'elles ne représentent plus des réactions appropriées.

La maladie repose donc sur un conflit inconscient lié à un stress traumatisant à partir duquel le cerveau s'est programmé et a enclenché des réactions de survie. Par la suite, les situations similaires déclencheront les mêmes réactions. Pour que les programmations changent, il faudrait procéder à une déprogrammation et, pour ce faire, remonter au conflit de base auquel le cerveau a répondu par la maladie. Ainsi nous pourrions dire que la répétition sert la déprogrammation au sens où elle aide à prendre conscience du conflit. Tant que le conflit ne sera pas élucidé, il se répétera. Et nous utiliserons la répétition soit pour avancer, soit pour nous enfoncer davantage dans un processus morbide.

Les recherches de Claude Sabbah illustrent, avec nombre de témoignages à l'appui, que les symptômes ont effectivement une histoire et un sens d'un point de vue psychique et subjectif, de même qu'une histoire et un sens d'un point de vue physiologique objectif. Cet auteur montre également que les maladies proviennent surtout de l'intérieur et sont des mécanismes de survie qui répondent à une situation de conflit intolérable pour le sujet. Pour Claude Sabbah, il ne fait aucun doute que l'on tombe malade pour des raisons psychiques et que la prise de conscience de ces raisons constitue le principal facteur de guérison.

À son tour, il nous met cependant en garde contre une pensée magique qui voudrait faire fi des traitements médicaux conventionnels. Pour lui, et il tient à le souligner, ces traitements doivent durer aussi longtemps que la maladie évolue. Il serait dangereux d'agir autrement, car, du point de vue subjectif, le sens des symptômes ne pourra émerger que si la personne a le courage de s'interroger sur ses conflits primaires. Tant que cela ne sera pas fait, les symptômes continueront à signaler ce qui doit progressivement devenir conscient. Mais, en attendant, il est nécessaire de les combattre en utilisant la puissance médicamenteuse pour préserver le capital de santé de la personne.

L'amour et l'intimité prolongent notre durée de vie

Le Dr Dean Ornish apprécierait le cas que nous venons de présenter. Il met en effet en évidence, dans son propre travail, l'importance du terrain affectif dans la guérison. Il nous permettra de compléter ce survol des nouvelles idées médicales, parce qu'il lie les maux physiques à la dimension du cœur, au sens littéral comme au sens figuré. Vous serez à même de constater que ce qu'il dit a de quoi surprendre.

Cardiologue mondialement reconnu, professeur et chercheur universitaire, Dean Ornish est l'auteur de plusieurs best-sellers dont l'un qui s'intitule *Love and Survival* (*L'Amour et la survie*) [1]. Dans ce livre, il recense une cinquantaine d'études scientifiques réalisées depuis le début du siècle par des universités et des centres hospitaliers aussi prestigieux que Harvard, le Massachusetts Institute of Technology (MIT) ou Johns Hopkins. Ces études tendent toutes à montrer une seule et même chose : l'intimité

---

1. *Love and Survival. 8 Pathways Toward Intimacy* (*L'Amour et la survie. 8 sentiers vers l'intimité*), New York, Harper Perrenial, 1999.

La guérison du cœur

amoureuse, l'amitié et un bon environnement affectif constituent des facteurs de guérison indéniables et prolongent la vie des personnes, alors que la solitude et l'isolement ont exactement l'effet inverse.

> Y a-t-il quelqu'un qui prenne vraiment soin de vous, qui se sente près de vous, qui vous aime, qui veuille vous aider, et à qui vous puissiez vous confier?
> Si vous avez répondu « non » à ces questions, vous pouvez avoir de trois à cinq fois plus de chances de connaître une mort prématurée ou des maladies de toutes sortes – ou même plus selon certaines études. Cela inclut un risque accru en ce qui a trait aux attaques et aux arrêts cardiaques, aux maladies infectieuses ou auto-immunes, à plusieurs types de cancers, aux allergies, à l'arthrite, à la tuberculose, au faible poids d'un enfant à la naissance, à l'alcoolisme, à l'abus des drogues, au suicide, et ainsi de suite. [...] Les gens sont plus enclins à choisir des styles de comportements qui stimulent la vie plutôt que des comportements autodestructeurs lorsqu'ils sentent qu'ils sont aimés et que l'on prend soin d'eux [1].

Les propos du Dr Ornish ne sont pas à négliger. Nous sommes en face de quelqu'un qui prend les statistiques au sérieux et qui ne joue pas avec les chiffres. Il a une réputation à défendre. La construction des recherches qu'il cite est impeccable sur le plan méthodologique. Nous pourrions plutôt reprocher à son livre de pécher par une accumulation de données qui vont dans le même sens.

On peut considérer, cependant, que cette accumulation est nécessaire tant la plupart d'entre nous sont inconscients du fait que l'amour et l'intimité puissent être des facteurs aussi positifs dans la prévention de la maladie et dans la guérison. En lisant son volume, c'est comme si je m'étais retrouvé en face d'un Galilée en train de me démontrer, hors de tout doute raisonnable, que la Terre est ronde alors que mon credo scientifique voudrait qu'elle soit plate.

À l'instar des autres médecins que j'ai mentionnés, il signale lui aussi les limites du modèle médical inspiré de Koch et de Pasteur qui veut qu'à chaque maladie corresponde un microbe spéci-

---

1. *Ibid.*, p. 28, traduction de l'auteur (t.d.a.).

Les leçons de la maladie

fique. Il cite à son tour le cri du cœur du microbiologiste français à la fin de sa vie – « Le germe n'est rien, tout est dans le terrain » – et il est clair que, pour lui, l'amour est le meilleur engrais de ce terrain.

Il montre de cette façon que, si la quantité de cholestérol ingurgité est un facteur en soi, la capacité d'assimilation du même cholestérol compte aussi pour beaucoup. Cela va de soi : la qualité du terrain joue. Or, ce qui surprend, c'est que des études ont démontré que la capacité d'assimilation est sensiblement augmentée par la présence d'une personne aimante dans la vie de l'individu (!). Il prend soin de préciser, bien entendu, que le facteur déterminant ne réside pas dans la quantité objective d'amour et de soins dont jouit quelqu'un, mais bien dans la perception subjective qu'il en a.

Dans l'univers médical de Dean Ornish, l'amour, ce mot interdit pour la science, devient un facteur qui non seulement sauve des vies, mais qui permet également de réaliser de grandes économies. Le chercheur souligne, preuves à l'appui, que 80 % des patients qui fréquentent des cliniques alliant diète, exercices physiques, yoga, méditation, psychothérapie et groupe de soutien, évitent la chirurgie. Il parle d'économies de l'ordre de trente mille dollars, soit environ deux cent mille francs, par personne, ce qui a de quoi faire réfléchir les administrateurs des grandes institutions de santé autant que les compagnies d'assurances. Il a d'ailleurs fait la première page du *New York Times* lorsque son programme de prévention des maladies cardiaques a été approuvé par la puissante compagnie d'assurances Mutual of Omaha.

Il est difficile de lire le livre de Dean Ornish et de rester indifférent à son propos. Comme je le disais précédemment, l'ensemble des recherches scientifiques qu'il cite démontre que malgré l'abus de tabac, d'alcool, de sexe, de télévision ou de nourriture bourrée de cholestérol, malgré le manque d'exercice ou de diète appropriée, c'est l'absence d'amour et d'intimité qui importe le plus. Le sentiment de solitude et d'isolement constitue le premier facteur à considérer dans les chances de développer une maladie importante avant le milieu de la vie, un facteur qui est susceptible, en plus, de raccourcir la durée de l'existence.

La guérison du cœur

Des recherches convaincantes

Passons en revue quelques-unes des recherches que Dean Ornish porte à notre attention. L'une d'elles a été conduite par les docteurs Stanley King, Harry Russek, Gary Schwarz, Linda Russek (et al.) de l'université de Harvard. Elle nous montre que la perception de l'amour maternel ou paternel chez des étudiants constitue un très bon indicateur des problèmes de santé qu'ils auront ultérieurement [1].

Au début des années cinquante, cent vingt-six hommes en bonne santé ont été choisis au hasard dans les classes de l'université. On leur a fait remplir un questionnaire dans lequel ils étaient priés d'évaluer la qualité affective de leur relation à chacun de leurs parents sur une échelle allant de « très intime » à « froide et tendue ».

Trente-cinq ans plus tard, on a obtenu le dossier médical de ces cent vingt-six sujets et on leur a demandé de se plier à une série de tests médicaux et psychologiques : 91 % des participants qui avaient répondu ne pas avoir une bonne relation avec leur mère avaient souffert de maladies sérieuses et diagnostiquées telles (troubles coronariens, haute pression sanguine, ulcère au duodénum, alcoolisme, etc.), contre seulement 46 % de ceux qui avaient déclaré avoir une relation chaleureuse avec leur mère.

De la même façon, 82 % de ceux qui avaient vécu une relation froide et distante avec leur père avaient connu, au milieu de leur existence, des troubles de santé jugés importants, contre 50 % de ceux qui avaient considéré leur relation à leur père comme chaleureuse.

Tous les participants (100 %) qui avaient estimé trente-cinq ans plus tôt avoir une relation faible au niveau de la chaleur affective et de l'intimité (*low in warmth and closeness*) avec leurs deux parents souffraient d'une maladie grave au mi-temps de leur vie, contre 47 % de ceux qui avaient déclaré avoir une relation forte du point de vue de la chaleur affective et de l'intimité (*high in warmth and closeness*).

L'une des conclusions des chercheurs se lit comme suit : « La perception de l'amour en soi... peut se révéler comme étant une

---

1. Ornish, Dean, *Love and Survival, op. cit.*, p. 32. Il s'agit de la Harvard Mastery of Stress Study.

Les leçons de la maladie

protection essentielle au niveau bio-psycho-socio-spirituel, en ce qu'elle réduit l'impact négatif d'agents stressants et pathogènes, et qu'elle soutient les fonctions immunitaires et la guérison. [1] »

Consacrée à l'examen des effets du stress, leur étude établit également que seulement 24 % des étudiants qui avaient eu le sentiment de profiter d'un haut niveau d'affection à la maison et qui avaient connu peu d'angoisse durant leurs années à l'université avaient développé des maladies graves, contre 94 % de ceux qui avaient perçu négativement l'affection de leurs parents et qui avaient en outre fait l'expérience d'une grande anxiété pendant leurs études.

Cette étude a de quoi faire réfléchir sur l'importance de la qualité des relations entre parents et enfants. Elle peut même sembler très inquiétante puisqu'elle révèle que les relations affectives familiales déterminent à un haut point le capital de santé biologique des enfants. Ce qui va tout à fait dans le sens des recherches de Claude Sabbah sur le stress : une famille où l'on ne se sent ni aimé ni compris constituera en effet, très vraisemblablement, un milieu où se développeront de nombreux conflits psychologiques.

Pas de panique, cependant : plusieurs études sur les effets du mariage montrent que choisir un partenaire aimant a de fortes chances d'inverser les conditionnements négatifs de l'enfance. Démonstration à laquelle les chercheurs ajoutent néanmoins la nuance suivante :

> Ceux et celles qui ont le plus besoin du soutien offert par un bon mariage ne pourront peut-être pas en bénéficier parce que leur capacité de nouer des liens de proximité a pu être endommagée par des expériences antérieures négatives. [...] L'expérience d'un lien négatif avec les parents peut produire un échec en ce qui a trait à l'acquisition d'un véritable sens de soi-même et d'une estime de soi solide, des attributs qui facilitent l'adaptation au cours de la vie future. Cela peut aboutir à l'évitement des relations de proximité par peur de l'intimité, de l'échec et/ou du rejet [2].

En général, les gens mariés vivent plus longtemps, avec un taux de mortalité plus faible et qui est en rapport avec presque

---

1. Ornish, Dean, *Love and Survival, op. cit.*, p. 34 (t.d.a.).
2. *Ibid.*, p. 40 (t.d.a.).

La guérison du cœur

toute les causes de décès que ceux qui sont célibataires, séparés, veufs ou divorcés. Le Dr Redford Williams et ses collègues de l'université de Duke ont étudié environ quatorze cents hommes et femmes qui avaient été opérés du cœur et chez qui l'on avait trouvé au moins une artère sévèrement bloquée. Cinq ans après l'opération, les hommes et les femmes qui appartenaient au groupe des gens non mariés et sans confident avaient connu la mort dans une proportion trois fois plus élevée que ceux du groupe des gens mariés. En fait, 50 % des gens non mariés et sans confident étaient morts.

L'étude précise que ces différences sont tout à fait indépendantes des pronostics médicaux connus incluant le nombre et la sévérité des artères bloquées, l'abus de tabac, le cholestérol et le manque d'exercice. Même ceux qui étaient mariés mais qui n'avaient pas de confident ont obtenu des résultats meilleurs que ceux qui n'étaient pas mariés et qui n'avaient pas de confident. Autrement dit, en termes de santé, vivre avec quelqu'un vaut mieux que vivre isolé et solitaire [1].

Certaines études citées par Dean Ornish ont porté sur des milliers de participants, voire sur des populations entières. Il existe ainsi, en Pennsylvanie, une petite ville du nom de Roseto, que l'on a étudiée pendant cinquante ans en la comparant aux villes avoisinantes de Nazareth et de Bangor. Ces trois communautés étaient desservies par les mêmes hôpitaux, les mêmes médecins, et les mêmes sources d'approvisionnement en eau potable.

Les chercheurs se sont penchés sur le cas de Roseto parce qu'on y avait remarqué un taux étonnamment faible de mortalité par infarctus. Pourtant, les facteurs de risque en rapport avec les maladies coronariennes, tels que fumer, manger beaucoup de graisses et souffrir de diabète, y étaient aussi répandus que dans les villes se trouvant à proximité.

D'où la différence venait-elle donc ? En fait, Roseto avait été fondée en 1882 par un groupe d'immigrants, tous originaires de la même ville du sud de l'Italie. Cette communauté humaine affichait un haut niveau d'homogénéité ethnique et sociale, des liens familiaux forts et des relations communautaires soutenues. Les chercheurs se sont donc demandé si la stabilité de la structure sociale à Roseto, la cohésion familiale et le soutien communau-

---

1. Ornish, Dean, *Love and Survival, op. cit.*, p. 46 (t.d.a.).

Les leçons de la maladie

taire n'avaient pas protégé cette petite ville des attaques cardiaques et favorisé la longévité de ses habitants.

Leur hypothèse se révéla juste. Dans les années soixante et soixante-dix Roseto a peu à peu perdu son style de vie traditionnel. La dégradation des liens familiaux et l'affaiblissement du réseau communautaire se sont accompagnés d'un accroissement des morts dues à des accidents cardiaques et, en l'espace de vingt ans, la petite ville a atteint le taux de mortalité des villes avoisinantes. La conclusion des chercheurs fut la suivante :

> Ceux qui présentent les facteurs de risque habituels ont plus de chances de faire des infarctus que ceux qui ne présentent pas ces facteurs de risque, mais un segment encore plus large de la population peut présenter ces facteurs de risque et ne pas succomber à un infarctus pendant plus de trois décennies s'il est protégé par un sens aigu d'interconnexion et de communauté [1].

Dans la même veine, une étude menée par Thomas Oxman, du Centre hospitalier de l'université du Texas, a démontré que les patients qui ne participent à aucune activité de groupe organisée, qu'il s'agisse d'un club social, d'un mouvement paroissial, civil, ou autre, et qui, en plus, ne jouissent pas de la force ou du confort moral apportés par une religion, ont sept fois plus de chances de mourir dans les six mois suivant une opération à cœur ouvert que ceux qui ont de telles activités sociales ou religieuses. Oui, vous avez bien lu : sept fois [2] !

Il fallait s'y attendre, le Dr Ornish n'a pas que des amis. Ainsi, en 1989, le Dr David Spiegel et ses collègues de l'Hôpital universitaire de Stanford ont tenté de critiquer ses positions en démontrant que la qualité de l'environnement psychosocial ne prolongeait en aucune façon la vie des femmes atteintes du cancer du sein. Aux fins de cette étude, des femmes qui souffraient de ce cancer ont été réparties au hasard dans deux groupes dont les membres recevaient les mêmes traitements médicaux, tels que chimiothérapie, chirurgie, radiations, et médication.

La seule différence venait de ce que les femmes du premier groupe ne recevaient que des traitements conventionnels, alors que

---
1. Ornish, Dean, *Love and Survival, op. cit.*, p. 40. (t.d.a.).
2. *Ibid.*, p. 51.

celles du second groupe étaient invitées, en plus, à participer à une réunion de soutien animée par un psychiatre, un travailleur social et une psychothérapeute. La fréquence des rencontres de ce second groupe a été d'une séance par semaine durant quatre-vingt-dix minutes chaque fois et pendant un an. Les participantes étaient encouragées à exprimer leurs sentiments vis-à-vis de la maladie et de ses effets sur leur vie. On veillait cependant à éviter toute suggestion en rapport avec un possible effet positif du groupe d'entraide sur le cours de leur cancer.

Les chercheurs notent que, dans l'année qui s'écoula, les femmes qui participèrent au groupe de thérapie développèrent un profond sens d'appartenance lié à ce qu'elles avaient un endroit où s'exprimer ouvertement en toute confiance. Elles se mirent à écrire des poèmes, elles se rendirent visite à l'hôpital et eurent même une rencontre au chevet de l'une d'elles, dans sa maison. De cette façon, elles pouvaient contrer le sentiment d'isolement provoqué par le fait qu'amis et parents ont souvent peur du cancer et ne savent pas quelle attitude adopter.

Cinq ans plus tard, regardant les données statistiques, le Dr Spiegel faillit « tomber de sa chaise », selon sa propre expression : les participantes au groupe d'entraide avaient survécu en moyenne deux fois plus longtemps que celles qui n'en avaient pas bénéficié [1] !

C'est l'amour qui guérit

Je dois avouer que je ne suis pas surpris outre mesure de ces résultats. Ayant moi-même initié des réseaux de groupes d'entraide pour les hommes et pour les femmes, tant au Québec qu'en Europe [2], je suis convaincu de leur importance. J'ai reçu des dizaines de commentaires de la part de participants et participantes affirmant que leur groupe les avait non seulement aidés à briser leur isolement affectif, mais aussi, en plusieurs occasions,

---

1. Ornish, Dean, *Love and Survival, op. cit.*, p. 53.
2. Je fais référence au Réseau Hommes Québec (RHQ) et au Réseau Femmes Québec (RFQ) dont la formule s'est répandue en Europe francophone. Il s'agit de groupes de parole autogérés, qui sont soutenus par une structure d'accueil et des manuels d'exercices, que j'ai créés en collaboration avec d'autres intervenants. Le lecteur trouvera en annexe les principales coordonnées de ces réseaux.

qu'il avait aidé un couple en difficulté à se retrouver ou une famille désunie à se rassembler.

Nous appartenons tous à la grande famille humaine et partageons les mêmes angoisses et les mêmes désirs de rapprochement. Maintenant que les clans familiaux se sont fragmentés et que le tissu communautaire s'appauvrit, ces nouveaux groupes d'appartenance deviennent d'excellentes alternatives. Nous pouvons y pratiquer notre capacité de communiquer et risquer d'y exposer notre vulnérabilité, améliorant ainsi nos talents pour l'intimité.

Dean Ornish a été l'un des premiers médecins à prouver scientifiquement que les groupes de soutien possèdent une grande validité et à faire admettre cette pratique en milieu hospitalier. Il a été également le premier à démontrer que l'on peut renverser un diagnostic négatif de maladie du cœur. Au début, il l'a fait en encourageant les malades à changer leur style de vie, notamment leurs habitudes alimentaires et leur somme d'exercice quotidien. Par la suite, il s'est rendu compte que le cœur n'est pas uniquement une pompe physiologique et il a changé de perspective. Il a pris conscience, de manière très concrète, dans sa vie personnelle aussi bien que dans sa vie professionnelle, que c'est l'amour qui guérit.

Conséquemment, il a créé des cliniques où l'on propose aux patients de nouvelles voies, non seulement en ce qui concerne l'alimentation et les exercices mais également en ce qui a trait à la vie psychologique et spirituelle. Il a mis sur pied des protocoles de psychothérapie avec des psychologues qui acceptent d'interagir chaleureusement avec les patients plutôt que de se tenir en silence derrière le divan. Il a organisé des groupes d'entraide pour les malades afin de briser leur solitude, et finalement, il a mis la méditation, la visualisation, le yoga et même la prière au programme de ces cliniques.

Comme il le dit si bien, cependant, même si l'amitié, le soutien affectif, la thérapie, les groupes d'entraide, le yoga et la méditation ont largement démontré leur efficacité, même s'ils n'ont pas d'effets secondaires indésirables et qu'ils ne coûtent pratiquement rien si on les compare aux pratiques médicales habituelles, tant les médecins que les patients trouvent plus facile et plus excitant d'essayer un nouveau médicament.

Rien n'est plus difficile à modifier que les habitudes de vie et les mentalités. Il faut pratiquement être à l'article de la mort pour réagir dans ce sens. Croyez-moi, j'en sais quelque chose ! Pourtant, le simple réalisme devrait nous pousser à changer d'attitude. Comme le dit Swami Sivananda, un maître de yoga : « Un gramme de pratique vaut mieux qu'une tonne de théorie ! »

Le modèle de santé globale que Dean Ornish nous offre se résume comme suit :

Engagement = confiance = capacité de montrer sa vulnérabilité = intimité = guérison,

Peur/non-engagement = méfiance/cynisme = hostilité = fermeture = isolement = maladie, mort prématurée[1].

Nous avons besoin d'amour pour vivre, et se sentir isolé, séparé et abandonné mène à une vie remplie d'abus compensatoires et à une mort prématurée. Nous pourrions dire avec lui que la chose semble évidente si l'on considère que l'amour constitue notre identité de base et que nul ne se retire du réseau des relations sans en payer chèrement le prix.

Ses études, comme celles de Jean-Charles Crombez, Liliane Reuter et Claude Sabbah, vont dans le sens de notre hypothèse de travail qui veut que les douleurs et déséquilibres de toutes sortes constituent des marqueurs de l'unité perdue, et postule que, si nous nous mettons à leur écoute, nous pouvons sinon guérir nos corps, du moins guérir nos vies.

La maladie de l'irrespect de soi

« L'hypoglycémie m'a sauvé la vie ! »

Permettez-moi d'ajouter aux réflexions de ces quatre médecins quelques témoignages qui vont dans le même sens. Le premier me vient d'une auditrice qui, après m'avoir entendu faire une conférence sur le sens de la maladie, m'a livré ses commentaires dans une lettre qu'elle a intitulée : « Réflexions sur l'hypoglycémie ».

---

1. Ornish, Dean, *Love and Survival...*, *op. cit.*, p. 61.

Les leçons de la maladie

Elle m'explique d'abord que, depuis longtemps, elle mène une vie de bohème et d'artiste assortie de nombreux excès. Elle ne fait attention ni à ce qu'elle mange, ni à ce qu'elle boit, ni aux heures auxquelles elle se couche. Après plusieurs années de ce régime, elle commence à souffrir de stupéfiantes chutes de tension. On finit par diagnostiquer qu'elle souffre d'hypoglycémie. Je transcris sa lettre sans modification ; les soulignés, les majuscules, les points d'exclamation, les guillemets et les parenthèses sont d'elle.

L'HYPOGLYCÉMIE M'A SAUVÉ LA VIE!!!
L'hypo, c'est un cri du cœur, comme l'arrêt cardiaque : UN CRI DU CORPS TOUT ENTIER. La rébellion totale ; l'abolition par le corps de toutes les ruses (ex. alcool, dope). Une mutinerie sans égale complotée jour après jour pendant des années : LA RÉVOLTE DU CORPS. Un duel corps et cœur : tu te rends ou... tu meurs. Je me suis rendue... à 39 ans. Une chance car j'aurais pu en mourir aussi.
JE SUIS LE MEURTRIER DE MON PROPRE CORPS
Au début des « ultimatums », je ne pensais pas que je frôlais la mort, que ma vie était en danger.
Au début, je jugeais le tout d'une manière assez superficielle, tout comme le reste de ma vie. L'engrenage de mon corps, bien huilé aux toxines, refusait de faire marche arrière. Mon cerveau brûlait les feux rouges depuis tellement longtemps. L'arrêt a été l'hypoglycémie. Elle m'a donné rendez-vous : un face-à-face, moi et... moi-même. Petit à petit, j'ai réalisé l'ampleur de la situation. L'hypo, c'est bien plus que le « mal du sucre », c'est le « mal du siècle ».
Au début, j'étais bien fière d'annoncer ma découverte : j'ai trouvé « ma » maladie, c'est le « sucre ». Et lentement, en me documentant, en m'instruisant sur le sujet, le « sucre » a fait place à la « honte ». Ma vie avait mal, le sucre en était la manifestation.
J'avais honte de tout ce que je me donnais comme souffrance, tout cela par ignorance. L'hypo, c'est la maladie de l'irrespect de soi, de l'ignorance.
La honte se transforme maintenant, car heureusement je n'ai pas inventé la « bêtise humaine » à moi toute seule. Et puis je réalise toute l'opportunité que j'ai de m'en sortir. La

honte a fait place à l'« éveil », à la « connaissance de mon moi ».
Et puis, on ne dépollue pas un lac en une journée !

L'intelligence de la maladie

Au moment où j'ai reçu ce témoignage, j'ai été ému par son authenticité. Il disait dans des mots simples ce que je tentais d'expliquer dans mes propos sur la maladie. Tout comme moi, son auteur avait fini par sentir la maladie comme l'opportunité d'une prise de conscience. Elle l'avait saisie comme la chance de sortir d'une ignorance par rapport à elle-même et à la façon dont elle menait sa vie. La force des mots qu'elle employait pour décrire ce face à face ne cessait de m'étonner, comme lorsqu'elle écrit en le soulignant : « Je suis le meurtrier de mon propre corps ! » J'étais en face d'une personne qui était touchée par l'intelligence à l'œuvre au sein de la maladie, non pas une intelligence qui détruit mais une intelligence naturelle qui cherche l'équilibre en signalant chaque déséquilibre.

Elle prenait également conscience de l'« irrespect de soi » qui est sans doute à la base de tout symptôme. Car le manque de respect envers soi-même, qui est grandement dû à notre ignorance par rapport à ce que nous sommes sur les plans physiologique, mental et émotif, me semble constituer la source de la plupart de nos maux. La douleur nous invite alors à nous instruire sur le fonctionnement de notre corps et à observer les liens qui existent entre nos moments de stress, voire d'angoisse, et la douleur physique.

Personne ne peut nous forcer, bien entendu, à répondre à cette invitation et à chercher à comprendre notre part de responsabilité dans nos maladies. Mais une telle négligence n'a-t-elle pas pour résultat d'appeler des malaises encore plus grands et plus douloureux ?

On peut le constater avec une simple grippe qui risque de s'aggraver passablement si l'on ne prend pas la peine de faire une pause pour écouter le message de fatigue et le besoin de repos qu'elle traduit presque à coup sûr. J'ai connu, par exemple, une femme surchargée de travail et de responsabilités qui, l'année durant, faisait des grippes à répétition. Ses grosses grippes avaient

Les leçons de la maladie

d'ailleurs la fâcheuse habitude d'apparaître dans les moments où elle était le plus occupée professionnellement, ou encore à la veille des vacances alors que la tension tombait. À chaque grippe elle se bourrait de médicaments, car, disait-elle, elle n'avait pas le temps de s'arrêter pour se soigner.

Après quelques années de négligence de ce corps en détresse qui réclamait à l'évidence autre chose qu'un peu plus de travail, elle fit une pneumonie qui ne voulait pas guérir. Grâce à un repos forcé, elle comprit qu'elle se malmenait à l'excès. Elle se rendit également compte que le monde pouvait tourner sans elle. Elle abandonna donc quelques responsabilités importantes et put rééquilibrer sa vie, et la grippe à répétition disparut. Sa pneumonie lui avait permis de comprendre que le surcroît de stress malmenait son terrain physique, affaiblissait son système immunitaire qui n'arrivait plus à combattre les virus qui se présentaient.

Notre corps est une sorte de miroir de l'attitude globale que nous adoptons envers nous-même et envers la vie. Il trahit par des inconforts, des rigidités et des douleurs nos transgressions des lois vitales. À moins de carences de base, il possède pour ainsi dire sa propre sagesse et nous renvoie sous la forme de malaises une image de nos déséquilibres.

Autrement dit, le corps, avec ses maladies, ses rots, ses pets, ses odeurs, ses douleurs, ses pellicules, ses boutons, ses cancers, ses spasmes et ses colites, est le lieu où se disent les trahisons de soi, les négligences et les manques d'attention envers soi-même. La maladie est le parloir du corps trahi.

Mais qui prend le temps d'écouter cet humble et pauvre corps lorsqu'il fait ce que nous prenons généralement pour des caprices ? Nous manquons tous de temps, alors nous fouettons le corps plutôt que de l'écouter. À la vérité, nous traitons notre corps comme un esclave sans intelligence et nous nous étonnons par la suite qu'il refuse d'obéir.

L'histoire de Marion

L'humilité du corps et la réalité de notre trahison sont fort bien exprimées par un témoignage que j'ai trouvé dans le magazine québécois *Guide Ressources*. La journaliste Paule Lebrun y relate l'aventure de Marion, enseignante de littérature anglaise à

Toronto. À quarante-huit ans, interloquée par une série de rêves étranges, Marion décide de partir en Inde à la recherche d'un maître spirituel. Ce pays la remue profondément, et la voilà plongée dans un chaos qui l'oblige à lâcher prise par rapport à ses repères habituels.

Un jour, comme elle est atteinte d'une forte fièvre, elle se réfugie dans sa chambre d'hôtel, mais perd conscience. Lorsqu'elle revient à elle, elle est au plafond de la chambre et elle voit son corps étendu sur le plancher. Elle se rend alors compte qu'elle a le choix entre vivre ou mourir. Elle parle de cette expérience en ces termes :

> Ce fut vraiment un choix, dit-elle. Moi qui ai toujours pensé que, si un jour j'avais ce choix-là à faire, je partirais. Pas du tout. Mon âme s'en allait et j'ai tout de suite voulu revenir. J'ai perçu mon corps comme un chien. C'est ce qui m'a sauvée. J'adore les chiens. Et j'ai vu cette chose patiente et loyale qui était étendue sur le sol et qui respirait difficilement. J'ai pensé : stupide chose ! Tu ne sais même pas que tu es morte et tu es là à m'attendre juste comme mon chien Duff. J'étais submergée par la douceur et la bonté de cette chose si patiente, si confiante, qui m'attendait. J'ai alors compris le sens du mot trahison. L'ultime trahison consistait à décider que ce corps qui m'avait été donné ne méritait pas de vivre.

Lorsqu'elle réintégra son corps, Marion se sentit responsable de sa vie pour la première fois. Elle quitta l'enseignement, changea d'orientation professionnelle et devint une psychanalyste jungienne. Ses livres et ses interventions ont fait d'elle un maître à penser en ce qui a trait à la psychologie féminine, à laquelle elle a consacré de nombreux ouvrages. Il s'agit de Marion Woodman, réputée dans le monde anglo-saxon [1].

---

[1]. Quelques livres de Marion Woodman ont été traduits en français. Notamment *Obésité, anorexie et féminité refoulée,* Montréal, La Pleine Lune, 1994, ainsi que *La Vierge enceinte,* Montréal, La Pleine Lune, 1992.

Les leçons de la maladie

Le cas d'Alexis

J'ai pu traiter en psychanalyse quelques patients qui souffraient de colite. Ils me sont venus à la suite d'interventions publiques que j'avais faites sur le sujet en compagnie de mon propre médecin, celui qui m'a aidé tout autant par son humanité que par ses soins, à plusieurs reprises déjà. Il s'agit du Dr Michel Boivin, gastro-entérologue. Nous avons donc pu élaborer ensemble une réflexion sur le rôle du stress dans la colite, autant sur le plan physiologique que psychologique. L'un de ces patients, que je surnommerai Alexis, m'a permis d'utiliser son témoignage. Comme vous serez en mesure de le constater, il résume à lui seul tout ce que nous avons dit jusqu'ici sur la maladie.

Au moment où il me consulte, Alexis a vingt-cinq ans. Il a connu son premier accès de colite un an auparavant et craint une seconde crise. Il est sous médication anti-inflammatoire. Il est venu me voir sur les conseils de son médecin. Deux événements semblent avoir déclenché la maladie. À l'époque, il venait de quitter une position d'instrumentiste dans un groupe de musique. Son travail ne lui rapportait pas beaucoup d'argent, pourtant il l'adorait. Sans diplôme, Alexis s'était senti obligé de retourner à des études universitaires pour faire plaisir à son père, comptable, qui n'acceptait pas une vie qu'il jugeait marginale.

De plus, il se trouvait dans un triangle amoureux, incapable de choisir entre son ancienne amie, qui le sollicitait, et un nouvel amour, une femme de dix ans son aînée qu'il adulait même si elle lui semblait peu acceptable pour son entourage. Pris entre deux femmes et deux professions, il n'en fallait pas plus pour que son cerveau déclare forfait et organise une solution de survie du côté de la maladie.

La fuite dans la maladie possédait l'avantage d'attirer la sympathie des deux femmes qu'il aimait et qui, devant l'ardeur des symptômes, avaient cessé de réclamer qu'il fasse un choix. Elles symbolisaient d'ailleurs sans le savoir la nature du conflit au sens où son ex-amie faisait partie du groupe musical qu'il venait de quitter alors qu'il avait rencontré la nouvelle sur les bancs de l'université. Un an plus tard, il demeurait empêtré dans la même situation, incapable d'abandonner ses études pour faire marche arrière, et pas plus décidé à choisir entre l'une ou l'autre de ses amoureuses. Le conflit durait et, par conséquent, la crise menaçait à nouveau.

Conformément à ce que nous dit Jean-Charles Crombez, Alexis raconte avoir connu, avant sa première attaque, des états de malaise diffus qui ressemblaient de plus en plus à des états de panique intense. Il avait ressenti la désorganisation générale de son monde intérieur que le Dr Crombez nomme le mal-être, mais il ne voyait tout simplement pas comment sortir de sa situation. Il avait l'impression d'être écartelé et déchiré tant au niveau affectif qu'au niveau professionnel. Il passait des heures entières à tenter de résoudre ses problèmes sans pour autant arriver à trancher.

Peu à peu, le mal-être viscéral s'accompagna de fortes douleurs à l'intestin, et les saignements commencèrent dans les semaines qui suivirent. Il me décrivait comment, tandis qu'il était plié en deux par une douleur qui s'apparentait à des coups de poing dans le ventre, il se sentait en même temps emporté au niveau fantasmatique par des conflits qu'il n'arrivait pas à résoudre. Il avait carrément l'impression de devenir fou, et il est vrai, que dans ce contexte, l'apparition des symptômes lui offrit un soulagement.

Au cours de nos entretiens, j'ai pu remarquer chez Alexis une grande difficulté à gérer et à exprimer ses émotions. Grand émotif qui s'obligeait à des études de gestion pour plaire à son père, il ne savait pas quoi faire avec les remous intérieurs qui l'habitaient et dont il inhibait l'expression. La peur de choquer ou de blesser les gens de son entourage constituait la raison principale de cette inhibition.

Je constatai avec lui que, tant qu'il avait eu la musique, il n'avait pas connu la maladie, car elle lui avait servi de soupape de sécurité en lui offrant une voie d'expression émotive. D'autant plus que le climat intensément affectif du groupe musical lui avait permis de ventiler aussi bien sa bonne que sa mauvaise humeur. En somme, la vie du groupe avait compensé les difficultés posées par sa personnalité. Cela constitue sûrement un bon point en faveur des thèses du Dr Ornish, qui souligne l'importance d'un réseau d'appartenance.

N'ayant plus aucune activité créatrice depuis son départ du groupe et ne jouissant plus d'un lieu privilégié pour s'exprimer émotionnellement, Alexis était devenu une proie facile pour la colite. Il refoulait ses sentiments au lieu de leur offrir une voie d'expression, et il se retrouvait constamment déchiré entre ce que sa tête lui disait d'un côté et ce que son cœur lui dictait de l'autre, ce qui affaiblissait considérablement la force de son terrain.

Et pourquoi une colite plutôt que des ulcères à l'estomac ? Sur le plan généalogique, il y avait des antécédents à cette maladie des deux côtés de la famille, ce qui créait une forte prédisposition. Un frère de son père avait connu ce problème et sa grand-mère maternelle en avait également souffert. De plus, son père et son frère répondaient au stress par des accès de diarrhée nerveuse, tandis que sa mère et ses sœurs souffraient de constipation. Tous connaissaient donc des problèmes au niveau du système d'assimilation et d'élimination. Bref, cette famille privilégiait l'intestin comme lieu d'expression de ce qui ne pouvait pas être dit.

Mais il y avait plus, sa mère avait sacrifié une profession qu'elle prisait particulièrement pour se conformer à la volonté de son mari et faire son devoir, c'est-à-dire élever des enfants. Elle n'était pas heureuse. En conséquence, elle exigeait beaucoup de ses enfants et les battait fréquemment. Ce faisant, elle déchargeait sans doute sa frustration sur eux, car ils symbolisaient, par leur présence, son emprisonnement. Quant au père, doté d'une personnalité conciliante, il n'osait pas s'opposer à sa femme pour protéger ses enfants. Alexis le jugeait faible et n'arrivait pas à s'identifier à lui.

Enfant, Alexis se trouvait démuni devant cette mère en furie dont il essayait de gagner le sourire par toutes sortes de moyens afin d'éviter les coups. Parce que les parents apparaissent comme des dieux tout-puissants aux yeux du tout-petit, la violence de sa mère le terrorisait. C'est alors qu'il avait commencé à inhiber l'expression de ses goûts : aussitôt que ses désirs auraient pu indisposer ses parents, il les gardait pour lui.

Les autorités de l'enfance étaient par la suite devenues de véritables instances morales intérieures qui veillaient à ce que le monde pulsionnel soit bien contrôlé. Alexis avait des désirs, mais il n'avait pas la force suffisante pour les faire valoir. La peur de déplaire était plus forte que tout. Il redoutait inconsciemment de ne pouvoir survivre aux confrontations que le fait d'être lui-même risquait d'entraîner. Plutôt que de s'extérioriser réellement, il préférait souvent se taire afin de ne pas faire l'objet de rejets qui le mettraient en déséquilibre.

Chaque fois qu'il se mettait dans une situation de conflits réels ou potentiels vis-à-vis d'une autorité, ou chaque fois qu'il était à même de contrarier des gens qui comptaient pour lui, il craignait sans le savoir pour son intégrité physique. Au fin fond de lui-même, il avait honte de ce qu'il éprouvait, il n'arrivait plus à valoriser ses goûts et il avait perdu confiance.

Comme il fallait s'y attendre, le refoulement des désirs et des sentiments provoquait en retour des frustrations qui se traduisaient chez lui par de l'intolérance, de l'impatience et de la colère. Interdite d'expression, cette colère se manifestait sur le terrain biologique par une inflammation des parois intestinales [1].

Avant d'entreprendre son analyse, il avait consulté un ostéopathe qui lui avait dit qu'il devinait le meurtrier en lui. L'expression l'avait effarouché, lui qui était si loin de son agressivité qu'il se sentait coupable chaque fois qu'il osait élever la voix. Il appréhendait d'être comme sa mère. Pourtant l'ostéopathe avait raison. Alexis nourrissait des envies destructrices envers plusieurs personnes et une rage meurtrière envers sa mère. L'un des points de notre travail a consisté à reconnaître le pouvoir de cette rage, une énergie dont il avait en fait besoin pour « tuer », si l'on peut parler ainsi, la dépendance affective qui l'empêchait d'écouter ses élans. Il voulait suivre son cœur mais finissait toujours par donner raison à sa tête, ce qui le déchirait et achevait de le rendre malade.

Une telle attitude de refus des mouvements de l'émotion aboutit inévitablement à la dépendance affective du sujet, car ce dernier, pour obtenir l'approbation dont il a besoin pour vivre, se met en fait à la merci du monde extérieur. Ensuite, croyant que l'autre lui est absolument nécessaire pour assurer sa survie psychologique et continuer à s'estimer, il n'ose plus peiner personne, ce qui le paralyse complètement devant des choix à faire et le jette dans une cruelle indécision.

Ce qu'Alexis n'avait pas digéré

Claude Sabbah dirait que les conflits associés au gros intestin sont liés à des choses que le patient n'a pu ni digérer ni éliminer. Dans le cas d'Alexis, je me suis rendu compte qu'une grande partie de son passé n'avait jamais pu être assimilée.

---

[1]. J'ai trouvé dans *Le Grand Dictionnaire des malaises et des maladies* un bon résumé des aspects psychologiques de la colite (p. 183). Le psychothérapeute Jacques Martel est l'auteur de ce livre aux éditions ATMA internationales.

Les leçons de la maladie

Au niveau du conflit de base, nous pourrions dire qu'aux mains d'une mère difficile il n'avait pas digéré son enfance. Il n'avait pu ni comprendre ni accepter cette violence. Il s'y était senti injustement soumis et n'avait pu l'assimiler. En outre, comme il était dépendant de sa mère pour des besoins essentiels tels que la nourriture ou l'entretien de la maison, tâches dont elle s'acquittait d'ailleurs à la perfection, il s'était vu forcé d'accepter l'inacceptable et avait dû rejeter la partie de lui qui protestait. De la même façon, il n'avait pas digéré la mollesse de son père qui ne l'avait pas protégé malgré ses appels répétés, mais, là encore, il avait dû « se faire une raison » – ce dont il était devenu un spécialiste avec le temps.

Pour Alexis, enfant, le conflit se formulait comme ceci : la violence de ma mère est intolérable, je ne suis pas capable de l'assimiler, mais je dois la digérer et refouler mes mouvements de haine envers elle parce que je dépends d'elle pour assurer ma survie. Pour Alexis, adulte, qui avait intériorisé ce conflit, il se présentait ainsi : je dois être raisonnable et suivre ce que ma tête me dit car, si je suis ce que je ressens, je vais perdre l'estime de tous ceux et celles qui m'aiment et qui comptent sur moi.

De plus, il s'était également passé quelque chose d'indigeste du côté du père, une chose qui le révoltait profondément. Talentueux sur le plan musical, le père avait renoncé à sa vocation naturelle par manque de confiance et par insécurité. Mais il s'était jugé lâche. Alexis ne digérait pas que cet homme, qui avait connu la tristesse associée à l'abandon d'une passion, l'ait forcé au même destin que lui en affichant incompréhension et intransigeance devant son désir de faire de la musique.

D'autant plus que ses deux parents l'avaient poussé à se développer très tôt sur le plan artistique en l'inscrivant à toutes sortes de cours. Pourtant, aussitôt qu'il avait voulu se prendre au sérieux et en faire un métier, il n'avait rencontré que désapprobation chez ceux qui l'avaient auparavant encouragé. Le prix de l'approbation paternelle se payait aujourd'hui en termes de trahison de soi. Il devait se trahir comme son père s'était trahi afin de mériter son amour. Cela le faisait littéralement « chier », si vous me permettez l'expression.

La guérison du cœur

Au pays des « *performants angoissés* »

Les quelques personnes atteintes de colite que j'ai pu côtoyer présentent le profil de ce que j'appelle le « performant angoissé ». Cela dit, le profil en question n'est pas spécifique à la colite mais peut correspondre à plusieurs types de maladie à caractère psychosomatique. Chez le performant angoissé, la maladie traduit l'échec à donner au-delà de ses limites psychologiques.

Nous pourrions parler d'un enchaînement d'attitudes qui commence par une performance, mais à l'issue duquel le sujet, malgré sa bonne volonté, rencontre des facteurs irritants – la plupart du temps des critiques – qui provoquent en lui déceptions, insatisfactions et mouvements de colère. Il tente alors de refouler ces irritations car elles provoquent beaucoup d'angoisse. Celle-ci est à mettre en relation avec la peur du sujet de perdre l'estime de ses proches, car la valeur qu'il s'accorde dépend de ce soutien. Le sujet répond à cette angoisse par une « sur-adaptation » complaisante par laquelle il achète la paix de son environnement affectif en donnant le plus et le mieux qu'il peut. L'estime de ses proches valant plus que tout, il ne compte plus sa peine, ne pose pas ses limites et aboutit, la fatigue aidant, au surmenage.

C'est à ce moment précis qu'apparaissent les réactions de désespoir, d'impuissance et de perte de sens qui engendrent la désorganisation chaotique générale que Jean-Charles Crombez appelle le mal-être. Le sujet finit alors par verser son sang pour prouver aux autres qu'il est bon et valable, qu'il n'est pas méchant et qu'il ne faut pas lui en vouloir s'il heurte quelqu'un (« Ce n'est pas ma faute si je vous fais mal, je suis malade ! »). La maladie lui fournit l'occasion de poser une balise sans éprouver trop de culpabilité, car il montre par ce biais qu'il a vraiment fait le maximum (« Regardez, je saigne, je ne peux pas donner plus ! »). Se profilent donc, derrière le désir de plaire et l'ambition de réaliser une performance, une grande peur du rejet et une difficulté à se fixer des limites.

On peut donc comprendre que tous ses systèmes d'alarme se mettent au rouge au moment où le performant angoissé doit faire des choix importants notamment sur le plan amoureux, parce que, lorsque l'on agit ainsi, on court évidemment le risque de mettre quelqu'un de côté, de le froisser ou, tout au moins, de lui déplaire en posant une limite claire. Lorsque ces choix n'impliquent que lui, le performant n'a pas de problème. S'ils impliquent des personnes dont l'estime lui importe, la prise de décision devient problématique.

En fait, il ressent avec beaucoup d'acuité intérieure la réaction possible d'autrui au fait de ne pas être choisi, et le sentiment d'abandon qu'il projette sur la personne lui rend intolérable de se sentir responsable d'un tel sentiment. Cela a pour conséquence de l'inhiber dans sa capacité d'action et de provoquer en lui un stress qui affaiblit son terrain. Il recule donc au moment critique et refuse le choix, ce qui, bien sûr, n'arrange rien, car de cette façon, il ne fait que remettre à plus tard la douleur de vivre et irriter ceux et celles qui dépendent de ses décisions. D'autant plus que, pendant tout ce temps, le stress continue à produire ses effets. Plus le sujet se trouve divisé, déchiré et écartelé entre des positions contrastées, plus il se rapproche du point de rupture et de fragmentation intérieure.

La maladie apporte alors une solution de compromis. Voilà pourquoi les choix importants du sujet sont souvent ponctués d'épisodes de colite. La crise lui permet d'attirer la compréhension et la pitié d'autrui et de se rassurer par rapport au fait qu'il ne sera pas nécessairement agressé, rejeté et abandonné en retour (« Ne me frappez pas et ne m'en veuillez pas trop, car je suis faible et démuni ! »). Elle lui permet également de porter une partie de la souffrance qu'il craint d'infliger (« Regardez, je souffre moi aussi ! »).

Bien entendu, le drame que je viens de décrire demeure largement inconscient en ce sens que la personne ne sait pas qu'elle passe par toutes ces étapes. Seule l'exploration intérieure pourra le lui apprendre et briser le cercle vicieux des répétitions. La notion de « conflit programmant » se révèle ici très utile, car elle aide à comprendre que, lorsque l'individu est en proie à une répétition de son conflit de base, il se comporte comme s'il vivait encore à l'âge où s'est déroulé le conflit en question. Voilà pourquoi sa réaction est si peu appropriée. Elle est celle d'un petit garçon ou d'une petite fille, alors qu'il s'agit d'un adulte. Un adulte sait par expérience que prendre une décision ne lui enlèvera pas l'estime de tous ses proches et qu'avec le temps les heurts finissent par se tasser, comme on dit, mais l'enfant, lui, ne le sait pas.

Cela dit, il est fort possible que vous rencontriez quelqu'un souffrant de colite qui prend des décisions facilement et ne dépend pas de l'opinion des autres pour s'orienter, qui affiche même une grande capacité d'autodétermination. Pourtant, lorsque ce même adulte doit gérer une situation ressemblant à celle qui a déclenché sa maladie ou qui a mis en place la dynamique néfaste, il retombe en enfance d'une certaine façon. Lui qui a acquis une grande autonomie se retrouve soudain terriblement vulnérable et susceptible de rejet. Il réagit alors de façon enfantine. Mais les crises à répétition peuvent l'amener à faire face à sa dynamique de base et à prendre conscience de ce qui s'est passé. Si c'est le cas, il pourra désormais introduire un choix là où il n'y avait que contrainte aveugle.

Il est bon aussi de préciser que lorsqu'un enfant a été l'objet de violence parentale, comme Alexis, tous les mécanismes que je viens de décrire se trouvent accentués. Il juge encore plus insoutenable de devenir celui qui inflige une souffrance à autrui et il croit sincèrement être en train d'imposer les sentiments de rejet, d'abandon et d'incompréhension qu'il a si souvent vécus et qu'il n'a pu intégrer. Il se cantonnera encore plus fortement dans l'indécision et dans l'attente, laissant les situations se dégrader et pourrir. Il adopte ainsi, à son insu, le comportement du bourreau qu'il ne veut pas être.

Il devient aussi un tyran envers lui-même, parce qu'en refusant ce qu'il ressent il continue à se faire ce que le parent abuseur lui a fait. Au niveau profondément inconscient, nous pourrions même parler de position d'autopunition : le sujet doit se punir des mouvements intérieurs et des pensées haineuses qu'il a pu avoir envers son entourage. La colite hémorragique l'aide à se purger de sentiments négatifs qu'il juge inacceptables et il les expie par la douleur associée à la maladie. La position masochiste qui se dégage de tout cela culmine dans une sorte de fascination pour la douleur. Il ne s'agit pas tant ici de plaisir lié au fait de souffrir, mais plutôt d'une sorte de rétrécissement du champ de la conscience – comme si l'individu n'avait d'autre choix que de consentir à la souffrance.

Le cas d'Alexis a également suscité en moi une réflexion sur la nature auto-immune de la colite. Dans une maladie réputée auto-immune, le système immunitaire, qui a pour rôle de repérer et d'éliminer les cellules indésirables, se met à rejeter des cellules saines. Autrement dit, il ne les reconnaît plus comme faisant partie de l'organisme, il les identifie comme étrangères. Je me demande

Les leçons de la maladie

si cette aberration n'a pas pour source le fait que le sujet a dû « aliéner », c'est-à-dire rendre étrangères, des parties de lui-même, notamment celles qui concernent l'émotion et le sentiment, pour survivre psychologiquement.

Le cerveau interprète qu'il existe des parties de soi qu'il faut garder à l'écart parce qu'elles perturbent le fonctionnement général et risquent de jeter le sujet dans un conflit impossible à gérer. Il reprend donc au niveau physiologique ce qui se passe au niveau psychique. Le conflit se cristallise dans l'intestin parce que le côlon gère précisément ce qui doit absolument être éliminé. Le gros intestin se met donc à détruire des parties de sa propre muqueuse, engageant une maladie qui, à son tour, exprime et souligne l'impossibilité de la procédure, car ce sont des parties essentielles de soi dont il tente de se débarrasser.

S'il y avait un conseil à donner au performant angoissé, ce serait le suivant : mieux vaut une décision même erronée qu'une longue indécision, car cette dernière sape les forces intérieures. On pourrait également le rassurer sur le fait que rien n'est irréparable et que la vie continue pour celui ou celle qu'il a l'impression d'abandonner. Lui souligner aussi qu'il n'est pas le centre du monde, et qu'il s'accorde trop d'importance s'il croit que l'autre mourra s'il a à subir un rejet – on voit d'ailleurs la sorte d'inflation ou de position infantile qui se trouve à l'origine d'une telle croyance. Finalement, lui dire que son propre état d'esprit constitue le facteur déterminant par rapport au déclenchement des crises et qu'il se doit de veiller à ce qu'il ressent s'il veut les éviter. Cela implique qu'il devra apprendre à s'estimer et à choisir en fonction de ses besoins à lui ; ce qui n'est pas une mince affaire, car, comme nous l'avons vu, il a de la difficulté à valoriser ses goûts et ses envies.

Grâce à la prise de conscience de tous ces facteurs inconscients, Alexis a pu échapper à la crise qui le menaçait et assimiler ce que ses parents lui avaient fait. Alexis a évolué, principalement en abordant les histoires respectives de chacun d'eux et en les confrontant au passé familial. Cela lui a permis de réaliser que ses parents avaient essayé de faire pour le mieux, limités qu'ils étaient par leurs craintes et leurs blessures. Avec le soutien thérapeutique, il a pu accorder de plus en plus de place à ce qu'il ressentait réellement, arrivant parfois à l'exprimer et à tolérer que cela puisse déplaire à son entourage.

La guérison du cœur

La résolution de son conflit amoureux a pris la forme d'un choix en faveur de sa nouvelle amie. Malgré son incertitude quant à l'âge de celle-ci, il trouvait auprès d'elle une attention maternante qui mettait un baume sur ses souffrances passées. Il a repris la pratique active de son instrument, mais il a continué ses études, considérant que des capacités de gestionnaire ne peuvent que représenter un atout de plus dans le monde incertain de la musique.

Pour ma part, je suis heureux d'avoir pu guider Alexis hors d'un sentier que j'ai pris tant de fois et que j'ai mis vingt ans à éclairer pour moi-même. Encore une fois, j'ai pu constater le pouvoir de cet archétype que Jung dénomme le « guérisseur blessé ». J'ai été à même d'aider Alexis grâce à mes propres blessures, celles que j'ai pu comprendre et accepter. Après notre dernière séance, j'avais le cœur rempli de gratitude : « Au moins ma souffrance avait servi à quelqu'un », me disais-je.

Ce travail thérapeutique m'a également aidé à prendre conscience de la force et de la vérité de ce dont nous avons discuté dans ce chapitre. J'ai réalisé, une fois de plus, qu'une intelligence profonde œuvre dans la maladie. Cette force créatrice infatigable cherche la santé, une santé qui ne peut se réaliser que dans le respect de toutes les dimensions de soi, dans l'amour de toutes les parties de soi !

La dimension collective de la maladie

Je voudrais clore ce chapitre en discutant de la question suivante : si les maladies ont un sens, si nos conflits nous prédisposent à certains maux, comme s'entendent à le dire certains médecins dont nous avons parlé, cela signifie-t-il que chacun est responsable de ses douleurs ?

Dire qu'une personne porte en elle des prédispositions inconscientes à développer une maladie est une chose, penser qu'elle est pleinement responsable de tous ses maux en est une autre. Nous ouvrons ainsi la porte toute grande à la discrimination et aux notions de faute et de culpabilité, des notions qui ont conduit des personnes « bien-pensantes » à soutenir que le sida constitue une punition de Dieu infligée aux homosexuels. Cette attitude moraliste a de quoi faire frémir. On y voit poindre un nou-

Les leçons de la maladie

vel intégrisme, car elle peut servir à pointer du doigt ceux qui, par malheur, sont touchés par des maladies graves.

Ce moralisme, foncièrement étroit, contribue à fragmenter et à diviser encore plus notre communauté humaine. Il s'agit d'une attitude profondément individualiste qui, en outre, conçoit la personne comme complètement séparée de son environnement. Une attitude qui permet aux gens en apparence « sains » de se sentir supérieurs à ceux qui en apparence le seraient moins. Elle confirme la blague cynique selon laquelle « il vaut mieux vivre riche et en bonne santé que pauvre et malade » ! La compassion est ainsi perdue. Je prends la liberté de faire cette remarque car elle est de celles que l'on entend parfois. En ce qui me concerne, j'estime que nous sommes tous plus ou moins gravement atteints, et que nous allons tous en mourir à plus ou moins brève échéance.

Il me semble que nous sommes responsables de nos maux – mais pas totalement. Accepter l'idée d'un « soi écologique » considérant que nature et individu forment un tout amène à prendre conscience que l'individu est en relation d'interdépendance avec le groupe humain auquel il appartient et que son cadre de vie extérieur l'influence beaucoup. Nous pouvons alors conclure que toute maladie individuelle reflète en bonne partie les maladies de l'environnement naturel et du milieu humain dans lesquels nous évoluons.

La pollution, l'appauvrissement des sols, les poisons, pesticides et autres qui ont pénétré la chaîne alimentaire, le stress qu'imposent les sociétés modernes, les nouveaux virus, l'éloignement d'avec la nature, l'isolement dans les villes et la perte d'un milieu affectif satisfaisant font en sorte que chacun de nous possède déjà un terrain sensible à la maladie. Prenons l'exemple du cancer. En milieu hospitalier, 80 % des décès lui sont dus. Il s'agit donc d'un fléau qui nous parle de difficultés individuelles tout en posant un diagnostic sur l'état de santé de notre collectivité.

Même si ce sont toujours des individus qui endurent les maladies et qui en meurent, nous pourrions dire que notre degré d'interrelation avec l'environnement ainsi que l'identité de base que nous partageons avec l'humanité font que nos malaises ont toujours un aspect collectif. Même si un seul arbre dans une forêt a vu ses bourgeons mangés par les insectes, cet arbre nous signale le danger qui menace la forêt entière. Il avertit du déséquilibre.

En ce sens, ceux qui meurent de maladies comme le sida agissent tels des précurseurs qui nous obligent à nous pencher sur

La guérison du cœur

les dangers réels qui nous guettent si nous ne modifions pas en même temps nos comportements individuels et le terrain affectif commun. Il est d'ailleurs intéressant de constater combien l'accompagnement d'un mourant nous ramène immanquablement à l'essentiel, un essentiel qui se situe toujours au niveau du cœur.

Nos maladies nous viennent de l'intérieur d'une certaine façon seulement. Il serait peut-être plus juste de dire que nos problèmes émotifs et mentaux fragilisent notre terrain et nous prédisposent à accueillir certains types de malaises qui trouvent chez nous une niche appropriée. C'est ce qui permet, par exemple, à Claude Sabbah d'affirmer que l'eczéma est lié à des conflits de séparation et la colite à des choses mal digérées du point de vue psychologique.

Ces nouvelles façons de penser constituent des guides dans l'exploration de soi, car nous pouvons toujours apprendre d'une maladie et des conditions de son irruption dans notre vie. Nous pouvons apprendre sur notre corps, sur nos émotions, sur nos états d'esprit, sur la biologie en général et sur la médecine en particulier. Il s'agit de développer une attitude d'humilité qui ouvre à l'examen de conscience. Il y a un constant bénéfice à procéder de la sorte.

À cet égard, je trouve l'attitude du Dalaï-Lama très inspirante. Commentant l'invasion du Tibet par les Chinois, il dit que les Tibétains doivent s'examiner et prendre leur part de responsabilité. Il estime aujourd'hui que son peuple a adopté une attitude naïve en ne se méfiant pas de son voisin malgré les signes avant-coureurs. Il y a une sagesse dans cette façon de penser et vous avez sans doute pu noter qu'elle n'infléchit en rien la détermination du régent à défendre les droits bafoués de sa communauté [1].

L'importance de l'état d'esprit et des états émotifs pour le terrain psycho-neuro-immunologique ne saurait être trop soulignée. Cette réalité ne peut qu'inspirer plus de vigilance à chacun de nous vis-à-vis de ses habitudes de vie et de la gestion de ses conflits. Nous ne sommes pas responsables de tout ce qui nous arrive mais nous avons la tâche de l'intégrer à la trame de notre vie et d'en faire du sens.

Cela me donne le goût de terminer en paraphrasant une affiche d'Amnesty International qui dit : « Vous n'êtes pas res-

---

1. Sa Sainteté le Dalaï-Lama et Cutler, Howard, *L'Art du bonheur,* Paris, Robert Laffont, coll. « Aider la vie », 1998, p. 151.

ponsable du fait que quelqu'un soit un réfugié. Vous êtes responsable si vous ne faites rien pour qu'il n'en soit plus un. » De la même façon, nous ne sommes pas responsables de notre maladie. Mais la douleur qu'elle occasionne peut nous aider à résoudre certaines incompréhensions et à vaincre certaines ignorances, car elle les exprime. Nous sommes cependant responsables si nous ne faisons rien pour nous soigner et permettre que le message qu'elle nous transmet, une fois compris, devienne un facteur de santé. Et cela vaut, me semble-t-il, tant au niveau individuel que collectif.

2

LES LEÇONS DU SENS

> *En dernière analyse, le corps humain [...] est construit à partir de la matière de l'univers, la même matière dans laquelle les fantasmes deviennent visibles; en réalité, sans elle ils ne pourraient pas être expérimentés du tout.*
>
> Carl Gustav Jung

L'aspect symbolique de la maladie

Le feu des planches

Je vous ai entretenu de mes rencontres avec les médecins qui m'ont aidé dans la connaissance de la maladie sur un plan psychanalytique. Je voudrais maintenant vous présenter les rencontres que j'ai faites au plan symbolique et qui ont eu tout autant d'importance. Il s'agit parfois de personnages historiques que je n'ai jamais connus et qui appartiennent à des époques passées, parfois de figures appartenant à des légendes ou même à des romans.

Très tôt, le théâtre et la poésie ont éveillé en moi le goût des symboles. Il faut dire qu'enfant j'avais une imagination très vive. Quand j'eus compris, après quelques sévères remontrances, qu'il n'était pas payant de faire des frasques, elle est devenue mon principal refuge. Au pensionnat, je m'asseyais invariablement à la même place dans la classe : à l'arrière, du côté des grandes fenêtres. Là, je passais le plus clair de mon temps dans des rêve-

La guérison du cœur

ries de toutes sortes et je n'arrivais pas à comprendre pourquoi le maître devait répéter les mêmes choses deux ou trois fois pour se faire entendre. La procédure m'ennuyait au plus haut point. Avec le temps, l'imagination et sa fidèle compagne, la poésie, devinrent mes muses personnelles.

J'eus une véritable révélation le jour où un professeur nous a donné un travail à faire sur les poètes du XIXe siècle français. J'avais choisi Rimbaud que je n'avais pas encore lu et dont la jeunesse m'attirait. Assis dans la bibliothèque du collège, par un après-midi ensoleillé de mes seize ans, je pris pour la première fois contact avec quelques-uns de ses poèmes. J'arrivai à l'un d'entre eux qui s'intitulait « Le sonnet aux voyelles ». Sa lecture me mit dans un état tel que je dus sortir du lieu où je me trouvais. Bouleversé et surexcité, je déambulais dans les corridors de l'école, le sourire aux lèvres et la tête remplie de lumière. Je ne comprenais absolument pas ce qui m'arrivait, mais cela ne m'inquiétait pas du tout. J'avais enfin trouvé ma vocation : je serais poète.

Je réalisai plus tard que je n'avais pas saisi grand-chose à ce que j'avais lu. J'imagine, aujourd'hui, que j'ai tout simplement résonné à la force du texte, à sa vibration. Je ne sais pas si cette force vibratoire venait de l'intensité avec laquelle Rimbaud avait écrit son poème, toujours est-il qu'elle fit son chemin en moi comme une révélation.

Vous me direz que je suis devenu psychanalyste et non poète. Cela est vrai, mais je dois avouer que je range sans trop sourciller la psychanalyse du côté de la poésie contemporaine. Le jeu des associations libres, le travail sur les images, l'interprétation des rêves stimulent le poète en moi aussi bien que l'analyste. Par ailleurs, je chante mes propres poèmes et quelques textes de Rimbaud en m'accompagnant de ma guitare avec beaucoup de plaisir.

Par la suite, le théâtre prit le relais de la poésie. Cette fois, ce fut la rencontre de Molière qui fut déterminante. Je me souviens avoir lu dans mon lit à la maison, alors que j'étais malade – la maladie sert aussi à cela – une biographie de ce personnage. De nouveau, je fus foudroyé, ému jusqu'aux larmes. Il me semblait que je le connaissais. J'étais convaincu que j'avais été Molière dans une autre vie. Je me mis donc à monter sur les planches du théâtre de mon collège comme on enfourche sa moto, plein de fougue et animé par un feu dont j'ignorais tout et qui a probable-

Les leçons du sens

ment pour véritable motif le désir de dire que l'on existe. J'ai aimé le théâtre immodérément. J'en ai fait d'une façon passionnée. J'ai brûlé de mille feux. La route de la scène me semblait toute tracée devant moi et je dois uniquement à l'intervention de mes parents d'avoir pris le chemin de l'université plutôt que celui des planches.

Il n'empêche que ce sont ces expériences qui m'ont sensibilisé à l'approche symbolique. Un jour, tandis que j'écrivais un scénario de film, car mes premières études universitaires se firent dans le domaine des communications, je me suis rendu compte que les personnages et les situations que j'imaginais représentaient en quelque sorte ma vie intérieure : ils la symbolisaient. Le script expliquait mieux ce qui se passait en moi que ce que j'aurais pu en dire consciemment. Je venais de comprendre intuitivement en quoi consistait l'attitude symbolique, une attitude qui voit plus dans un phénomène ou un texte que ce qui est donné de prime abord.

En fait, les auteurs travaillent sans relâche pour inventer des situations qui feront vibrer en nous des cordes sensibles. En faisant cela, ils cherchent à créer à travers événements et caractères des symboles vivants qui exerceront sur nous leur influence, nous montrait ce que nous sommes mais que nous ne connaissons pas encore. Ainsi, les personnages incarnés par James Dean ont pu révéler à une génération entière la fougue qui l'habitait, et ont fait dire au psychanalyste Félix Guattari que le cinéma est le « divan du pauvre [1] ».

La vie est un théâtre

Une pièce de Molière éclaire bien une dimension de nous-mêmes que nous ne côtoyons pas souvent. *Le Malade imaginaire* [2] raconte le drame tragi-comique d'un hypocondriaque qui s'invente toutes les maladies du monde. Il peut de la sorte sommer à son chevet tout ce que l'époque connaît de faux médecins et de charlatans, qui finiront par découvrir chez cet être en parfaite santé tant de maux qu'il en mourra ! Si vous voulez avoir une démons-

---

1. Guattari, Félix, « Le divan du pauvre », *Communications*, n° 23, Paris, Seuil, 1975, p. 96-103.
2. Molière, *Le Malade imaginaire,* Paris, Gallimard, coll. Folio classique, n° 3 300, 1971.

tration claire et nette de la manière dont un état d'esprit peut tuer, il faut lire ou voir cette pièce. Cet homme imagine des maux qui le tourmentent au point que sa santé va y passer.

Les quatre médecins dont nous avons parlé au chapitre précédent y trouveraient tous leur compte. Même Freud qui disait que la maladie consiste en une demande d'attention indirecte et inconsciente. Il n'y a d'ailleurs qu'à écouter son propre entourage pour se rendre compte que parler de ses petits malaises peut devenir le mode de communication par excellence, celui ou celle ayant les plus importants devenant, pour quelque temps, le centre d'attraction.

À l'instar de grands écrivains comme Shakespeare et Dostoïevski, Molière fut psychanalyste avant l'heure. La situation qu'il nous dépeint a de quoi faire réfléchir. On peut rire à gorge déployée de l'hypocondriaque ridicule qu'il met en scène, mais est-ce que nous n'y reconnaissons pas une petite part de nous-même ? En réalité, si cette pièce a connu tant de succès, c'est qu'elle a réveillé chez le spectateur la partie de lui qui est bien capable de s'inventer au passage quelques petites défaillances. La pièce de Molière nous sert de symbole pour nous mettre en contact avec une partie de nous-même que nous oublions la plupart du temps. Il en va de même de tous les chefs-d'œuvre du répertoire mondial.

Il faut dire que le théâtre possède en lui-même une dimension symbolique fascinante. Nous pourrions même aller jusqu'à considérer la situation théâtrale comme une métaphore de notre vie sur cette terre. Après neuf mois en coulisse, nous entrons en scène, ayant revêtu un costume de chair et de sang, nous empruntons une personnalité, jouons notre rôle du mieux que nous pouvons, créant chefs-d'œuvre ou catastrophes pour nous exprimer et attirer l'attention, et repartons comme nous sommes venu. Tombe le rideau, la pièce est terminée.

Parfois, quelque chose vient déranger le déroulement du scénario. Nous sortons alors de notre état d'hypnose et nous nous réveillons sur scène dans des vêtements que nous ne reconnaissons plus, lançant des répliques qui ne sont pas les nôtres, dans une mise en scène que nous n'aimons pas. C'est une crise mais c'est une chance. Nous pouvons alors nous rendre compte que nous avons en grande partie écrit le texte, choisi les personnages et fabriqué la mise en scène, même si nous ne l'apprécions guère. Ainsi naît le pouvoir de changer quelque chose à sa vie.

Les leçons du sens

Le théâtre du rêve

Le monde du rêve constitue un autre théâtre où se déploie la force des symboles. En l'examinant, nous pourrions même conclure que toute notre vie est non seulement une scène mais une sorte de rêve auquel nous pouvons appliquer les lois de l'interprétation. Chaque rêve peut être interprété de deux façons différentes. La première approche, que la psychologie analytique appelle « objective », considère que les rêves peuvent à l'occasion dire quelque chose de réel par rapport aux événements extérieurs ou aux personnes qui nous entourent [1]. Ainsi, à l'occasion, nous rêvons de notre frère ou de notre mère, et ce qui nous est révélé correspond à la nature de la réalité de ces personnes ou de la relation que nous avons avec eux.

Il peut même arriver de voir en songe un accident qui se produira réellement, ou encore de s'entendre annoncer la mort prochaine d'une personne. Certains disent même avoir rêvé à l'avance d'événements qui ont ensuite affecté leur communauté, ou trouver dans des songes la solution de problèmes qui les occupent, comme si le rêve comportait un aspect explorateur et prémonitoire. On dirait, en effet, que l'inconscient a des antennes occupées à scruter de quoi l'avenir sera fait. Il s'agit là de l'aspect « prospectif » du rêve : il prospecte le futur. Une autre approche possible de l'interprétation d'un songe s'appelle la méthode « subjective ». Elle propose d'examiner chaque personnage, chaque situation et chaque élément du rêve comme s'il s'agissait d'une partie de soi. Le songe nous offre ainsi un autoportrait instantané de l'ensemble des dynamiques psychiques qui s'activent en nous au moment du rêve. Ici, l'attitude symbolique joue pleinement.

En appliquant ces deux approches du rêve à la vie prise dans son ensemble, nous découvrons qu'il y a deux façons d'envisager ce qui survient. La première consiste à tout regarder de façon objective. Dans ce cas, ce qui arrive arrive tout simplement et ne possède pas nécessairement de signification en soi. Le

---

1. Le lecteur trouvera dans un livre d'Ernest Aeppli intitulé *Les Rêves* (Paris, Petite Bibliothèque Payot, n° 3, 1972) un excellent résumé de l'approche jungienne des rêves. Voir en particulier les pages 103 à 143 qui résument ce qu'il en est des approches objective et subjective de l'interprétation.

hasard et la nécessité mènent le bal. L'approche subjective nous place au contraire en plein centre de notre univers et tend à interpréter tous les personnages qui y évoluent ainsi que les situations que nous rencontrons comme des aspects symboliques de soi. À l'extrême, la vie peut nous apparaître comme un grand rêve où nous ne rencontrons que des aspects de nous qui sont là pour nous aider à nous connaître et à nous comprendre.

À l'évidence, chaque approche possède ses limites et ses dangers. L'approche objective nie l'aspect symbolique de la vie, c'est-à-dire l'attitude qui voit plus dans les événements que ce qui est donné d'emblée. Alors que l'approche subjective nie le fait que le monde existe avec d'autres personnes en chair et en os qui, manifestement, ne se réduisent pas à n'être que des acteurs dans notre propre drame.

Je crois, pour ma part, qu'il y a toujours avantage à regarder la vie à partir de ces deux approches. L'aspect extérieur et objectif nous pousse à comprendre ce que nous sommes en termes d'évolution historique et de connaissance scientifique. Alors que l'aspect symbolique et intérieur donne un sens à ce que nous vivons et à ce que nous ressentons. Il place l'individu et sa subjectivité au centre. Il ne peut rien expliquer de manière prévisible mais il témoigne d'une logique plus vaste qui fait que finalement nous pouvons tirer un sens du fait que telle ou telle chose nous soit arrivée. La combinaison des deux attitudes permet de se comprendre à partir de regards différents.

Il est de toute façon très intéressant de considérer notre être entier comme un théâtre ou comme un rêve. Cela permet d'être moins empêtré dans la matière et de saisir que la masse énergétique que nous sommes peut s'exprimer de différentes manières, par l'esprit, l'émotion et le corps. Elle peut ainsi exprimer les déséquilibres et en opérer une correction par le biais des symptômes corporels aussi bien que psychiques.

En reliant les conceptions médicales que nous avons présentées plus tôt avec une telle vision des choses, la pensée peut même nous effleurer que nous créons nos maladies comme si le corps reflétait purement et simplement des états d'esprit dont il serait pour ainsi dire le mandataire. Je ne veux pas dire par là que nous les inventons de façon magique, consciente et délibérée. Nous sommes en réalité tout à fait inconscient de ce qui en nous les fabrique sur les plans biologique et psychologique. Elles apparaissent justement pour nous aider à prendre conscience du formidable pouvoir créateur que nous possédons et qui s'apparente à l'intelligence créatrice dont nous parlions précédemment.

Dans cette perspective, il n'est pas juste de dire que nous imaginons nos symptômes principalement pour attirer l'attention des autres. Avec Freud, nous pouvons dire qu'il s'agit plutôt d'un bénéfice secondaire ou marginal de la maladie. Nous inventons nos problèmes pour attirer notre propre attention sur nous-même, pour rendre nos fantasmes visibles, et pour pouvoir les expérimenter, comme le dit si bien Jung dans la citation que j'ai mise en exergue de ce chapitre.

N'en va-t-il pas de même de toute notre vie et de tous les événements que nous y côtoyons ? Ne sont-ils pas des fantasmes en action que l'existence nous permet d'expérimenter sous forme concrète afin que nous puissions nous rencontrer, nous connaître, modifier les éléments trop lourds et poursuivre notre voyage, allégé ? Cette force créatrice aurait ainsi le pouvoir d'attirer des situations qui font exploser nos résistances et nous obligent à nous considérer et à considérer la vie sous un autre angle.

Faire danser l'imagination

Vous voyez à quoi peut conduire l'attitude symbolique. N'est-il pas intéressant de « faire danser l'imagination » à partir de la vie qui nous est donnée en figurant de telles possibilités ? En tout cas, l'imagination ne tue pas, loin de là. Les médecins psychosomaticiens notent même que les maladies réputées psychosomatiques correspondent presque toujours à un blocage de la fonction symbolique. Ce blocage signifie qu'une personne éprouve de la difficulté à imaginer sa vie autrement. Elle n'a pas recours à la rêverie pour modifier le réel ou le fuir. Elle se constitue prisonnière de la réalité. J'avais ainsi un oncle qui n'allait jamais au cinéma parce que, disait-il, ce que l'on y voit n'est pas vrai. Le sentiment d'impasse dont parle le Dr Jean-Charles Crombez vient de ce ralentissement de la fonction symbolique.

Si l'on admet maintenant, à la lumière de ce que nous avons lu, que la plupart des maladies ont une composante psychosomatique, nous pouvons dire que nous sommes tous des constipés de l'imagination, ce qui fait de nous des malades imaginaires puisque notre pauvreté de pensée est telle que nous n'arrivons qu'à inventer des maladies ! Bon, d'accord ! j'exagère. Nous inventons bien autre chose également. Je vous taquinais, simplement.

« Faire danser l'imagination » est une expression que j'ai retenue du film *Buena Vista Social Club,* du réalisateur Wim Wenders. Ce film documentaire ressuscite, le temps de la production, l'ère qui a précédé la venue au pouvoir de Fidel Castro. Il rassemble des musiciens qui en ont fait les beaux jours et qui sont tombés dans l'anonymat après la révolution. Le timbalier du groupe formé pour la circonstance possède de son propre aveu un instrument très limité puisqu'il se compose d'un seul petit tambour et de deux baguettes. Il déclare qu'il aime son instrument pour cette raison même : par la contrainte qu'il présente, il l'oblige à « faire danser l'imagination ». De la même façon, le bâton enfourché par l'enfant peut très bien faire figure de cheval et stimuler son imaginaire.

Quelle belle expression et quelle leçon de psychologie ! Ainsi la contrainte qu'impose une vie difficile peut tout aussi bien nous coller au plancher pour de bon ou nous obliger à inventer notre liberté. La contrainte est, avec la nécessité, la mère de l'invention. Si je vous propose, par exemple, de créer une improvisation avec un groupe de gens où chacun doit apparaître à tour de rôle et reprendre la scène là où l'autre l'a laissée, vous éprouverez peut-être un peu d'angoisse et d'insécurité. Si j'ajoute la contrainte que tout doit s'élaborer à partir d'un journal que l'on trouve sur scène et que l'on doit y laisser en partant, vous serez peut-être stimulé, car vous aurez un point concret autour duquel votre imagination pourra tourner. La contrainte comporte un cadre qui peut enfermer ou provoquer. De la même manière, le cadre d'une vie peut tout aussi bien emprisonner qu'inviter à dépasser ses propres limites. Tout vient de la façon de concevoir sa propre situation. Tout réside dans la façon de la regarder et de l'imaginer.

Sur le terrain particulier de la maladie, l'attitude symbolique s'avère salutaire qui peut y voir autre chose que ce qu'elle est de prime abord. Toute l'entreprise psychanalytique travaille à aider au développement d'une telle attitude. Le mot « symbole » vient du grec *symbolon* qui désignait, originellement, un « morceau d'un objet partagé entre deux personnes pour servir entre elles de signe de reconnaissance [1] ».

Pour la psychanalyse, et dans le cadre de l'interprétation d'un rêve ou d'un événement de notre vie, l'attitude symbolique consiste à relier des éléments conscients et connus avec des éléments inconscients et inconnus. Le conscient et l'inconscient deviennent ainsi les deux parties de cet objet qui, rassemblées, vont permettre à un sens d'émerger et au sujet de se reconnaître.

Comment faire du sens ?

Entre le moi et le soi

Comment lire ce qui se cache derrière un symptôme ? Comment avoir accès à ce qu'une maladie symbolise ? Comment partir à la recherche de la part d'inconnu que le mal désigne et qui demeure en dehors du champ de la conscience ? Bref, comment se lance-t-on à la recherche du sens ? Nous répondons à ces questions en nous appuyant sur ce que Carl Gustav Jung dit à propos de l'interprétation des rêves. Auparavant, revoyons quelques notions de base.

Pour les psychanalystes le psychisme comprend le conscient et l'inconscient. Jung a formulé l'hypothèse que ce psychisme possède un centre qu'il a appelé le « soi ». Il s'agit d'un centre organisateur d'où émanent les productions de l'inconscient comme les rêves. Il considère ce soi comme le véritable centre de la personnalité qui embrasse à la fois le conscient et l'inconscient. Il le compare au soleil qui éclaire la terre de ses rayons, la terre figurant le domaine conscient dans cette métaphore.

Jung propose une distinction nette entre le « soi » et le « moi ». Si le soi est le centre de la personnalité globale, le moi représente le centre du champ de la conscience. Le moi nous permet de dire « je », d'avoir une impression de continuité. Et, pour ainsi dire, de nous rappeler de nous-même et d'avoir le sentiment

---

1. Robert, Paul, *Petit Robert 1. Dictionnaire alphabétique et analogique de la langue française,* Paris, Société du Nouveau Littré (SNL), 1978, p. 1903.

que, de l'enfant que nous étions à l'adulte que nous sommes devenu, il s'agit bel et bien de la même personne.

Ceux et celles qui souffrent de problèmes d'identité ou qui possèdent un moi faible connaissent des perturbations importantes. Dans les pires cas, comme dans la schizophrénie, ils ne se reconnaissent plus. Le continuum d'identité à soi-même et de durée dans le temps est rompu. Le moi est la seule partie du soi dont nous ayons conscience, d'où son importance, capitale, pour la vie personnelle [1].

Le soi agit comme un thermostat

Quelle est la relation entre le moi et le soi ? Jung, le médecin, a emprunté au domaine biologique le principe d'« homéostasie » pour répondre à cette question. L'homéostasie désigne la stabilisation des différentes constantes physiologiques [2]. Elle se réfère à nombre de fonctions dont nous sommes largement inconscients, notamment la circulation du sang, les processus de digestion et d'élimination, celui de régénération des cellules, le fonctionnement du cerveau, et la régulation thermique de notre organisme. Ces processus sont si complexes que nous ne pourrions survivre si nous avions à en assumer un seul consciemment. Imaginez, par exemple, que vous ne deviez pas oublier de respirer !

Dès que la stabilité des rapports est brisée au niveau physiologique, des symptômes physiques apparaissent, qui viennent signifier le malaise, et le corps en entier se mobilise pour retrouver l'équilibre. Si vous vous blessez au doigt, l'information se répandra instantanément dans l'organisme et les cellules nécessaires pour combattre l'infection, permettre la coagulation et faciliter la cicatrisation seront envoyées sur place. Exactement de la même manière que lorsqu'il y a un accident en ville et que les unités ambulancières et policières se précipitent sur les lieux pour contrôler les dégâts.

---

1. Jung a consacré un livre fondamental à la relation entre le moi et le soi, il s'intitule *Dialectique du moi et de l'inconscient* (Paris, Gallimard, coll. « Folio/Essais », n° 46, 1973). Pour une explication plus succincte et un survol général de la psychologie analytique, consulter le livre de Jolanda Jacobi, *La Psychologie de C. G. Jung,* Genève, Mont-Blanc, coll. « Action et Pensée », 1964.
2. Robert, Paul, *Petit Robert, op. cit.*, p. 933.

Les leçons du sens

Jung a observé que la psyché, dans son ensemble, a elle aussi une tendance naturelle à préserver la stabilité de ses composantes et l'équilibre de la relation entre le moi et le soi. Si bien que nous pouvons parler d'« équilibre homéostatique » tant au niveau psychique que physique. Dans cet équilibre, le soi semble jouer un rôle « compensateur » par rapport à l'attitude du moi conscient.

Comparons, par exemple, le psychisme à une maison où la température doit demeurer égale. Le soi agit alors comme un thermostat qui corrige les gros et les petits déséquilibres par des réactions appropriées. Dans une maison, le thermostat gère les différences de température et permet de « compenser » en donnant les ordres appropriés aux systèmes mécaniques qui sont sous son contrôle. Le soi agit de la même façon sur le plan psychique.

Les systèmes qui répondent à son contrôle s'appellent humeurs, rêves, fantasmes, pensées, obsessions, convictions, inspirations soudaines, etc. En réalité, comme le soi est inconscient, nous ne le saisissons que par les effets qu'il exerce sur notre conscience. À partir du moment où nous acceptons que ces phénomènes disent quelque chose par rapport à l'unité globale de notre psyché en particulier, et de notre être en général, nous pouvons commencer à les interpréter et à nous en servir pour notre équilibre conscient.

Cependant, comme le précise Jung, bien que nous puissions profiter de cette compensation, tel n'est pas le but visé en soi par l'inconscient. « La réaction de l'inconscient est un phénomène naturel qui ne se soucie pas de bénéficier à l'être humain ou de le guider mais qui est régulée exclusivement par les demandes de l'équilibre psychique [1]. » Tant au niveau physique que psychique, le programme de base de l'organisme demeure la survie. Pourtant, en nous mettant à l'écoute des effets correcteurs du soi, nous pouvons contribuer non seulement à cette survie mais aussi à sa qualité.

L'aspect compensateur des rêves

Autrement dit, lorsque notre attitude consciente est mal ajustée à ce que nous vivons, nous faisons des rêves ou nous produi-

---

[1]. Jung, Carl Gustav, « Civilization in Transition », *The Collected Works of C. G. Jung*, vol. 10, Bollingen Series XX, Princeton, Princeton University Press, 1959, paragraphe 732.

La guérison du cœur

sons des fantasmes qui nous révèlent la nature de ce qui nous manque. Rêves et fantasmes apportent des informations qui renseignent donc le moi conscient et, ce faisant, lui permettent d'adopter une attitude plus juste par rapport à une situation donnée.

J'ai, par exemple, connu un patient qui, dans une grande entreprise, accomplissait un travail de bureau qui l'ennuyait à mourir. Aussi passait-il ses journées à rêver de voyages et d'expéditions. Parfois, ces fantasmes le dérangeaient au point qu'il perdait toute motivation pour travailler. En clair, ils lui indiquaient non pas qu'il souffrait de paresse mais qu'il faisait un boulot qui correspondait mal à sa personnalité. Les expéditions virtuelles compensaient la morosité de son quotidien, d'une part, et l'invitaient, d'autre part, à secouer son joug et à tenter l'aventure d'une vie qui lui donnerait de l'élan au lieu de l'accabler. Elles lui indiquaient ce qui faisait défaut à son attitude consciente, ce qu'il ignorait ou négligeait.

Il n'est pas nécessaire que les fantasmes soient réalisés pour que le sujet trouve le bonheur. Il aurait d'ailleurs été tout à fait inadéquat que cet homme abandonne tout et, du jour au lendemain, devienne une sorte d'aventurier. Il aurait pu alors mettre en péril sa survie matérielle.

Ses fantasmes lui disaient plutôt que, s'il n'introduisait pas, d'une façon ou d'une autre, une dimension excitante dans sa vie, il risquait de s'acheminer vers des malaises plus graves qui, cette fois, se concrétiseraient peut-être par une fatigue chronique ou un épuisement professionnel. Autrement dit, en reliant ce que l'inconscient dit, d'une part, et ce que le conscient dit, de l'autre, nous aboutissons à une tierce position qui ne se trouve ni dans l'une ni dans l'autre attitude et qui permet au moi conscient de se renouveler [1].

Les cauchemars possèdent le même aspect compensateur. Ils sont issus d'un conflit inconscient qui génère une grande tension dans l'être. Ils disent « noir » alors que la conscience dit « blanc ». Le soi exprime ainsi qu'il existe un grand déséquilibre dans la psyché.

---

1. Ce tiers, non donné, qui vient de la jonction des messages du conscient et de l'inconscient constitue ce que Jung appelle la « fonction transcendante » du symbole. Le mot « transcendant » n'est pas entendu ici dans un sens religieux mais au sens de ce qui permet de dépasser la situation actuelle du sujet.

Les rêves n'apportent pas toujours un point de vue aussi contrasté que les cauchemars. Lorsque nous sommes dans une phase créatrice, il existe souvent une bonne collaboration entre le conscient et l'inconscient, et nous jouissons alors de rêves qui agissent tout simplement de façon complémentaire.

J'ai rêvé, par exemple, en cours d'écriture, à un Noir, un *boogie man,* qui, de ses longs doigts effilés, faisait vibrer le clavier d'un vieux piano de façon fort éloquente. Effleurant le clavier, il finissait par jouer de chaque planche de l'instrument en les percutant tour à tour. À la fin du rêve, le piano entier chantait, pour ainsi dire, et émettait des sons sous son toucher magique.

J'en ai conclu que ce vieux Noir voulait m'aider à utiliser toutes mes ressources créatrices pour transformer en musique mes vieux maux à l'aide de mon clavier d'ordinateur. La sensualité du rêve et les mains de l'homme me rappelaient que je devais « faire l'amour » pour ainsi dire avec mon œuvre si je voulais qu'elle fasse vibrer les cœurs. Si j'avais rêvé, à l'opposé, que mon piano n'avait même pas de clavier, j'en aurais conclu que j'étais mal équipé pour mon travail, ou que des angoisses de fond inhibaient mon geste créateur. J'aurais alors remis en question mon projet.

Un malaise physique ne vient jamais seul

L'équilibre homéostatique et la loi de compensation agissant autant au niveau physique que psychique, la différence réside dans le fait qu'au niveau physique, c'est l'intensité de la douleur plutôt que le cauchemar qui manifeste le surplus de tension. Les petites douleurs signalent les petits désordres, les grands maux expriment les grands déséquilibres. L'engourdissement d'une jambe qui se manifeste par un picotement ne demande qu'une correction de la position physique. Son bleuissement prolongé indique une mauvaise circulation qui pourra même signifier la nécessité d'une amputation.

Pour concevoir que la maladie puisse avoir un sens dans la vie globale de la personne et pour pouvoir changer de regard par rapport à des phénomènes qui semblent souvent morbides, il faut poser l'hypothèse qu'à la fois le domaine psychique et le domaine physiologique répondent aux mêmes lois, et qu'en outre ils se répondent l'un l'autre au sein de l'ensemble corps-esprit.

La guérison du cœur

L'expérience montre que les symptômes physiques sont toujours accompagnés de pensées et d'émotions, ce qui nous fait soupçonner non seulement que les organes du corps n'opèrent pas chacun de leur côté, mais aussi que les différentes dimensions de l'être que sont les niveaux physique, émotionnel et psychique fonctionnent également en coordination comme un tout.

Les grandes maladies physiques sont d'ailleurs souvent précédées de signes annonciateurs comme les cauchemars. Je me rappelle en avoir eu avant chaque épisode de colite. Ils traduisaient le désordre intime qui m'habitait et dont je n'étais pas suffisamment conscient. Ils m'indiquaient que l'équilibre global corps-esprit menaçait de rompre. Comme il se doit, ces rêves avaient presque toujours à faire avec des tuyaux, des boyaux, des corridors. Dans le dernier en date, je me voyais prisonnier d'une sorte d'autoroute à étage qui s'était effondrée et qui ne permettait plus aux véhicules de circuler. Toute la circulation de la ville se trouvait ainsi ralentie et les gens devaient avoir recours à des méthodes ancestrales pour s'approvisionner en eau.

Bien que les liens entre l'émotion et les réactions corporelles sautent aux yeux au premier abord – pensons à une personne timide qui a les mains moites avant de parler en public ou aux pensées qui font rougir –, la chaîne de réactions exacte demeure difficile à établir sur le plan scientifique, parce que très complexe. De nombreux facteurs entrent en jeu dans des réactions qui semblent simples de prime abord.

On a remarqué, par exemple, que de nombreuses personnes souffrant de cancer avaient traversé un deuil important dans les années qui avaient précédé l'éclosion de la maladie. Peut-on dire pour autant que c'est parce que Mme X a perdu sa fille il y a deux ans qu'elle souffre aujourd'hui d'un cancer du sein ? Même si l'on connaît le lien de dépendance mutuelle qu'entretenaient ces deux femmes, même si l'on sait que ni l'une ni l'autre ne s'était sevrée de la relation mère-enfant, même si l'on remarque qu'à trente ans la fille en question tétait encore le sein de sa mère, pour ainsi dire, tandis que la mère ne voulait pas mettre fin à ses fonctions maternelles par peur du vide, on ne peut pas affirmer qu'il y a un lieu de cause à effet entre la mort de la fille et le cancer de la mère. Au niveau psychologique, cela fait beaucoup de sens, mais, en termes rigoureusement scientifiques, ces liens ne sont pas prouvés.

Nous ne possédons pas actuellement les instruments d'analyse qui nous permettraient de lier un deuil à la détérioration des cellules. Nous disposons d'études comme celles du D̄ Ornish qui démontrent qu'il existe un lien, mais la façon dont ce lien opère, nous l'ignorons. Voilà pourquoi la notion de terrain dont nous parlions plus tôt s'avère si capitale. Grâce à elle et aux recherches de plus en plus pointues de la neuro-psycho-immunologie, nous voyons poindre le jour où l'état psychologique d'un patient retiendra autant l'attention que son état physique. À ce moment-là, nous comprendrons que nos états intérieurs, tout comme notre environnement physique, ainsi que nos habitudes de vie et notre alimentation, contribuent à notre santé, et que rien n'est à négliger si nous voulons guérir.

Si les liens entre la psyché et le corps sont difficiles à établir, cela ne veut pas dire qu'ils n'existent pas. Ils peuvent d'ailleurs devenir des objets d'observation pour chacun. L'exercice quotidien influence l'état d'esprit et l'état d'esprit influence l'état corporel ; il suffit d'aller courir ou nager pour le constater.

Comme je le disais plus tôt, je n'ai jamais rencontré une seule personne souffrant de colite qui ne fût pas performante et angoissée. Tout un profil psychologique se dessine ici, mais les médecins résistent à de telles observations parce qu'ils se sentent impuissants quant à l'aide à fournir à leurs patients sur le plan psychologique. Cela se comprend. Un tel état de fait ne devrait pourtant pas les voir nier l'apport positif des diètes alimentaires, de l'activité physique ou d'un travail psychologique ou méditatif sous le seul prétexte qu'ils dépassent le cadre de leurs compétences.

Lorsque le corps est malade, en général l'esprit est affaibli et certaines émotions sont bloquées. Il s'agit là du premier axiome de la médecine ayurvédique, la plus vieille médecine du monde, qui nous vient de l'Inde. Je crois pour ma part que l'avenir appartient aux médecins et aux scientifiques qui sauront faire preuve d'ouverture. Dans les années à venir, le public risque de se montrer de plus en plus réticent envers ceux qui affichent un état d'esprit fermé aux approches complémentaires.

Le sens indique une direction

Nous venons de parler du rôle compensateur des symptômes, des rêves et des fantasmes, rôle qui nous permet de faire l'hypo-

La guérison du cœur

thèse qu'il existe une intelligence coordonnatrice dans l'inconscient. Jung l'a dénommée le soi. Il a fait une autre contribution majeure à la question du sens des symptômes. Il a observé que souvent ceux-ci ont un *télos,* c'est-à-dire une direction. En français, d'ailleurs, le mot « sens » est riche puisqu'il recouvre, entre autres, les notions de « signification » et de « direction ». Ainsi, poursuit Jung, un patient n'est pas simplement malade à cause de son passé mais aussi parce qu'il est en quelque sorte mal adapté à son futur. Le patient n'est pas ce qu'il doit être pour accueillir ce qui se présente à lui, d'où conflit et blocage. Autrement dit, tout comme le rêve, le symptôme comporte lui aussi une dimension d'exploration et de prospection vis-à-vis de ce qui est à venir. Au niveau conscient, nous ne connaissons pas les germes de ce futur. N'ayez crainte ! l'inconscient non plus. Simplement, il pressent si le présent permet à l'être d'exprimer pleinement tout son potentiel dans la perspective de ce futur. Voilà pourquoi il est intéressant de considérer que les symptômes ne nous parlent pas seulement du passé, mais qu'ils relèvent aussi du présent et sont tournés vers l'avenir de l'être complet que nous sommes.

S'il est de première importance de découvrir les causes d'un problème, il est également nécessaire d'accepter sa dimension prospective, car, ce faisant, nous nous ouvrirons à de nouvelles façon de penser, de sentir et de nous comporter. La plupart du temps, nous ne déchiffrons le sens prospectif d'un phénomène qu'une fois le changement amorcé. Alors seulement, nous déclarerons qu'une maladie a changé notre vie dans le bon sens, voire qu'elle nous a sauvé. Cela explique pourquoi de grands malades ou des gens qui ont eu une enfance pénible peuvent finir par dire qu'ils avaient besoin de ces difficultés pour parvenir à être eux-mêmes.

À mesure que l'on se comprend, que l'on explore les différentes avenues où nous entraînent les symptômes, ce sens « téléologique », celui qui exprime une direction, émerge. L'obstination de la maladie se conçoit alors comme une aide précieuse qui nous force à aller jusqu'au bout du changement. Après un certain temps, la guérison physique peut même passer au second plan lorsqu'on découvre qu'il ne s'agit pas simplement de guérir son corps mais de guérir sa vie. Voilà sans doute ce qui a pu faire dire à l'auteur

Les leçons du sens

Emmanuel Dreuilhe que peu lui importait de mourir du sida puisqu'il avait gagné une bataille plus importante [1].

Tourner autour du pot

Pour découvrir l'aspect compensateur autant que prospectif d'un symptôme, je crois qu'il est utile de l'aborder comme s'il était un rêve. Il est ainsi amené au rang de production symbolique qui, comme toute production symbolique issue de l'inconscient, utilise des éléments familiers pour nous faire découvrir quelque chose que nous ne connaissons pas à propos de la vie et de nous-même.

Dans un premier temps, il s'agit de tourner et de retourner cet objet comme s'il était un coquillage que nous aurions trouvé sur la plage et qui, peu à peu, se révélerait à nous. Il s'agit pour ainsi dire de le prendre en soi et de le laisser résonner dans notre être entier sans écarter aucune des sensations, des pensées et des émotions qu'il peut éveiller. Il importe même d'accueillir, en les jugeant le moins possible, les souvenirs et les sentiments qui se présentent, même s'ils apparaissent tout à fait incohérents et contradictoires. Cette disponibilité de la conscience favorise l'émergence du sens de la maladie et peut nous mettre sur la piste de la guérison. Les alchimistes employaient le terme de *circumambulatio,* qui signifie « tourner autour », pour décrire cette opération capitale sans laquelle rien ne peut se passer.

Toute maladie permet d'intensifier l'intimité que l'on a avec soi-même, et la question du *pourquoi* – pourquoi moi ? pourquoi maintenant ? –, bref, la question du sens, résonne toujours avec beaucoup d'acuité dans ces moments-là. Il ne faut pas tenter d'échapper à cet assaut intérieur, car il cherche à attirer notre attention sur ce qui est en souffrance derrière la souffrance. Mais il n'existe pas de voie simple et directe menant au sens d'un symptôme et à sa résolution. En réalité, il n'y a même aucun avantage à faire une découverte rapide et sans effort parce qu'une telle découverte ne correspond généralement pas à une prise de conscience profonde et qu'en conséquence elle n'entraînera pas de changement significatif.

---

1. Dreuilhe, Alain Emmanuel, *Corps à corps. Journal de sida,* Paris, Gallimard/Lacombe, coll. « Au vif du sujet », 1987.

Il est aussi bon de noter qu'un rêve a toujours plusieurs sens selon le moment et le point de vue à partir duquel on le regarde. Certains rêves prennent des sens différents avec les âges de la vie. Ainsi en va-t-il du sens d'un symptôme. Il évolue avec le temps selon nos préoccupations et ce que nous découvrons.

La valeur d'une interprétation, car ce que nous appelons le sens se résume à une interprétation, à savoir une vue de l'esprit posée à partir d'un certain angle, réside dans l'effet que cette interprétation a sur nous. Cet effet se mesure en termes de sentiment de reconnaissance, et une émotion s'en dégage. Il ne s'agit pas d'une valeur logique, mais d'une valeur affective. Si le sens qui se fait jour permet de dégager l'énergie jusqu'ici fixée sur le problème, et si cette énergie produit un peu d'espoir, suscite un nouvel élan de vie ou engage à une autre attitude, la piste est bonne.

Vus sous cet angle, nos malaises sont nos maîtres intérieurs. Ils nous aident à nous découvrir. Nos symptômes sont des réactions naturelles et spontanées à nos façons d'être. Les frictions qu'ils provoquent nous aident à nous réorienter. Nos symptômes ne nous jugent pas, ils surgissent simplement dans le cours du temps pour exprimer un déséquilibre et ils nous accompagnent en vue d'une transformation. Bien qu'ils soient difficiles à accueillir parce qu'ils apportent avec eux tension et souffrance, ils n'en expriment pas moins la perfection intrinsèque de notre être profond, l'intelligence créatrice qui nous anime.

Le sens est une création subjective

Il est très difficile d'affirmer que les symptômes possèdent un sens objectif qui vaudrait pour tout le monde. Si nous revenons, par exemple, à la patiente dont je parlais dans l'introduction, peut-on dire que c'est parce qu'elle change de foyer à plusieurs reprises dans son enfance qu'elle a peur de disparaître par les fentes du trottoir ? Pas vraiment, car beaucoup de gens ont été déplacés du fait de la guerre et ils n'ont pas peur de disparaître dans les fentes du trottoir pour autant. Par contre, même si cette interprétation échappe à la règle scientifique voulant qu'une observation, pour être réputée vraie, puise être répétée à volonté, on est pourtant à même de dire qu'elle crée un sens valable pour cette personne, un sens efficace puisqu'elle a fait en sorte que ses symptômes disparaissent.

Le sens apparaît donc comme une création subjective. Il vaut pour cette patiente, il ne vaut pas nécessairement pour d'autres. Il se construit à partir d'éléments épars qui trouvent un dynamisme dès qu'une conscience individuelle les réunit, bien qu'il puisse y avoir des interprétations qui valent pour nombre de personnes ou même pour toute une collectivité. Dans le cas de cette patiente, la mise en relation des multiples changements de foyer nourricier pendant la guerre avec la perte des repères habituels et un « père délirant à la maison qui ne me reconnaît plus » a eu pour effet de faire disparaître son angoisse et de susciter en elle un nouvel élan de vie.

Pour que ces éléments épars soient reconnus par la conscience et que leur sens se révèle et ait des effets, il fallait une situation qui ressemble suffisamment à ce qui s'était passé auparavant, une situation susceptible de faire en sorte que les émotions enfouies remontent à la surface et que ma patiente puisse les explorer à nouveau. Dans ce cas-ci, l'obligation filiale de retourner dans son pays d'origine pour aller rendre visite à ses parents vieillissants, ce qu'elle n'avait pas fait depuis de nombreuses années, avait engagé la manifestation du symptôme. La simple évocation d'une situation où elle pourrait revivre une partie de son enfance avait suffi à déclencher sa peur de disparaître.

La même chose vaut pour les symptômes physiques. Eux aussi mettent en branle tout un réseau d'associations personnelles au sujet. Le facteur subjectif s'avère par le fait même très difficile à estimer. Certaines personnes ont peur du noir et d'autres le trouvent reposant, et, avant qu'un individu soit confronté au noir, on ne peut qu'émettre des hypothèses sur sa possible réaction. L'enjeu ne se trouve pas dans la vérité historique mais dans la réaction subjective d'un être à un fait objectif. Il réside dans la façon dont le sujet a interprété, intégré et enregistré ce qui lui arrivait.

Dans le travail d'interprétation, il s'agit en somme de découvrir la logique de la construction subjective. La compréhension s'élabore à partir d'un nombre incalculable d'associations qui sont inscrites dans le cerveau. Quand on pense qu'une fois déployée notre matière grise atteint deux mètres carrés de surface, contient cent milliards de neurones et plusieurs milliers de milliards de synapses formant un réseau de fibres nerveuses de cent soixante mille kilomètres de long, il y a de quoi réfléchir – c'est le cas de le dire ! Quand on pense, en outre, que toute cette masse est pleine d'associations particulières à ce cerveau lui-même particulier, car, tout comme les empreintes digitales, aucun cerveau n'est exactement semblable à un autre, on mesure la complexité de la tâche d'interprétation [1] !

La psychanalyse rend l'histoire personnelle un tant soit peu plus explicite, mais celle-ci demeurera toujours une fiction personnelle. Ce qu'il nous faut savoir, c'est si cette fiction aide à vivre ou non. Si la réponse est négative, il faut alors tenter de dénouer certaines associations qui étaient jusque-là restée inconscientes. Commence alors le long travail d'exploration des complexes et des arrière-plans du psychisme.

Par ailleurs, la question du sens et de l'interprétation des symptômes se complique du fait que, comme Jung l'a indiqué, il est difficile d'avoir un point de vue objectif sur la psyché humaine puisque nous sommes de la psyché qui étudie de la psyché et que, dans ce sens, l'observateur et ses propres conditionnements subjectifs influencent fortement l'observation, d'autant plus que ces conditionnements demeurent la plupart du temps inconscients. Voilà pourquoi il a proposé que les psychothérapeutes soient rompus à une fine observation d'eux-mêmes par une psychanalyse personnelle. De cette façon, se connaissant mieux, ils peuvent contrôler un tant soit peu leurs propres travers lorsqu'ils évaluent les cas qui se présentent à eux.

Tout cela étant dit, on peut comprendre la résistance de l'esprit scientifique aux démarches d'ordre psychologique, surtout lorsque les chercheurs ne se rendent pas compte que leurs théories sont elles aussi le fruit de leur subjectivité. Sur le terrain psychique, les preuves solides sont difficiles à établir. Elles le demeureront sans doute puisque aucun de nous ne peut s'abstraire suffisamment de son propre esprit pour se regarder objectivement. Cela n'empêche en rien de devenir un fin observateur de la réalité psychologique et de conserver une rigueur d'approche sur le terrain des relations corps-esprit.

Devant un symptôme, l'attitude de l'artiste qui travaille à son œuvre mais qui reste ouvert aux hasards significatifs est la meilleure, car elle allie volonté et ouverture. On peut alors parler du

---

1. Liliane Reuter, *Votre esprit...*, *op. cit.*, p. 50.

Les leçons du sens

sens comme d'une création, comme d'une collaboration de tout l'être à l'inconnu que le symptôme exprime. Ce sens ne vaudra que s'il produit une transformation chez le créateur et l'entraîne vers un mieux-être.

Le poids du sens

La question du sens s'avère plus délicate à manier qu'il n'y paraît au premier abord. Un écueil important nous guette dans cette recherche, il concerne le risque de provoquer de la culpabilité ou de la honte [1].

Je peux, par exemple, ne pas arriver à faire du sens avec un symptôme et me le reprocher, ou encore y parvenir sans pour autant arrêter la répétition du symptôme, ou encore bloquer dans la recherche de sens parce que les associations qui remontent provoquent en moi une tension intolérable. Devant ces difficultés qui risquent de provoquer un malaise intérieur, il faut se rappeler que ce qui doit guider la quête de sens s'appelle la bienveillance envers soi. Si la bienveillance est maintenue, le principal est gagné, car la recherche de sens est pour ainsi dire secondaire au mouvement d'intimité avec soi-même.

Si la maladie traduit un déséquilibre physique qui possède à coup sûr sa contrepartie psychique, je peux finir par me sentir coupable d'être malade, devenant victime de ma propre quête de sens. Si le symptôme possède une direction, je peux même me sentir honteux de l'ignorer ou de ne pas pouvoir la trouver. Il importe donc de mettre en place un espace intérieur de non-jugement et d'accueil de soi pour entreprendre le travail d'association qui permettra de remonter le cours du symptôme. Il est important de souligner cet aspect, car, pour éviter d'être confrontées à la culpabilité ou à la honte, nombre de personnes s'abstiennent de tout ques-

---

1. Une discussion avec le psychanalyste zurichois Mario Jacoby m'a permis de mieux comprendre les difficultés inhérentes à la quête de sens, notamment en ce qui a trait à la culpabilité et la honte qu'elle peut produire. Mario Jacoby a consacré un livre à cette question. Il s'agit de *Shame and the Origins of Self-Esteem. A Jungian Approach* (Londres, Routledge, 1994). De façon schématique, l'on peut dire que l'on ressent de la culpabilité envers quelqu'un à qui l'on se compare ou qui possède un ascendant sur soi ; on ressent de la honte vis-à-vis de soi parce que l'on pense que l'on n'est pas ce que l'on devrait être. Dans ce cas-ci, une difficulté intérieure peut se présenter si l'on ne trouve pas de sens ou si l'on a le sentiment de ne pas être à la hauteur du sens que l'on entrevoit.

tionnement psychologique. Or, ce faisant, elles jettent le bébé avec l'eau du bain.

Le facteur fondamental consiste à se poser des questions, réfléchir et s'observer, et cela, toujours avec bienveillance. Renoncer à ce questionnement inhibe le mouvement naturel de l'être qui, devant des difficultés, se demande invariablement : pourquoi moi, pourquoi maintenant, pourquoi cela ?

Dans ce contexte, la culpabilité ne sert à rien. Elle a été ancrée en nous par une religion qui considère la maladie comme une punition de Dieu. Elle peut aussi être le fait d'une psychologie qui ne se tourne que vers des causes passées et ne fait que chercher des coupables potentiels. En disant que la maladie a non seulement des causes mais également une finalité, nous élargissons notre horizon et devenons plus responsables de l'ensemble du processus d'élucidation.

De toute façon, en mettant en parallèle la quête de sens et l'élucidation d'une image symbolique, nous admettons du même coup que le sens est caché et que par conséquent il ne s'offre pas directement au regard. Il n'y a donc pas lieu de se sentir coupable du fait qu'au point de départ nous sommes dans l'ignorance, une ignorance qui peut résister longtemps et qui, en outre, gardera peut-être toujours sa part de mystère.

Le sens agit comme un symbole

Nous pourrions même aller jusqu'à dire que le sens meurt aussitôt qu'il est entièrement connu, comme pour le symbole. À cet effet, Jung nous rappelle : « Tant qu'un symbole est vivant, il est la meilleure expression possible d'un fait ; il n'est vivant que tant qu'il est gros de signification. Que cette signification se fasse jour, autrement dit que l'on découvre l'expression qui formulera le mieux la chose cherchée, inattendue ou pressentie, alors le symbole est mort : il n'a plus qu'une valeur historique [1]. » Autrement dit, le symbole reste vivant tant qu'il est « l'expression suprême

---

1. Jung, Carl Gustav, *Les Types psychologiques* (préface et traduction d'Yves Le Lay), Genève, Librairie de l'Université, Georg & Cie, S.A., 1968, p. 469. Il est à noter que ce livre comporte à la fin un excellent lexique définissant 58 termes psychologiques. Il a été dressé par Jung lui-même et comporte les principaux termes qu'il emploie dans ses écrits. Cette citation appartient à la définition du mot « symbole ». »

Les leçons du sens

de ce qui est pressenti, mais non encore reconnu. Il incite alors l'inconscient à la participation ; il engendre la vie et stimule son développement [1].

La quête de sens proprement dite nous fournit l'occasion de nous mettre en mouvement, et là réside une grande partie de sa valeur. Cette quête nous permet de découvrir qui nous sommes en nous amenant à parcourir toutes sortes de chemins. Certains s'avéreront fructueux, d'autres pas du tout en regard de la douleur qui nous habite, mais cela n'a pas tant d'importance puisque de toute façon le mouvement d'exploration sert l'évolution.

La quête du sens est créatrice en elle-même. Elle remet en circulation ce qui stagne. Le sens est le produit de cette quête. Il culmine en une nouvelle façon de regarder les choses et il entraînera des attitudes et des comportements neufs. Cependant, aussitôt qu'il est connu, le sens nous offre déjà une signification presque morte. Pour continuer à vivre et à générer de la vie, ce nouveau regard sera appelé à évoluer sans cesse et à changer en raison de nouvelles données et de nouvelles expériences. Pour qu'une création vive, il faut qu'elle se développe constamment. À partir du moment où le sens se fige, c'est que la quête a cessé et qu'elle a perdu sa vitalité.

Becker a dit quelque chose du symbole que l'on peut appliquer à la recherche du sens. Il est, selon lui, comme « un être vivant, une parcelle de notre être en mouvement et en transformation. De sorte qu'à le contempler, à le saisir comme objet de méditation, on contemple aussi la propre trajectoire qu'on s'apprête à suivre, on saisit la direction du mouvement dans lequel l'être est emporté [2] ».

Dans un tel contexte, un sens objectif, c'est-à-dire un sens qui serait donné une fois pour toutes, tel qu'on en trouve dans les pages d'un dictionnaire, peut-il nous rendre service ? Pour nous orienter seulement. Le sens objectif consiste en une gamme d'interprétations qui sont établies en fonction de nombreuses observations comparatives. Si vous consultez, par exemple, le riche dictionnaire des symboles de Jean Chevalier et Alain Gheerbrant pour savoir ce qu'on dit au mot « cheval », s'étendront

---

1. *Ibid.*, p. 471.
2. Becker, R. de, « Les machinations de la nuit », dans Chevalier, Jean, Gheerbrant, Alain, *Dictionnaire des symboles,* Paris, Robert Laffont, 1969, p. xix. À noter que l'on trouve dans l'introduction de ce dictionnaire un exposé exhaustif sur la notion de symbole.

La guérison du cœur

devant vous plusieurs pages complètes qui vous parleront du symbole du cheval tel qu'entendu à travers l'humanité [1].

Pour certains peuples, le cheval est bénéfique. De lui vient l'élan vital parce que l'on compare sa crinière aux vagues de l'océan d'où sort toute vie. Pour d'autres peuples, le cheval est maléfique, il s'apparente à un animal cauchemardesque capable de piétiner le rêveur. Cela ne vous aidera pas beaucoup si vous cherchez la signification du comportement d'un cheval qui vous léchait dans un rêve. Tout au plus, cette symbolique collective vous donne-t-elle un cadre de références. Certains de ces éléments peuvent sans doute correspondre à vos propres associations ou les stimuler, mais ils ne sauraient en aucun cas vous éviter de faire le travail d'association personnelle auquel tout rêve convie. Par rapport au rêveur, le sens « prêt-à-porter » que l'on trouve dans les pages d'un dictionnaire constitue une signification morte. Pour que la signification devienne vivante et transformatrice, le rêveur doit y mettre du sien.

La même chose vaut lorsque l'on s'interroge sur un symptôme. Il existe maintenant des dictionnaires qui parlent du contexte psychique généralement associé à tel ou tel mal physique. Certains sont faits avec rigueur, d'autres sont simplistes, la question n'est pas là. Encore une fois, il s'agit simplement d'un cadre général de références qui peut, certes, vous offrir une voie de réflexion, mais qui ne saurait rendre compte de la dimension symbolique de votre malaise personnel.

Je ne suis pas en train d'affirmer que les dictionnaires de symboles ou de symptômes n'ont pas leur utilité. Ils peuvent assurément offrir des pistes de réflexion fort intéressantes, ils peuvent orienter le mouvement d'exploration. Je dis seulement qu'il me semble plus intéressant de les consulter dans le cadre d'un véritable dialogue avec soi. Même s'il est pénible de tâtonner et de chercher son propre chemin, l'autonomie qu'un tel exercice permet à la longue fait que le jeu en vaut la chandelle. Car, si l'on évite la tâche que représente le questionnement personnel, on se prive du même coup de la joie qui accompagne l'élucidation d'un symbole et qui dégage, je le répète, une nouvelle énergie, un élan de vie.

---

1. Chevalier, Jean, Gheerbrant, Alain, *Dictionnaire des symboles, op. cit.*, p. 184-192.

Les leçons du sens

Pendant ce travail d'élucidation, afin d'éviter de devenir trop tendu ou de se prendre trop au sérieux, il est bon de garder à l'esprit la fameuse phrase de Freud : « Parfois un cigare est seulement un cigare ! »

L'avantage d'accorder un sens à ce que nous vivons

Il y a un grand avantage à se lancer dans cette quête de sens, un avantage qui concorde avec ce que Jean-Charles Crombez disait de sa méthode : elle replace l'individu au centre de son processus. À partir du moment où nous acceptons que les choses puissent avoir un sens, nous nous retrouvons acteur de notre propre vie. Nous sortons par le fait même d'une position de spectateur impuissant pour qui tout se produit par accident. Nous échappons ainsi à la fatalité et à l'absurdité. Dans les mots de Michel Odoul, « donner un sens permet de reprendre les commandes, de devenir responsable de ce qui nous arrive et ainsi de pouvoir décider de le changer si nous le voulons [1] ». L'inconnu nous convie à devenir vivant par rapport à nous-même au sein de cette exploration créatrice non seulement de sens mais de soi-même.

La maladie du Roi-Pêcheur

La légende du Graal

Une interprétation de quelques fragments de la légende du Graal [2] peut nous aider à mieux comprendre en quoi consiste l'attitude symbolique devant un symptôme. J'ai d'ailleurs abordé cette légende dans mon livre *Père manquant, fils manqué*. Elle a pour protagonistes principaux le Roi-Pêcheur et le preux chevalier Perceval. Vous comprendrez vite comment elle a pu prendre

---

1. Odoui, Michel, « *Dis-moi où tu as mal* » – *Le lexique,* Paris, Dervy, coll. « Chemins de l'harmonie », 1999, quatrième de couverture. Il s'agit d'un autre lexique de maladies, très bien fait et à partir d'un point de vue très clair.
2. Troyes, Chrétien de, « Perceval le Gallois ou le Conte du Graal », *La Légende arthurienne. Le Graal et la Table ronde,* Paris, Robert Laffont, coll. « Bouquins », 1989, p. 1-115.

La guérison du cœur

valeur de symbole pour moi : c'est que le Roi-Pêcheur est blessé en plein milieu du corps, dans la région du bassin. Le travail que j'ai fait sur cette légende m'a permis de comprendre des dimensions inconnues et inconscientes de ma propre maladie. Je m'en suis servi comme d'un symbole personnel, mais elle possède également une dimension collective qui concerne nos maux communs.

Dans la légende, l'on ne sait pas très bien où se situe la blessure du Roi-Pêcheur. Certaines versions parlent de la hanche, d'autres des organes génitaux. On ne sait trop d'où elle vient non plus. Parfois, elle a pour origine un coup de javelot donné par des sorcières, d'autres fois le roi en a hérité au cours d'une croisade contre les musulmans. Ce que nous savons, c'est que la fameuse blessure est ensorcelée et que le sort ne sera pas levé tant qu'un invité au cœur pur ne posera pas de question sur la mystérieuse procession qui défile dans la salle de banquet lorsque le roi y mange.

Voici donc notre preux chevalier, bardé de cuir et d'acier, attablé devant le Roi-Pêcheur et discourant de choses et d'autres. Entre chaque service, il assiste à un spectacle si étrange qu'il en reste bouche bée : une femme, auréolée d'une grande lumière et accompagnée d'un serviteur portant une lance qui saigne inexplicablement, traverse la salle à pas lents. Elle tient dans les mains un vase rempli de sang. Elle ne dit pas un mot et disparaît comme elle est venue. Elle se présente neuf fois de la sorte devant Perceval et le roi.

Le chevalier meurt d'envie de poser une question, mais son maître d'armes l'a enjoint de ne pas parler le premier devant des étrangers, afin, sans doute, de ne pas aborder à son insu des sujets délicats : « Qui trop parler commet méfait ! » lui a-t-il dit. Perceval se contraint donc au silence. Mal lui en prend, car le lendemain il apprend d'une pauvresse en haillons qu'il a visité le château magique du Roi-Pêcheur. Elle lui précise en outre que, parce qu'il n'a pas posé de question sur le fameux cortège, non seulement la blessure du roi ne pourra pas guérir, mais également que la lande livrée à la pauvreté, à la sécheresse et à la famine ne saura non plus revenir à la santé. Perceval entre alors dans une détresse terrible. Il comprendra peu à peu et un à un les éléments qui l'ont amené à cette magistrale bévue due en grande partie à son ignorance et à sa naïveté.

Les leçons du sens

J'adore ce conte car il place le héros dans une situation impossible, une situation qui s'avère très similaire à ce que nous éprouvons vis-à-vis d'un accident, d'une épreuve ou d'une maladie. Dans ces moments-là, nous nous sentons toujours un peu comme le dindon de la farce pour ainsi dire, inconscient du pourquoi de ce qui nous arrive. Mais la souffrance engendrée nous obligera à retrouver le fil de ce que nous sommes. Elle nous fera prendre conscience du silence qui existe dans notre vie par rapport à nos blessures. À l'examen, la plupart d'entre nous devront même admettre qu'ils ont bel et bien vu passer le cortège du Graal à plusieurs reprises en signe d'avertissement. Bien attablés au festin de vies remplies d'activités et de mondanités, nous avons tous connu les signes avant-coureurs du malaise, mais nous n'avons rien dit pour lever le sortilège, craignant, comme Perceval, de trop déranger ou de heurter les conventions.

Ah ! ce qui se fait et ce qui ne se fait pas ! Ah ! ce qui se dit et ce qui ne se dit pas ! Ah ! la peur de déplaire, de blesser et de déranger ! N'est-ce pas là une partie du mauvais sort qui fait que la misère de notre royaume s'éternise ? Le héros Perceval ne nous ressemble-t-il pas ? Chacun et chacune ne se reconnaît-il pas, ne serait-ce qu'en partie, sous les traits de ce chevalier fasciné par ses propres accomplissements, et qui, ses fiançailles à peine consommées, galope déjà à la poursuite d'autres projets ? Ne sommes-nous pas tous et toutes, à des degrés divers, à l'image de ce héros méprisant ses attachements et son propre cœur ?

Pour ma part, je n'éprouve aucune peine à me reconnaître en lui. Et, considérant mon attitude conquérante, je comprends qu'elle m'a valu de rencontrer le Roi-Pêcheur à travers la maladie. Ce personnage illustre la face sombre de notre réalité. Plus notre personnalité brille au-dehors et plus nous risquons de nous retrouver un beau matin devant le miroir de la salle de bains à contempler un visage malade, fatigué, un visage qui nous appelle du fond des âges et qui nous dit : « Je suis couvert d'honneurs, mais mon royaume intérieur est dévasté ! » Car voilà ce qu'il nous chuchote à l'oreille, le Roi-Pêcheur. Du regard, il nous demande de briser le silence parce que tout travail de réparation commence par la prise de conscience que quelque chose ne va pas.

La guérison du cœur

La blessure parle

Cette légende m'a tellement fasciné que j'en ai fait le thème d'un projet intitulé le « Projet Perceval ». En 1997, j'ai créé avec un groupe d'intervenants, composé d'acteurs, de psychothérapeutes et de techniciens, un atelier de plusieurs jours autour de la légende du Graal [1]. J'y ai fait la mise en scène de certaines parties du conte avec l'acteur et metteur en scène Claude Lemieux. Ces courtes représentations stimulaient les participants pour les ateliers d'expression qu'ils suivaient par la suite dans la journée. Nous les invitions ainsi, pendant plusieurs jours, à se laisser porter par ce symbole et à laisser émerger la part d'inconnu qu'il suggérait à chacun. Dans cette mise en scène, j'ai tenté d'imaginer ce que le roi dirait à Perceval s'il pouvait parler de sa blessure. Voici les mots que je mettais dans sa bouche :

> Aujourd'hui, Perceval, je veux te parler de ma blessure. Ma blessure me torture, elle me déchire, elle me sépare en deux. Mes jambes veulent encore agir, marcher et courir, mais mon esprit les immobilise, jugeant toute action superficielle et superflue. Un conflit sans nom me paralyse. Je règne sur un univers malade, condamné à mourir de sécheresse et de famine. Mes terres sont devenues stériles. Les ruisseaux ne chantent plus. Les oiseaux se sont tus.
>
> Comme toi, Perceval, j'ai refusé la compagnie des dames pour me consacrer aux faits d'armes jusqu'à ce que cette maudite blessure m'immobilise. Mais, je te le dis, aujourd'hui je donnerais tout pour quelques heures en compagnie de ma reine.
>
> Perceval ! Tout ce qui existe n'existe que pour s'unir à tout ce qui est et devenir Un avec lui. Cesse ta quête ! Il ne sert à rien de courir l'univers pour ne rien manquer. Deviens un avec l'arbre, avec la chaise, avec le corps de ta bien-

---

[1]. Le « Projet Perceval » s'est déroulé à l'enseigne des Productions Cœur. com. Il a été produit en Belgique et au Québec. Il réunissait environ vingt-cinq intervenants qui recevaient une centaine de participants chaque fois. Chaque jour du séminaire commençait par une courte représentation théâtrale, puis une dizaine d'ateliers se déroulaient en parallèle, chacun animé par un thérapeute et un artiste.

aimée, et que cette union te monte au cœur et illumine ta vie. Alors tu auras véritablement accompli quelque chose !

Ne suis pas mon exemple, Perceval ! J'ai raté ma vie. Je suis brisé. J'ai payé bien cher pour apprendre des vérités aussi simples. Bien sûr, je pourrais faire quelque chose pour moi-même. Je perçois, je conçois, je tire des plans pour corriger ma situation, mais c'est du vent dans ma tête. Je me sens impuissant, je ne bouge pas.

Je suis si bien élevé ! J'ai même réussi à discipliner ma détresse ! J'attends qu'un ami au cœur pur et plein de compassion, devinant le mal qui me ronge, me pose la bonne question.

Pendant ce temps-là, Perceval, ma blessure continue de couler comme si elle était ensorcelée. M'entends-tu, Perceval ! La blessure, elle continue de couler, comme ensorcelée.

Aie pitié de moi ! Prends ta lance et tue-moi ou bien ouvre la bouche ! Je suis condamné à vivre blessé. Plus que tout autre, je souffre puisque je vois le Graal chaque jour, mais ma disposition d'esprit m'interdit d'aller vers ce qui serait mon salut. Parle, Perceval ! Libère-moi ! Lève le sort pour que je puisse enfin guérir ou mourir !

Le vase qui guérit

J'ai tenté de faire ressortir dans ce monologue la souffrance de ce roi malade qui, gardant le vase même dont le contenu pourrait le guérir, ne peut y boire tant que le sortilège entourant sa blessure ne sera pas levé. Car il est dit que quiconque s'approche du Graal sera nourri à satiété et délivré de tous ses maux. En fait, le vase que la jeune femme promène est rempli de sang, un sang qui symbolise la vie, et même la vie éternelle puisque, dans certaines versions, il s'agit du sang du Christ, le sang de la plus haute vie, le sang de l'Amour universel. Quant au fameux vase, il peut être comparé au cœur, ce cœur qui porte le sang partout dans l'organisme et irrigue de vie tant le corps que l'esprit. On voit donc comment la légende lie la guérison physique à l'ouverture du cœur.

À cet égard, le fait que le vase sacré du Graal soit porté par une femme est très parlant, car la légende naît au XIIe siècle alors

La guérison du cœur

que le christianisme, cette religion d'hommes, achève de conquérir l'Occident et qu'il a réussi à réprimer tous les rites locaux consacrés à la fertilité et à l'amour, rites souvent animés par des femmes. La nouvelle religion a déclaré « païens » ces cultes religieux, ces cultes qui viennent du « pays », et deux cents ans plus tard elle brûlera comme sorcières les prêtresses qui les administrent. N'est-il pas étrange qu'au moment du triomphe du christianisme se développe dans le peuple une légende qui met dans les mains d'une femme lumineuse le sang de la vie, le sang de la divinité ?

Pour éclaircir ce motif, faisons appel à Marie-Louise von Franz, une spécialiste de l'interprétation des contes. Elle nous enseigne que les légendes constituent les rêves des peuples et qu'elles disent à la communauté ce qui se passe dans l'inconscient collectif. Elles apportent ainsi ce qui manque à la perspective consciente collective pour être plus globale [1]. Elles « compensent » l'attitude consciente, pour employer un terme que nous avons utilisé plus tôt.

Sous cet angle, la légende du Graal vient dire à la communauté chrétienne occidentale que, malgré ses conquêtes, ce pourquoi elle a combattu lui échappe. Tant que le féminin et les valeurs du cœur ne seront pas intégrés, le Roi-Pêcheur reste impotent, incapable d'accéder au vase même qui le guérirait et dont il est le gardien [2].

Mais quelle est donc l'essence de ce principe féminin que chacun porte en soi ? Cette essence touche d'abord et avant tout à la créativité et à la croissance, car l'enfant se développe dans le corps de la femme. Par extension, elle désigne le monde de l'intuition et de l'imaginaire. Alors que le *logos* (la connaissance) régit le principe masculin, l'essence féminine se trouve guidée par l'*éros* au sens large, c'est-à-dire la capacité d'être en relation. Le principe féminin concerne donc la capacité de valoriser le monde des relations et de lui accorder préséance. Il parle du monde du sentiment que chacun et chacune occulte à sa manière, surtout les hommes, il faut bien le dire. Il parle aussi du corps et de la sexua-

---

[1]. Franz, Marie-Louise von, *L'Interprétation des contes de fées,* Paris, La Fontaine de Pierre, 1980, p. 51-61.

[2]. C'est l'argument central présenté par Marie-Louise von Franz et Emma Jung dans *La Légende du Graal* (Paris, Albin Michel, coll. « Sciences et symboles », 1988). Il s'agit d'un ouvrage fort bien documenté pour ce qui concerne tous les symboles centraux de la légende tels que « le vase du Graal » ou « la lance qui saigne ».

lité. Il désigne l'amour et l'imagination, la fertilité et une relation respectueuse de la terre.

Cette légende possède donc une dimension compensatrice qui nous éclaire sur la nature du problème à ce moment-là de l'histoire. Mais elle possède également un sens prospectif. C'est comme si, huit siècles avant l'an 2000, la légende du Graal avait pressenti ce qui se profilait dans l'histoire et nous en avait fourni une image saisissante. Elle nous disait déjà que nous risquions de rejoindre tous, un jour, le royaume du Roi-Pêcheur. De fait, notre environnement physique et spirituel n'a fait que se détériorer sous l'influence d'une pensée religieuse mâle qui a favorisé l'esprit et l'au-delà aux dépens de l'amour et du respect de la nature ici-bas ; ce qui a permis, par la suite, à une pensée exclusivement économique et statistique de prendre place en se désintéressant des ressources tant humaines que matérielles.

Je ne dis pas cela pour nier l'importance des rapports économiques et des données statistiques. Ces éléments ont leur importance, mais, s'ils occupent toute la place et laissent le reste dans l'ombre, les diverses dimensions de l'être ne sauraient y trouver leur compte.

Nous voici donc, huit siècles plus tard, toujours assis à la table du Roi-Pêcheur. Le décor a beaucoup changé, ce n'est plus le Moyen Âge, c'est le Nouvel Âge, mais rien d'essentiel n'a bougé : toujours le même héroïsme, toujours le même silence, toujours la même sécheresse des cœurs, toujours la même famine spirituelle.

Comme le dit si bien Marie-Louise von Franz, dans une entrevue qu'elle accordait peu avant sa mort : « La culture chrétienne n'a pas pris la matière suffisamment au sérieux, et cela s'applique aussi bien au corps et à la sexualité. [...] Elle [la chrétienté] aidait les gens à mourir mais ne leur disait rien en ce qui concerne la sexualité ou en ce qui concerne la vie dans un corps qui a des besoins physiques [1]. » L'image de Jésus sur la croix symbolise d'ailleurs on ne peut mieux le prix qu'il y aurait à payer pour ces deux mille ans de christianisme : la crucifixion du corps.

Car, même si nous vivons dans un monde matérialiste, il ne s'agit en fait que de la revanche d'une matière trop longtemps dédaignée par un univers religieux qui n'avait en vue que le

---

[1]. « The Geography of the Soul. An interview with Marie-Louise von Franz » *in Touch,* Nashua, Centerpoint, été 1993, p. 10.

monde de l'esprit. La légende du Graal nous présente le cœur comme le point de jonction entre la matière et l'esprit. Préférer l'un à l'autre engage des visions unilatérales qui, tôt ou tard, nous rendent esclaves de ce qui a été rejeté.

Autrement dit, le refoulé a le pouvoir de se présenter à nous sous des formes qui nous fascinent, nous hypnotisent et nous laissent sans défense. Considérez, par exemple, la masse de pornographie qui assaille le monde contemporain, croyez-vous qu'une telle chose serait possible si cet instinct n'avait pas été repoussé par le christianisme ? Certes pas. Le refoulé revient et Vénus, la déesse frustrée, l'envers de la toute pure Vierge Marie, reprend ses droits. Mais sous des formes qui laissent à désirer. La même remarque vaut pour notre fascination à l'égard du confort matériel et des derniers gadgets de la technologie, tout comme elle explique pourquoi tout ce que nous croyons doit maintenant avoir un *imprimatur* scientifique. Après des siècles vécus sous la férule du « Crois ou meurs ! », il était prévisible que les choses s'inversent !

Les années qui viennent nous montreront le fond de notre déveine, entre autres sur le plan environnemental. Tant que nous occulterons le tout en jouant les héros, rien d'essentiel ne pourra se passer puisque, comme le conte nous le dit, le premier mouvement consiste à briser le silence et à nommer ce qui ne va pas. Ainsi le sortilège peut se lever et le chemin de la guérison s'offrir.

Cette guérison commence avec une chose qui s'appelle « l'attention ». Car l'attention crée le monde, du moins le monde conscient. Ce à quoi nous accordons du temps et de l'attention exprime ce que nous valorisons. Et ce que nous valorisons nous répond. Plus nous cultivons l'amour et les relations harmonieuses, plus nous vivons d'amour et de bonnes relations. Plus nous privilégions l'argent et la raison, plus nous avons d'argent et de raison. Bien entendu, ces deux pôles ne s'excluent pas, ils se complètent. Il est pourtant bon de répéter que, lorsque nous négligeons complètement un pôle, nous lui donnons le pouvoir de se retourner contre nous et de nous infliger le coup de javelot fatal, celui qui stoppera notre lancée et nous immobilisera comme le Roi-Pêcheur.

Les caractéristiques de la maladie

La manifestation du « vivant »

Nous venons de voir le sens que nous pouvons dégager d'une légende comme celle du Graal. À cette occasion, nous avons pu ainsi indiquer les aspects compensateur et prospectif des productions de l'inconscient, qu'elles soient individuelles ou collectives. Ces aspects nous renseignent sur ce qui manque à la conscience pour développer une attitude qui respecte la globalité des choses. Ils offrent aussi une direction : l'intégration des dimensions qui ont été refoulées. Venons-en maintenant aux diverses caractéristiques d'une maladie. Nous verrons comment elles invitent notre attention à se porter sur des aspects négligés de notre vie, nous permettant de dégager un sens général avant même que se présentent les malaises.

La maladie n'est pas diabolique en soi, même si elle nous hypnotise, nous paralyse et nous ensorcelle pour un temps. Elle manifeste la force de la vie qui, contrainte et ignorée, se rappelle à notre attention pour que notre vigilance change d'objet, pour que nous trouvions la force de redéfinir notre univers. On peut même considérer la maladie comme un symbole qui exprime la puissance du « vivant ».

J'aime l'expression « le Vivant » que l'on employait pour parler du Christ ressuscité [1]. Je la trouve particulièrement parlante. La maladie manifesterait donc la présence d'une divinité cachée à l'intérieur de la personne. Elle révélerait l'action d'un pouvoir de régénération, d'un pouvoir de résurrection. C'est sans aucun doute ce que voulait me signifier le Dr Alfred Ziegler lorsqu'il m'a déclaré que ma maladie était la partie la plus saine de ma personnalité. Il voulait dire qu'elle témoignait de la présence du vivant en moi, et que ce vivant, dans son essence même, était intelligence créatrice de vie. Il voulait me dire aussi que ce vivant n'avait pas le visage du bon Dieu ni le sens moral des êtres humains : il utilisait la morbidité de la maladie pour s'exprimer.

---

1. Provencher, Normand, *Dieu le Vivant,* Ottawa (Canada), Novalis, 1999, p. 77.

Vue sous cet angle, la maladie devient le théâtre où retentit la parole d'un dieu, d'une essence et d'un cœur que nous avons délaissés. Elle devient le parloir du cœur trahi. Elle ne s'assimile pas à une dent cariée qu'il faut arracher. Elle nous parle de la globalité de notre être ; elle nous parle de notre identité profonde ; elle nous parle du vivant en nous.

Si nous prenons au sérieux cette proposition qui veut que la maladie soit la parole de la santé en nous, qu'elle procède d'une intelligence qui tente de nous renseigner sur nos déséquilibres globaux, il devient intéressant d'en examiner les principales caractéristiques afin de voir si nous ne pourrions pas y trouver des renseignements propices à stimuler notre santé, si nous ne pourrions pas, au fond, en déduire des règles de vie. Il s'agit, en somme, des points sur lesquels nous devons exercer l'attention dont nous parlions plus haut.

1) Vivacité, spontanéité et perte de contrôle

Le premier aspect de la maladie concerne sa spontanéité, sa vivacité et son caractère « incontrôlable ». Cela est si vrai qu'il est même difficile de prévoir le cours d'une simple grippe. Comment apprendre de cette caractéristique si ce n'est en cultivant, dans notre vie consciente, une attitude d'ouverture et d'abandon ? Le zen parle même de la culture d'un « esprit de débutant » (*beginner's mind*), le débutant étant celui qui découvre comme s'il s'agissait de la première fois, permettant à son regard de se renouveler sans cesse. La vivacité de la maladie nous invite aussi à faire en sorte de préserver notre vitalité, et pour cela nous devons tenter de réduire l'influence de ce qui l'éteint, l'alourdit et la mortifie.

Dans sa méthode de guérison en écho, le Dr Jean-Charles Crombez tente de respecter l'intelligence intrinsèque de la maladie et son côté spontané et inattendu, en stimulant à nouveau ces caractéristiques chez l'individu malade. Il nous donne l'exemple d'une détente physique. Il veille, dans ses consignes, nous dit-il, à ne pas proposer, comme cela se fait habituellement, un ordre de relaxation du genre « portez d'abord votre attention sur votre visage, puis sur vos yeux, etc. ». Il propose plutôt à la personne de se laisser suggérer par son inconscient, ou, si vous aimez mieux, par son intelligence globale, le parcours à suivre. Ainsi la méthode se personnalise et l'individu gagne une plage de liberté

Les leçons du sens

et de spontanéité qui appartenait à la maladie depuis son irruption [1].

2) *Délire et déraillement*

Tout déséquilibre relève du « délire ». Je m'explique. Ce mot nous vient du latin et a pour racine *de lira,* c'est-à-dire « sortie du sillon [2] ». L'anecdote veut que, suivant patiemment leurs bœufs employés pour retourner les champs, les cultivateurs d'antan partaient souvent dans les rêveries qui faisaient que bientôt ils quittaient le sillon bien droit qu'ils étaient en train de tracer. Ceux des champs voisins interpellaient alors le rêveur en lui criant : « *De lira ! De lira !* » afin de le ramener à la réalité.

Ainsi en va-t-il de la maladie qui est d'abord et avant tout dérapage, dysfonctionnement, sortie de la ligne droite, temps perdu, arrêt de la productivité, paresse, rêvasserie. Pour tirer les enseignements de cet aspect de la maladie et ne pas nous en retrouver victime, il s'agit d'aménager des moments dans notre vie où nous lâchons la bride, des moments pendant lesquels nous nous abandonnons à la spontanéité du processus psychique ou physique. Nous nous permettons alors de dérailler et de nous amuser sans trop nous juger.

De tels moments ressemblent à la transposition, au niveau individuel, de la fonction que le carnaval remplit sur le plan collectif. Le carnaval, cette fête sauvage, peut avoir lieu chaque jour, à un moment de chaque jour. Ce temps ne doit servir à rien d'autre. On ne doit rien en attendre de productif, bien qu'il favorise quelque chose d'essentiel : faciliter la communion avec la globalité de ce qui est. Pourtant, s'y livrer avec ce but en tête constitue déjà une récupération du laisser-aller. Il travestit la nature même du lâcher prise.

La paresse est l'art de l'âme. Elle fabrique de la vie intérieure. Nous avons besoin de ne rien faire, de flâner, de badiner, de rêvasser, de suivre l'âme dans ses fantasmes et ses caprices, un peu à la manière d'un enfant qui suit la spontanéité de son jeu pour le simple plaisir de jouer sans même être effleuré par la pensée que ce jeu pourrait servir à autre chose qu'à s'amuser. La santé se trouve ici. Ici renaît le goût de vivre pour le simple plaisir de

---
1. Crombez, Jean-Charles, *La Personne en écho, op. cit.*, p. 25.
2. Robert, Paul, *Petit Robert, op. cit.*, p. 483.

vivre. Ici renaît la célébration de la vie. Ici renaît la spontanéité naturelle et facile.

La négligence de la paresse s'appelle héroïsme, un héroïsme qui possède sa contrepartie néfaste. Les gens qui ne veulent jamais relâcher la tension sont arrêtés par des coups de javelot qui ont pour nom fatigue chronique, *burn out* et épuisement professionnel. L'héroïsme exerce une telle pression sur l'être que celle-ci finit par venir à bout des résistances du héros. La réponse naturelle à un tel stress se nomme « dépression ». Peu importe, d'ailleurs, la manière dont on la nomme pour lui donner quelque noblesse, il s'agit toujours de cette bonne vieille dépression qui nous rappelle que nous ne sommes pas des machines.

J'ai animé, il y a quelques années, un séminaire destiné exclusivement à des médecins. Il s'intitulait « Prisonniers de l'héroïsme ». En cours de route, l'un d'entre eux a témoigné d'une façon qui éclaire bien ce propos, car les médecins constituent les héros de notre culture. Il déclarait : « Lorsque tu es médecin, tu te défonces pour gagner la considération de tes collègues parce que au fond tu caches un grand besoin d'être aimé. Plus tu manques de confiance en toi, plus tu cherches à être performant, et plus tu cherches à être performant, plus tu risques de t'écrouler. »

La maladie terrasse notre identification si chère à l'archétype du héros. Nous devons alors descendre de cheval pour adopter un point de vue plus juste par rapport à la réalité. Non pas pour nous retrouver humilié et handicapé, mais pour que notre puissance repose sur les forces réelles de la vie.

3) *Mise en échec du moi et perte de la face*

La maladie nous rend un grand service. Elle nous fait perdre la face et nous force à abandonner notre identification à ce que Jung appelle la *persona*. Ce mot vient du grec et se réfère au masque que portait l'acteur pour faire résonner sa voix au théâtre. Il s'agit du masque que nous arborons pour jouer notre rôle sur la scène du monde. Il nous sert de pont entre ce que nous sommes dans l'intimité et le monde extérieur. C'est une sorte de compromis entre ce que nous sommes vraiment et ce que les autres attendent de nous.

Or, nous devenons souvent la proie de notre *persona*. Alors, nous n'arrivons plus à distinguer ce qui appartient à notre personnalité réelle de ce qui appartient à notre personnalité de surface.

Les leçons du sens

Ainsi en est-il du professeur qui s'identifie à sa connaissance et joue à celui qui en sait plus que quiconque sur tout. Ou encore de la mère qui s'identifie à son rôle maternel et oublie qu'elle est d'abord et avant tout une femme. Et ainsi de suite.

La maladie vient remettre tout cela en question. Elle met le moi en échec et le place devant sa vulnérabilité et sa dépendance de base, à des milliers de lieues de l'autosuffisance qu'il affiche ordinairement. L'être montre alors une sensibilité à fleur de peau qu'il ne prend plus la peine de cacher aux autres ni à lui-même. Il se fait malgré lui transparent à ses états intérieurs. Sa tyrannie cachée ou sa bonté naturelle ressortent alors spontanément, parfois les deux en même temps.

Lorsqu'une personne est malade et qu'elle mobilise son énergie en vue de la guérison, elle ne peut plus se prêter au jeu de la *persona*. L'être qui souffre a alors l'impression de revivre des états qu'il a vécus antérieurement. Il a même parfois le sentiment de régresser à l'état de bébé. Voilà précisément le but de l'exercice, puisque la personnalité intérieure, qui a été négligée au profit de la personnalité extérieure, reprend ses droits brutalement et met l'individu en face de ce qui, du passé, doit être réglé afin de parvenir à une adaptation qui tienne compte autant de l'intérieur que de l'extérieur, autant du monde psychologique que du monde physique.

La culture d'une vie intérieure, qui nous garde conscient de nos faiblesses réelles, de nos limites et de notre interdépendance fondamentale vis-à-vis des autres, constitue sans doute la meilleure prévention si nous voulons éviter les mises en échec humiliantes qui se produisent avec la maladie. Lorsque nous restons proche de notre sensibilité, lorsque nous permettons à ces moments de vulnérabilité intérieure de nous toucher quand nous sommes en bonne santé, nous ne risquons plus de perdre notre *persona,* car cette dernière reflète alors une partie de notre véritable individualité.

À cet effet, Jung nous enseigne d'ailleurs que, si nous avons une personnalité tournée vers le monde extérieur, nous en avons une autre tournée, elle, vers l'inconscient, laquelle se situe dans un rapport compensatoire avec notre personnalité extérieure. Il lui a donné le nom d'*animus* pour les femmes et d'*anima* pour les hommes. La plupart du temps, nous demeurons inconscient de cette personnalité intime et nous la projetons sur notre compagne ou notre compagnon de vie. Ainsi, le jeune homme à la *persona* douceureuse possédera une *anima* dominatrice qui pourra même être brutale et il sera attiré par des femmes de tête. Lorsqu'il sera malade, cette seconde personnalité pourra surgir des profondeurs. Il pourra alors la rencontrer, la reconnaître et lui accorder plus de place dans la vie consciente. À l'inverse, une femme tranchante et froide pourra posséder un *animus* doux et fervent qui ressortira lorsqu'elle se retrouvera en situation de crise et qui lui permettra d'atteindre un autre aspect d'elle-même.

4) *Mortification et souffrance*

Comme chacun sait, la maladie ne constitue pas une partie de plaisir, bien au contraire ! Elle amène avec elle tourments et souffrances. Cela veut-il dire que, pour en sortir, il faille transporter une partie de ces tourments et de ces souffrances dans la vie en bonne santé ? Précisément, mais différemment, bien entendu.

L'autre jour, en suivant un cours de tai-chi, je réalisai tout à coup que cela me demandait un effort tout à fait désagréable. Cette attention à tant de détails de postures pour vaincre les mauvaises habitudes de mon corps et l'humiliation ressentie à chaque minute devant mon professeur en raison de mes déséquilibres se résumaient en seul mot : l'enfer. Non seulement je consentais à la torture, mais je me l'infligeais moi-même ! Pur masochisme ? Pas vraiment. Cette mortification acceptée constitue à mon avis un juste contrepoint à la mortification ressentie involontairement dans la maladie. En me prêtant à ce rituel qui exige de moi tant d'efforts, en m'avançant volontairement dans cette souffrance, j'éloigne en fait les chances de rechute.

Le grand avantage de cette position réside dans le fait que, lors de mon exercice de tai-chi, j'ai un choix que je n'ai pas lorsque je suis malade : il se passe dans un temps limité que j'ai déterminé à l'avance. Autrement dit, je sais à quelle heure l'enfer commence et à quelle heure il finit, ce qui n'est pas le cas lorsque je souffre d'une affection quelconque. D'autant plus que le tai-chi me procure également de précieux moments de plaisir et de présence à moi-même. Quand je m'exerce, j'éprouve souvent le contentement de faire quelque chose par moi-même pour entretenir mon terrain physiologique et mental au lieu d'être bêtement à la merci des médicaments.

5) Répétition morbide des symptômes

L'aspect ritualiste des symptômes est lui-même à prendre en considération, car, bien souvent, la maladie, la migraine, la dépression, la folie, les obsessions possèdent un aspect répétitif. Le rituel de la maladie est morbide et une partie de sa répétition semble folle et insensée. Il en est ainsi, par exemple, lorsque vous devez aller continuellement aux toilettes ou prendre des médicaments à des heures précises.

Quand il s'agit de la répétition de mantras, de prostrations, de routines d'arts martiaux, de méditations, de l'administration de soins particuliers, les efforts consentis ont au moins un sens et une direction. D'autant plus que s'il est désagréable de les faire et de les répéter, à mesure que les effets positifs se ressentent, l'effort fait peu à peu place au plaisir. La souffrance existe éternellement, mieux vaut l'affronter en posant les termes de la rencontre. Car le bien-être existe éternellement lui aussi.

Pour ma part, j'ai toujours eu de la difficulté avec l'aspect répétitif et routinier des rituels. Je m'en ouvrais d'ailleurs à un maître tibétain dans un rêve après avoir suivi une retraite d'une semaine sous sa direction dans la vie réelle. Dans mon rêve je lui disais que je retenais certaines techniques de méditation mais que toutes ces récitations de mantras obséquieuses et cérémonieuses ne me convenaient pas du tout. Il me regarda des pieds à la tête, puis, posant ses yeux sur mon ventre malade, il me dit : « C'est tout un rituel qui se déroule là en bas ! » Je compris le message très vite. On combat le feu par le feu. Pour venir à bout des rituels inconscients de notre vie, il faut les remplacer par des rituels et des pratiques conscientes qui alimentent le processus vital au lieu de le détruire. En ce sens, la discipline constitue un véritable cadeau que l'être se fait à lui-même, le cadeau de la santé, le cadeau d'un épanouissement quotidien dans le sens de l'unité de base.

6) Immobilisme forcé

La maladie nous force à lâcher prise et à ne rien faire – des positions que nous éprouvons alors cruellement. Pourtant, lors d'une expérience d'éveil comme j'en ai connu une, la révélation la plus terrible est qu'il n'y a rien à faire pour l'obtenir. Il s'agit simplement d'être à l'écoute du mystère qui nous entoure. Il s'agit d'être à l'écoute sans la tension d'être à l'écoute, en quelque sorte.

La guérison du cœur

L'expression « devenir présent au mystère » sonnerait plus juste. Et la condition principale pour devenir présent au mystère consiste à être vide de soi-même et de toute préoccupation. « Être vide » constitue d'ailleurs le trait principal que l'anthropologue Carlos Castaneda attribue au sorcier yaqui Juan Matus qui lui sert d'initiateur [1].

La maladie et la proximité de la mort obligent parfois à cette forme de « lâcher prise ». Lorsque l'on n'a plus la force de penser, on devient automatiquement présent à ce qui est. On tombe dans « ce qui est », pour ainsi dire. On tombe dans ce qui est toujours et sans cesse, et qui demeure inexplicable. On tombe dans ce que l'on peut éprouver mais qu'on ne peut prouver.

Le philosophe Wittgenstein résume bien cette expérience, lorsqu'il dit : « Le mystique, ce n'est pas le "comment" de l'existence du monde, mais le fait qu'il existe. » L'éveil à cette présence du monde satisfait pleinement. Voilà le mystère et l'essence de la réalisation de soi. Il devient alors évident, pour quelques secondes à la fois, que chaque objet du monde contient le monde entier, que chaque seconde contient l'éternité. On s'émerveille de choses simples mais extraordinaires comme le fait que deux corps que l'on frappe ensemble produisent un son ou que la pluie se transforme en neige.

Pour pouvoir s'émerveiller de cela, il faut trouver le temps de ne rien faire. Il ne s'agit pas de souhaiter qu'il fasse absolument soleil ce jour-là. Il s'agit plutôt de prendre le jour comme il est et d'en jouir jusqu'à se reconnaître comme étant de la même essence que lui. En un mot, il s'agit d'entrer dans un espace de contemplation où l'on se rend disponible au réel. Pour y arriver, aménager chaque jour un temps où peut prendre place cette quête intérieure est une façon de faire indispensable. Ce temps d'écoute est différent de la réflexion profonde ou méditative. Il s'agit ici de se laisser pénétrer par ce qui nous entoure en y étant de plus en plus présent, sans autre prétention que de le goûter et de s'y unir.

7) *Présence et peur de la mort*

Derrière la plupart des angoisses humaines se profile la peur de la mort. Une simple fièvre peut nous déstabiliser au point que naîtront en nous des fantasmes mortifères. Il s'agit en quelque sorte

---

1. Castaneda, Carlos, *The Active Side of Infinity*, New York, Harper Collins Publishers, 1998.

Les leçons du sens

d'une forme de retour du refoulé, car il est pénible pour chacun de se rappeler qu'il est mortel. Aussitôt qu'un mal favorise le relâchement des mécanismes de défense du moi, la pensée de la mort surgit.

Pour que l'être ne se maintienne pas dans ce niveau d'irréalité qui lui fait nier un aspect fondamental de la vie, la plupart des religions ont proposé ce que je qualifierais de « pratique de la mort ». Cette pratique me semble un élément inhérent au maintien de la santé. Les sages disent d'ailleurs que la mort est le seul point de vue possible pour la méditation. Cela signifie que seule la conscience de la finitude permet de se libérer de la finitude. En somme, la conscience de la mort incite à une présence accrue à la vie, souligne l'importance des choix et encourage à ne tenir compte que de l'essentiel.

Nous n'emporterons rien avec nous lorsque nous mourrons, ni argent, ni honneurs, ni passions. Nous mourrons seul, nu, face à nous-même. La pratique de la mort consiste en la pratique au quotidien de ce face à face avec soi, un face à face sans fard qui permet de prendre conscience des ombres et des mouvements de fond. Elle nous rappelle également l'importance des moments de retraite et de recueillement qui existent dans la plupart des religions.

La pratique de la mort encourage également à faire le deuil des attentes irréalistes. Il n'y a pas de parents idéaux qui viendront combler nos manques. Nul partenaire ne pourra le faire non plus. Chacun de nous est pleinement responsable de la façon dont il vit et avec laquelle il réagit aux événements. Sur un lit de mort, ce n'est plus la faute des autres. On y comprend, souvent trop tard, que l'on a été l'artisan de sa propre souffrance depuis fort longtemps, et que personne d'autre n'est responsable du fait que nous n'avons pas vécu et que nous mourons frustré.

Don Juan Matus enseigne à son apprenti, Carlos Castaneda, que la principale différence entre les sorciers et les gens normaux réside dans ce que les premiers savent qu'ils vont mourir alors que les seconds font tout pour l'ignorer, vivant dans la vague illusion de leur immortalité.

Nous sommes des êtres sur le chemin de la mort. Nous ne sommes pas immortels mais nous nous comportons comme si nous l'étions. Tel est le défaut qui nous abat en tant qu'individus et qui nous abattra un jour en tant qu'espèce [1].

---
1. Castaneda, Carlos, *The Active Side Of Infinity*, *op. cit.*, p. 125-126.

La guérison du cœur

Il relate à ce propos une anecdote, qu'il tient de son propre mentor, à propos des empereurs romains : revenus triomphants d'une campagne militaire, ceux-ci, paraît-il, paradaient dans leurs chars en ayant à leur côté un esclave chargé de leur soupirer à l'oreille que tout est transitoire sur cette terre, même la gloire. Les sorciers, conclut-il, ont l'avantage d'avoir toujours quelqu'un qui leur murmure à l'oreille que tout est éphémère. « Celle qui chuchote est la mort, la conseillère infaillible, la seule qui ne vous racontera jamais un mensonge [1] »

Ainsi, le sorcier yaqui fait de la mort sa meilleure alliée, et il répète, toute sa vie durant, une danse à son intention. Lorsque l'heure est venue, il lui dit : « Assieds-toi quelques instants, j'ai préparé une danse pour toi ! » Et il s'exécute devant la mort. Il choisit lui-même le moment où elle pourra le prendre et il meurt ouvert, heureux, offert !

Cette emphase sur la mort ne relève pas du masochisme ou d'un goût prononcé pour le morbide. Bien au contraire, cette attitude témoigne d'un profond réalisme. Les paroles du sorcier rappellent d'ailleurs l'invocation chrétienne : « Homme, tu es poussière et tu retourneras en poussière. » Ou encore la prière bouddhiste qui enseigne que la vie des êtres se compare à celle de bulles qui éclateront un jour. Cette conscience du fait d'être mortel permet de mieux utiliser son temps, de mieux penser, de mieux entretenir la vie et de mieux en jouir. Elle nous aiguillonne aussi pour préparer dès maintenant ce que Don Juan appelle « l'inévitable rendez-vous, le rendez-vous avec l'infinité ».

La familiarité avec la mort dans notre vie quotidienne peut même ouvrir les portes de la liberté : puisque tout se réduit à néant pourquoi ne pas prendre la chance de vivre maintenant ? Paradoxalement, la relation avec notre finitude permet de mordre dans la vie à pleines dents, et d'atteindre des moments d'éternité au cœur du moment présent.

Prendre conscience de soi-même

La maladie parle de nous, elle exprime nos conflits les plus profonds, ceux qui nous ralentissent et nous rapprochent de la

---
1. *Ibid*, p. 127.

mort, ce point d'inertie final. Elle peut nous permettre de prendre conscience de nous-même si nous avons le courage de descendre dans le puits noir et profond. Car, étrangement, on retarde souvent la mort en s'avançant vers elle, c'est-à-dire en allant rencontrer les zones mortes en nous. Il n'est peut-être pas toujours possible de les vivifier, de les ramener à la vie, mais l'exercice a du moins l'avantage de nous mettre en relation avec nous-même et avec l'humanité que nous portons. La constatation de nos souffrances intimes devient alors une façon d'établir un pont vers les autres. Elle ouvre la porte de la compassion au sein de notre imperfection.

De plus, cette descente nous permet de prendre conscience de nous-même, ce qui est vraisemblablement le but de l'exercice. Elle nous oblige à une compréhension de plus en plus large des conditions optimales de notre existence qui culmine dans la réalisation de l'unité fondamentale de notre être sur les plans physique, mental et émotif ainsi que dans la communion de notre individualité avec l'universalité. Alors, nous pouvons dire que notre vie est guérie.

Sous cet angle, la maladie nous parle surtout de santé. Elle nous propose des réajustements à tous les niveaux, car, comme nous l'avons vu, nos habitudes physiques, notre vie spirituelle, psychologique et amoureuse, autant que notre environnement extérieur, contribuent à l'équilibre du terrain que nous sommes.

Pourtant, je dois avouer que, pour moi qui ai dû faire tant de diètes pour retrouver la santé, ce mot conserve quelque chose d'aseptisé qui me déplaît. Tant que j'ai cherché la santé, j'ai peiné en faisant toutes sortes de contorsions et de considérations diététiques et psychologiques. Le jour où j'ai compris qu'il s'agissait de retrouver la « joie de vivre », toute ma perspective a changé.

Aujourd'hui, je commence par là. Devant les signes avant-coureurs d'une crise, avant de modifier ce que je dois manger, je me demande : qu'est-ce qui altère actuellement mon bonheur ? Et je tente de réagir positivement, même si ce n'est pas toujours facile. Cela me rappelle une expression de Claude Sabbah : « Les personnes qui veulent guérir pour guérir ne guérissent pas. Celles qui ont un but, qui aiment et qui veulent encore jouir de la vie arrivent à s'en sortir. »

Terminons ce chapitre avec les mots du bioénergéticien Richard Sünder, car il résume et prolonge tout ce que nous avons dit :

La guérison du cœur

La vie est un trajet qui va de la naissance à la mort et au cours duquel le sujet, qui en est doué, remplit le projet – constitutif de tout sujet – de prendre conscience de lui-même en tant que sujet par rapport aux objets – donc au monde – qui l'entourent. [...] Le fait que le suicide soit finalement l'aveu qu'on a gâché sa vie, sans en réaliser le but – qui vient de la conscience –, introduit aussi l'idée que la maladie n'est peut-être qu'une forme de suicide et, finalement, l'aveu pareil d'un échec de l'esprit à atteindre son objectif à parvenir à la pleine conscience de lui-même [1].

---

1. Richard, Sünder, *Les Cahiers de la bioénergie, op. cit.*, p. 26.

3

LES LEÇONS DE L'ÉPREUVE

Tout ce qui ne nous tue pas nous fait grandir!
Graf Durkeim.

Le sens des épreuves

La culture de la douleur

Mon ami René savait que j'étais en train d'écrire un livre sur la souffrance. De sa voix faible, dans la petite chambre où il allait mourir quelques semaines plus tard, il m'a fait une seule recommandation : « Il faut que tu parles de la douleur, m'a-t-il dit, parce qu'il y a un mensonge. Même une drogue aussi puissante que la morphine ne peut enrayer la douleur. Je la trouve intolérable, la douleur, tant la douleur physique que la douleur psychologique. Je n'étais pas prêt à ce que ma vie finisse si tôt. Je suis triste et je manque de temps pour tout régler. Je manque de temps pour atteindre la sérénité ! »

René vient de mourir d'un cancer à l'âge de quarante-cinq ans. Il n'a cessé de me répéter que son décès était un suicide assisté, parce que, bien avant que le cancer se déclare, il n'avait plus le goût de vivre. Une peine d'amour et la perte d'un emploi étaient venues à bout de son moral. Je me sentais complètement impuissant devant la mort implacable qui le rongeait, jour après jour, depuis bientôt deux ans. Je ne savais que lui tenir la main, à l'occasion, pour le rassurer et lui dire mon amitié. Pour répondre à son souhait, j'ai écrit ce chapitre sur la douleur, l'atroce douleur, qu'un certain nombre de personnes connaissent dans l'épreuve.

La douleur physique ou psychologique est difficilement compréhensible. Sans doute parce qu'elle est difficilement acceptable et difficilement compréhensible. Voilà pourquoi nous allons en parler. Et ce, par le biais de gens qui l'ont connue, qui l'ont côtoyée et qui l'ont dépassée, en partie du moins. Par le biais de témoignages réels de personnes vivantes. La première de ces personnes a été heurtée par une automobile alors qu'elle attendait au coin d'une rue pour traverser. La deuxième a été l'une des seules survivantes d'un crash aérien. La troisième a refusé d'être condamnée à l'immobilité par l'arthrite rhumatoïde et elle parcourt aujourd'hui le monde sur ses deux jambes.

Avant de commencer, je vous propose cependant de faire le point sur la notion de douleur. Je la connais bien, la douleur, elle est une vieille amie, pour ainsi dire. Ce n'est pas pour rien que le slogan de la Fondation canadienne pour les maladies inflammatoires de l'intestin affirme : « La douleur est réelle. » Le pire est que, malgré toutes mes crises de colite, je ne me sens pas plus courageux devant la souffrance physique qu'au tout début. Peut-être même que je l'appréhende davantage parce que je sais maintenant ce qu'elle est. Et puis la fatigue s'en mêle, la fatigue d'être souffrant, sans parler des années qui s'accumulent. De temps à autre, lorsque la maladie pointe à nouveau le bout du nez, j'aurais envie d'en finir. Mais la conviction que j'ai acquise à travers la presque mort que le bonheur est réalisable ici même me garde en vie. Ou peut-être s'agit-il tout simplement de la bonne vieille peur de mourir.

Nous participons à une culture de la douleur. Je veux dire par là que l'histoire de la douleur, dans notre société, relève d'une idéalisation et parfois même d'une glorification de celle-ci. Cette histoire trahit une ambiguïté au sens où l'idée de punition se mêle à l'idée de souffrance. Ainsi, le mot « douleur » se traduit en anglais par le mot *pain* qui, lui, vient du latin *pœna* signifiant « châtiment ». En français, le mot « peine » présente aussi ce double sens : on peut faire de la peine à quelqu'un tout comme on peut lui infliger une peine. Il existe donc, dans notre culture, une association plus ou moins

Les leçons de l'épreuve

inconsciente entre la notion de souffrance et celle de châtiment, un châtiment que l'on considère la plupart du temps comme venant de Dieu et mérité [1].

Pendant longtemps, les religions judéo-chrétiennes ont accordé un aspect « rédempteur » à la souffrance, au point de choisir comme emblème un corps crucifié. À cet égard, n'est-il pas étonnant de constater que, dans la Passion de Jésus, on ait insisté davantage sur la crucifixion que sur la résurrection ? Il n'en va pas de même du bouddhisme, par exemple, qui célèbre l'éveil du Bouddha au pied de son arbre plutôt que ses années d'ascétisme.

Mais l'affaire va plus loin. Lorsque nous abordons le domaine des sévices corporels, flagellations et autres, que l'on proposait jadis aux novices, nous nous retrouvons devant une théologie qui, paradoxalement, prône la recherche du bonheur par un accroissement de souffrance. Ces pratiques visaient le dépassement de la douleur, sa transfiguration.

La société religieuse n'est pas seule en cause, la communauté civile l'est aussi. Le système pénal en entier repose sur l'idée que l'on peut produire un bien en infligeant un mal. Nous pourrions également parler de la longue tradition littéraire qui fait état des plaisirs de la mélancolie et des peines de cœur [2]. Cette littérature a de nos jours été remplacée par les revues pornographiques et les sites Internet où l'on exhibe le plaisir associé à la douleur.

D'un point de vue psychologique, nous pourrions penser que ces façons d'aller « au-devant » de la douleur en l'entretenant, en l'infligeant ou en la subissant, à l'intérieur de ce qui apparaît comme une sorte de jeu ou de rituel, constituent des tentatives pour la dépasser et lui faire perdre son emprise sur le sujet. C'est comme si l'on voulait parer de la sorte à l'imprévisibilité de la souffrance et tenter du même coup d'exorciser les douleurs passées. De la même manière, au sein d'un psychodrame thérapeutique, on aide le patient à rejouer, en les contrôlant, des scènes traumatiques qu'il a subies. Je crois que les rituels sado-masochistes, la complaisance dans la peine ou

---

1. Je tiens cette idée d'un article de Martyne Isabel Forest, « Le mythe de l'objectivité d'un jugement sur la douleur : le droit et la clinique nez à nez ? », *Frontières,* Montréal, Université du Québec, vol. 8, n° 2, automne 1995, p. 12.
2. *Frontières,* p. 26.

encore les flagellations liées à l'« imitation du Christ » revêtent la même fonction.

Selon la juriste et spécialiste en droit éthique Martyne Isabel Forest, la double dimension de la souffrance explique que nos sociétés occidentales modernes demeurent ambivalentes face au soulagement de la douleur. Le silence qui entoure cette question dans tous les champs de connaissance, y compris celui de la médecine, lui paraît significatif. Des problèmes surgissent quotidiennement en milieu hospitalier lorsqu'il est question de réduire la souffrance physique et morale d'un patient par des drogues comme la morphine. Selon des données de recherche actuelles, seulement 40 % des douleurs ressenties par les patients sont soulagées alors que l'état de nos connaissances médicales permettrait de soulager de 80 % à 95 % de celles-ci [1].

Mme Forest sait ce dont elle parle puisque son fils est atteint de leucémie. Non seulement elle accompagne son enfant dans la douleur, mais elle connaît aussi la souffrance du parent depuis des années. Elle s'en est ouverte dans un article où elle écrit qu'à son désarroi et à son angoisse s'ajoute un cruel sentiment d'exclusion – « comme si la maladie grave d'un enfant était contagieuse ou scandaleuse, comme s'il ne pouvait s'agir que de la punition divine d'une négligence commise par les parents [2] », dit-elle.

Elle se demande si les perceptions dominantes des médecins et de leurs équipes ne sont pas biaisées : « ...L'expérience de la douleur est considérée, plus ou moins consciemment, comme l'occasion de grandir et de décupler sa créativité, ou, enfin, l'habitude consiste surtout à interpréter de façon psychologique tout signe de détresse en oubliant la réalité du corps malade [3]. »

Je dois avouer que la façon dont Mme Forest s'interroge sur l'attitude des soignants m'interpelle. En écrivant ce livre sur le sens de la souffrance, ne serais-je pas en train, bien malgré moi, de supposer des bienfaits à cette souffrance ? Je ne le crois pas, mais je tiens tout de même à préciser mon point de vue. Je ne vois pas la souffrance comme une punition divine, pas plus que je ne lui accorde de valeur rédemptrice. En tant que psychothérapeute, je

---

1. *Frontières*.
2. Voir l'article de Martyne Isabel Forest, « Face au cancer de son enfant, histoire d'une souffrance », *L'Espoir. Le bulletin de Leucan, l'Association pour les enfants atteints de cancer,* Montréal, Leucan, vol. 21, n° 3, automne 1999, p. 4-7.
3. *Ibid*, p. 6.

ne désire pas que les personnes souffrent ; bien au contraire, je consacre ma vie à m'arranger pour qu'il n'en soit pas ainsi. La souffrance ne m'apparaît souhaitable d'aucune façon. Cela dit, lorsqu'elle se présente d'emblée, mon travail consiste à faire en sorte que l'individu souffrant tente d'en tirer un sens afin que ce qu'il vit ne demeure pas absurde et stérile.

Je conçois la souffrance comme le signe naturel d'un déséquilibre qui peut renseigner le sujet par rapport à la réalité globale de son être et de son fonctionnement. Cependant, psychologiquement parlant, j'estime que la riche somme d'informations que la douleur transmet ne peut devenir bénéfique pour l'individu qu'à partir du moment où ce dernier est en mesure de dégager un espace intérieur pour la recevoir et dialoguer avec elle. Moi qui sais que l'on peut perdre son identité dans la souffrance, je sais aussi que son intensité est parfois telle que l'on ne peut pas aménager cet espace de dialogue. Il faut alors alléger la douleur à tout prix, si cela est possible, car, si la souffrance peut aider à se découvrir, elle peut aussi complètement désorganiser intérieurement.

Psychologiquement parlant toujours, il existe donc un espace intermédiaire entre l'oblitération pure et simple de la souffrance et sa glorification. Il s'agit d'un espace de relation avec celle-ci. L'enjeu central ne réside pas dans la souffrance elle-même ni dans son intensité, mais dans l'acceptation d'un questionnement par rapport à ce que l'on ressent.

Bien entendu, rien ne peut empêcher un individu de recourir à une médication pour étouffer tout malaise dès qu'il apparaît, ou de noyer peines et angoisses dans l'alcool ou toute autre forme de dépendance. Mais, s'il agit ainsi, il risque de faire échouer la possibilité d'un retour sur lui-même.

Même au moment où la souffrance, parce qu'elle est intolérable, appelle le déni, il est possible de rester vigilant à ce que l'on traverse pour que puisse reprendre le questionnement lorsque la souffrance sera devenue plus tolérable. La bienveillance envers soi est de toute façon essentielle dans les moments difficiles, d'autant que les jugements négatifs et haineux que l'on porte sur soi ne sont jamais loin dans ces cas-là. Or, la culpabilité que de tels jugements provoquent empêche souvent la réflexion psychologique.

Cela veut-il dire que l'on ne peut alléger ses souffrances par la médication sans courir le risque de passer à côté de soi ?

La guérison du cœur

Lorsqu'un patient très déprimé me consultait, je l'encourageais à prendre un antidépresseur léger qui améliore l'humeur afin qu'il soit en mesure de soutenir le travail psychothérapeutique. Autrement dit, si l'on a mal à la tête au point que l'on ne peut plus faire son travail, admirer la beauté de ce qui nous entoure ou être en rapport avec soi, il est préférable de prendre quelques aspirines plutôt que de gâcher sa journée. L'allégement de la douleur n'empêche en rien de s'interroger sur l'origine d'un malaise et d'en apprendre quelque chose.

J'aimerais d'ailleurs préciser, au passage, que l'apprentissage en question ne se situe pas toujours du côté psychologique ; il peut concerner une émotion refoulée, mais il peut tout aussi bien se rapporter à une mauvaise digestion due à la consommation d'aliments gras ou à une vie trop sédentaire. Nous vivons dans un corps et ce que nous apprenons sur le plan physique est tout aussi fondamental que ce que nous apprenons au niveau psychologique.

Pour ma part, si je me trouve à l'orée d'une nouvelle crise, bien que j'aie tenté une prise de conscience et pratiqué des interventions douces, je recours aux médicaments, même s'ils sont lourds. Je ne vois pas l'intérêt de repasser par où je suis déjà passé. Bien sûr, j'ai connu l'extase, mais je veux veiller maintenant à la qualité de chacune de mes journées et non pas uniquement à la qualité de ma mort. Autrement dit, je ne peux plus me faire mal, je ne peux plus me laisser aller à ce point-là.

Je ressens toujours énormément de détresse lorsque les symptômes réapparaissent. Les tensions dans mon ventre et les saignements me bouleversent. J'interviens, dans un premier temps, de façon physique, par des méthodes naturelles comme la relaxation, la méditation, les exercices corporels, les suppléments alimentaires et une diète appropriée. J'entreprends en même temps un travail de réflexion psychologique, et il est bien rare que je ne trouve pas de causes dans mon état émotif du moment. Si les symptômes empirent, je prends des anti-inflammatoires ; s'il y a aggravation soudaine, j'ai recours à la cortisone.

Je ne peux m'empêcher de vivre chaque étape de cette descente comme un échec de plus, et j'éprouve une profonde tristesse de ne pas me sentir plus avancé sur le chemin de ma guérison. Mais il s'agit de ma réalité, j'en suis là, je dois m'accepter dans ce processus. Je prends mes médicaments, car je considère que, si je vais encore plus mal, je n'aurai même plus le loisir de « travail-

Les leçons de l'épreuve

ler » avec cette tristesse pour lui permettre de m'enseigner quelque chose sur moi-même et sur les façons de guérir.

J'avais besoin de présenter mon point de vue avant d'en venir à quelques témoignages de personnes pour lesquelles la douleur physique et morale a joué un grand rôle. À travers de douloureuses épreuves, les gens dont je vais vous parler ont trouvé un chemin de vie. Ils ont pu développer l'espace intérieur nécessaire pour composer avec leurs malaises. Leurs témoignages peuvent nous servir de phares, mais, s'ils nous écrasent moralement, je considérerai que l'opération est ratée. En ce qui concerne la souffrance, la ligne du tolérable ou celle de l'intolérable appartiennent à chacun et il n'y a pas lieu de les discuter ou de les comparer. Qui peut prédire les extrêmes que chacun de nous doit connaître, dans l'excès ou dans l'ennui, pour parvenir à être lui-même ?

Qu'est-ce que la « synchronicité » ?

Pour discuter du sens des épreuves, un concept va nous aider. Il exprime l'hypothèse d'un lien entre le monde extérieur et le monde intérieur. Ce concept a été proposé par le psychanalyste Carl Gustav Jung qui tentait d'expliquer ce que l'on appelle le hasard. Jung l'emploie pour parler de coïncidences étonnantes existant entre le monde intérieur subjectif et le monde extérieur objectif. Il a donné le nom de « synchronicité » à ce principe qui lie des phénomènes semblant se correspondre les uns les autres sans pour autant répondre à des relations de cause à effet. L'individu les ressent comme des « coïncidences significatives ».

L'idée en est venue à Jung en 1910, lors de ses conversations avec Albert Einstein, qui enseignait alors à Zurich. Il devait la développer trente ans plus tard en relation avec un autre physicien du nom de Wolfgang Pauli [1]. La loi naturelle de notre monde

---

1. Jung, Carl Gustav, « Synchronicity. A Causal Connecting Principle », *The Collected Works of C. G. Jung, op. cit.*, vol. 8. La démarche de Jung par rapport à cette question est complexe et fascinante. Il tente d'établir que, d'un point de vue statistique, certaines synchronicités mettent en échec la loi des probabilités. Pour cela, il utilise des protocoles d'astrologie. Puisque, pour lui, la question d'une influence réelle des astres sur la psychologie des individus ne saurait se poser, il note l'adéquation que voient un certain nombre de personnes entre leur carte du ciel et leur caractère comme une synchronicité, et il tente d'en dresser un modèle statistique pour démontrer son point de vue. Un bel exemple de rigueur et/ou de folie scientifique.

La guérison du cœur

réside dans la « causalité ». Or, dans sa théorie de la relativité, Einstein explique que les notions d'espace et de temps dans lesquelles nous vivons sont relatives, ce qui remet en question les liens de cause à effet puisque la causalité repose sur l'idée d'une succession d'événements dans le temps : une cause et, subséquemment, un effet.

La loi de causalité fonctionne à merveille pour ce qui concerne le monde macroscopique à propos duquel elle permet d'établir des vérités statistiques solides. Cependant, lorsque nous pénétrons dans l'univers microscopique, les prévisions échappent parfois aux statistiques. À tel point que nous devons aujourd'hui en appeler à une autre physique, la physique quantique, pour expliquer, par exemple, qu'un électron est à la fois une particule et une onde.

Jung considérait qu'il existe quelque chose d'encore plus difficile à voir et à quantifier que l'extrêmement petit : le monde psychique, qui se décrit mieux en termes de charges énergétiques qu'en termes de particules de matière. Ainsi, lorsque vous bouillez de colère, vous dégagez chaleur et énergie. Il s'agit là d'un phénomène réellement physique qui possède une charge, mais cette charge s'apparente plus à une onde qu'à des particules. La relativité introduite par Einstein a donc permis à Jung de penser que parallèlement à la causalité, et à la finalité qui en est le contrepoids obligé, il pouvait y avoir d'autres façons de donner un sens à ce qui nous arrive. C'est ainsi qu'il en est venu à proposer le principe de synchronicité.

Comment, par exemple, rendre intelligible le fait que l'on rêve d'une personne que l'on n'a pas vue depuis des années et que l'on reçoive une lettre ou un appel téléphonique de cette personne le lendemain du rêve ? Comment expliquer un tel « hasard », qui répond mieux à une formulation du type « au moment où/alors » qu'à une du type « parce que ceci/il arrive cela » ? Ce n'est pas parce que je rêve d'Alice que je trouve une lettre d'elle dans ma boîte aux lettres, mais je peux constater qu'au moment où je rêve d'Alice il y a une lettre d'elle dans ma boîte.

Autres exemples : vous tirez une carte de tarot et vous vous reconnaissez dans la lecture du texte qui y est associé – comment se fait-il que ce texte fasse du sens pour vous ? Vous entrez dans une librairie et mettez la main sur un livre qui répond à votre questionnement du moment ; de quoi cette coïncidence procède-t-elle ?

Les leçons de l'épreuve

Elle procède d'une explication du type « *au moment où* je me sens de telle façon, *alors* le hasard fait que je tire telle carte ou que je tombe sur tel livre qui éclaire ma situation ».

On peut être surpris qu'un psychiatre tel que Jung ait pu accorder de l'attention à des phénomènes qui semblent davantage relever de la magie que de la psychologie, cependant lorsqu'on travaille comme thérapeute, l'on voit se produire nombre d'événements de ce genre. À mesure que nos patients se transforment, on dirait que l'univers extérieur répond aux nouvelles dimensions qu'ils explorent. On ne peut pourtant établir de liens de cause à effet objectifs, seulement constater des simultanéités qui produisent du sens. Ainsi, après avoir vécu dix ans dans un désert affectif, l'un de mes patients a rencontré une femme, précisément quand il a commencé à découvrir sa propre sensibilité et à se défaire d'un complexe maternel dévastateur.

Nous avons tous fait, à un moment où à un autre, l'expérience de coïncidences étonnantes qui ont frappé notre imagination. La synchronicité tente de rendre compte de ces phénomènes. Vous ouvrez, par exemple, votre dictionnaire et tombez exactement sur le mot que vous cherchez – vous êtes interloqués. C'est comme un clin d'œil du destin, comme si l'univers accompagnait votre démarche. Cette coïncidence peut même revêtir une grande signification pour vous et vous rassurer par rapport aux liens mystérieux qui existent entre votre monde intérieur et le monde extérieur. C'est à partir de telles observations que Jung s'est mis à spéculer sur l'existence d'un « monde un » dont l'esprit et la matière ne seraient que des faces différentes.

Longtemps, mystiques et alchimistes ont fait mention de ce monde qui ne répondrait pas à la logique habituelle des relations de cause à effet démontrables, mais qui ferait appel à une autre sorte de logique que l'on pourrait qualifier d'« analogique ». Ces résonances parfois perceptibles entre l'extérieur et l'intérieur présupposent la réalité d'un univers dégagé des balises habituelles de la loi de causalité.

Pour leur part, les Chinois, qui possèdent une tradition d'observation scientifique beaucoup plus longue que la nôtre, font référence à la notion de « moment global ». Ils signifient par là que les fragments d'un même moment ont des répercussions les uns sur les autres. Ils expliquent ainsi que, si vous consultez un ouvrage de divination, vous tirez la carte ou l'hexagramme qui correspond à votre état psychique : toutes les coïncidences sont liées de façon « a-causale » dans la globalité du moment.

La recherche du sens des phénomènes nous fait découvrir que la lunette des enchaînements de cause à effet ne constitue qu'une façon de regarder la réalité. Sans minimiser ce point de vue, on peut adopter une autre manière d'observer ce qui nous entoure. Le monde des synchronicités complète l'univers des relations de cause à effet et nous permet d'entrer dans le monde des simultanéités.

Nous sommes plus sensible au monde des synchronicités lorsque nous sommes en phase créatrice. Nous assistons alors à des coïncidences surprenantes. Cela est dû au fait qu'en créant nous sommes plus ouvert. Les relations entre le conscient et l'inconscient deviennent alors plus riches parce que les frontières qui les séparent habituellement se font plus floues. Il est captivant de s'ouvrir au monde des simultanéités et de noter les correspondances apparemment illogiques qui existent entre nos états intérieurs et ce qui nous arrive dans le monde extérieur.

La fascination pour les coïncidences significatives présente tout de même un danger. On peut partir à la chasse aux synchronicités et devenir ainsi le jouet de sa propre imagination. Le jeu se trouve alors faussé. Il est plus sage, quand on observe un phénomène, de commencer par établir le plus possible de liens de nature causale. La relation apparemment illogique qui révèle un sens s'imposant comme une évidence à la pensée et au sentiment, n'est à considérer que lorsqu'elle émerge spontanément et qu'elle opère un renouvellement des forces vives. Sinon, il s'agit d'une manipulation mentale qui ne régénère pas l'individu.

Une rencontre opportune

À la terrasse d'un café

Permettez-moi d'entrer dans le sujet de ce chapitre en vous racontant une synchronicité que j'ai vécue lorsque j'écrivais cet ouvrage. Un jour, fatigué de travailler à mon bureau, je vais m'installer à la terrasse d'un café de mon quartier. Je relis mes

Les leçons de l'épreuve

notes en attendant mon repas. Il me vient alors à l'esprit que je n'ai pas vu depuis longtemps, un type que j'y côtoie régulièrement. Il est employé dans une entreprise où il est en charge d'un service de distribution par téléphone. Il s'appelle Serge. Nous ne nous connaissons pas vraiment, mais il s'intéresse à ce que je fais.

À mon grand étonnement, je le vois passer sur le trottoir quelques minutes plus tard à peine. Il s'approche de ma table, me demande s'il peut s'asseoir quelques instants et ce que je suis en train de faire. Je lui dis que j'écris un nouveau livre qui a pour thème le sens de la souffrance. Visiblement, le sujet l'intéresse. La souffrance, il connaît. Il se met alors à me raconter le drame de sa vie.

L'homme qui me parle est âgé d'environ cinquante ans. Il est trapu et porte une barbe grisonnante. Bien que cela ne soit pas évident au premier abord, sa démarche trahit certaines déformations physiques. Il me raconte tout d'abord qu'il a mené, jusqu'à il y a environ cinq ans, une vie très active, portée par l'ambition. Sa carrière l'a tour à tour conduit à être professeur, musicien, propriétaire de bars, puis à posséder un café. Ensuite, il fut représentant pour la compagnie Xerox, un emploi qui lui rapportait à l'époque cinquante mille dollars l'an, salaire qui était assorti d'un généreux compte de dépenses.

Sa vie a radicalement changé le jour où une automobile l'a happé alors qu'il attendait paisiblement au coin d'une rue pour traverser. Il y avait du verglas sur la chaussée et l'automobiliste qui l'a frappé avait perdu le contrôle de son véhicule. Cela s'est passé au milieu de l'après-midi, en plein centre-ville. Résultat : deux traumatismes crâniens sévères, sept fractures dans différentes parties du corps et un diagnostic de semi-paralysie définitive.

Serge a passé neuf jours dans le coma. Son hospitalisation a duré un an et demi, et la physiothérapie deux ans. Sa vie n'a jamais pu redevenir ce qu'elle était. La diminution physique et la perte d'une certaine vivacité d'esprit en sont les causes majeures. Pour ce qui est de la paralysie, elle n'affecte plus que de petites parties de son corps.

Le retour à la santé a cependant représenté un dur combat. Comme Serge le dit lui-même, il doit sa survie à une discipline de fer. Au sortir du coma, il n'avait qu'une idée en tête : se suicider. Puis quelque chose au fond de lui a décidé de réagir, et il a entrepris la bataille. À mesure qu'il me parle, je sens la détermination intérieure de cet homme qui a refusé la fatalité. Après avoir quitté l'hôpital, il pouvait à peine parler français. Aujourd'hui, il me dit fièrement qu'il maîtrise de nouveau sa deuxième langue, qui est l'anglais, et qu'il suit des cours pour réactiver la troisième, qui est l'espagnol. La quatrième est au programme des années qui viennent...

Il a également refusé le confort d'une rente à vie offerte par la Société d'Assurance automobile du Québec (SAAQ) parce qu'il n'arrivait pas à accepter l'idée d'être handicapé à vie. Il s'est donc trouvé ce petit boulot qui l'occupe vingt heures par semaine. Cela lui suffit amplement pour le moment. Il m'exprime même toute sa gratitude envers le patron de l'établissement qui a accepté d'embaucher quelqu'un qui était diminué physiquement. « C'est un job dans une petite entreprise, mais j'ai la fierté d'être encore actif ! » me dit-il en souriant.

Un accident qui délivre

Serge établit lui-même un lien entre cet événement tragique et le contexte global dans lequel il s'est produit. Pensant à sa négligence d'alors vis-à-vis de ses proches, il m'avoue qu'il y a plein de choses qu'il ne referait pas de la même façon. Au moment où il a été heurté par l'automobile, il était divorcé depuis trois ans et il voyait peu ses enfants.

Au sortir du coma, il s'est retrouvé sans revenu et sans foyer. Mais aujourd'hui, s'il n'a plus d'argent, il est riche de temps, affirme-t-il. Il a retrouvé l'amour de ses enfants et il a tout le loisir souhaité pour parler avec eux des petites et des grandes choses de la vie. Il a ainsi découvert la joie d'écouter. Je constate qu'il est devenu une sorte de philosophe ambulant à qui les gens confient leurs malheurs quotidiens. Il ajoute que, pour lui, le bonheur consiste maintenant à se lever à 6 h 30 du matin, à prendre sa douche et à se rendre au travail pour « être utile », me précise-t-il. Il faut sans doute avoir risqué de perdre définitivement ces plaisirs, que nous prenons pour acquis, pour pouvoir les apprécier avec autant d'intensité que Serge.

Je l'écoute attentivement et je suis tout ému par l'humilité de l'homme qui se tient devant moi. Il n'arrête pas de me répéter qu'il trouve sa joie dans les petites choses, en vivant au jour le jour, minute après minute. Il semble presque gêné de sa confession et du bonheur simple qu'il a trouvé, peut-être parce qu'il s'imagine que mon existence est remplie de grandes joies. Il ne sait pas le cadeau qu'il est en train de me faire en m'enseignant la vie à partir de son expérience.

L'accident de Serge l'a délivré d'une vie de nouveau riche centrée sur l'argent. Ses collègues d'alors ne le reconnaissent plus, mais ça ne le dérange pas. Il voit son ex-femme et il est souvent avec ses enfants, et, surtout, il s'est trouvé lui-même. Manifestement, son courage et sa volonté lui ont permis d'intégrer cette souffrance. Je suis touché par son histoire, par la synchronicité de cet accident qui s'est produit au moment où existait une grande tension dans sa vie. Serge a su rendre la coïncidence plus que significative, il a pu en faire du sens, un sens qui l'a propulsé à la fois dans une douleur et dans un bonheur qu'il ne connaissait pas.

Je quitte la terrasse du café, troublé. Pour un clin d'œil du destin, c'en est tout un. Je rentre chez moi, plus assuré dans mon travail et me rendant compte que, pour trouver des exemples à propos, il suffit bien souvent d'écouter ceux et celles qui nous entourent. Lorsque mon ardeur au travail fléchit, au fil de l'écriture de cet ouvrage, je me rappelle avec gratitude les paroles de Serge et je reprends mon propre combat.

Johanne de Montigny ou le crash intérieur

Une leçon de courage

Tout à fait à mon insu, le fil des synchronicités continue à se dérouler. La semaine suivante, ma sœur vient à Montréal. Elle me téléphone pour que nous allions manger avec des amis. Je me retrouve en face d'une psychologue, Johanne de Montigny, que je connais un peu parce que nous avons des amis communs. Johanne de Montigny s'occupe de l'accompagnement des mourants. Elle travaille à l'Hôpital royal Victoria de Montréal. Il s'agit d'une personne vive, chaleureuse et qui, manifestement, apprécie la vie. À mesure qu'elle parle, un souvenir émerge en moi. Je me rappelle avoir entendu cette femme lors d'une entrevue télévisée : elle

La guérison du cœur

racontait un drame aérien. Plus elle parle et plus je me mets à lier les événements. Elle me confirme qu'il s'agit bien d'elle et qu'elle a été victime d'un *crash*. Je lui explique que je suis en train d'écrire un livre sur le sens des souffrances et elle m'offre spontanément de m'envoyer son ouvrage intitulé *Le Crash et le défi : survivre*. [1]

Quelques jours plus tard, je reçois son volume dédicacé : « Cher Guy Corneau, voici mon récit sur une épreuve extrêmement difficile qui m'a projetée dans un ailleurs tellement plus riche de bonheur. Avec tendresse, Johanne de Montigny. »

J'ai lu ce livre avec beaucoup d'intérêt. À plusieurs reprises, j'ai eu les larmes aux yeux en devenant le témoin du combat que cette femme a mené, tant physiquement que psychologiquement, pour revenir à la vie. Son témoignage présente d'ailleurs plusieurs similitudes avec celui de Serge. Elle aussi a dû apprendre à vaincre la douleur, seconde par seconde, minute par minute, jour après jour, pour parvenir à marcher à nouveau. En lisant le texte de Johanne de Montigny, nous pénétrons au cœur d'une souffrance morale et physique dont elle parle franchement, mais sans jamais s'appesantir.

Au moment du crash, elle est secrétaire particulière du ministre de l'Industrie et du Commerce du Québec, M. Rodrigue Tremblay. Elle apprécie beaucoup cet emploi dans la fonction publique, qu'elle n'occupe que depuis six mois. Il s'agit de hautes responsabilités pour une femme de vingt-neuf ans. Elle en est consciente et elle accomplit sa tâche avec fierté et passion. Cet emploi exige cependant de nombreux trajets entre Montréal et Québec, puisqu'elle habite à Montréal et que l'Assemblée nationale siège à Québec.

Le 29 mars 1978, Johanne de Montigny prend place à bord d'un avion Fairchild F-27 de la compagnie Québécair à l'aéroport de l'Ancienne-Lorette. Deux minutes plus tard, le même avion s'écrase à quatre kilomètres de là, après que son moteur droit a explosé en plein vol. Au moment de l'impact, la plupart des passagers ont été violemment projetés en dehors de la carlingue, qui s'est brisée en deux. Johanne de Montigny s'est retrouvée, agonisante, au milieu d'un champ de débris d'avion, de bras et de jambes déchiquetées. Elle décrit ainsi l'atterrissage forcé :

---

1. Montigny, Johanne de, *Le Crash et le défi : survivre,* Montréal, les éditions du Remue-ménage, 1985.

Les leçons de l'épreuve

La carlingue se fend en deux juste devant mon banc et je suis propulsée dans le vide. Je meurs dans l'espace... et finalement j'atterris sur le bassin. Je vole en éclats, je me désagrège. Je suis en miettes sur le sol glacé. Je n'arrête pas de mourir. La peur fait place à la douleur insoutenable. Une neige fine s'entasse sur mon corps fracturé et gèle mon sang à mesure qu'il s'échappe de moi. J'essaie d'ouvrir les yeux, mais tout est noir, dedans comme dehors. [...] Le vent rugit à en ressusciter les morts. Dans un effort surhumain, je tente de me relever, mais rien ne bouge. Au loin, je vois notre épave en flammes. Je tremble de tous mes os, je grelotte jusqu'au fond de l'âme. Je vais mourir de froid.

J'entends des gémissements. Où suis-je ? Ce sont des cris de mourants. Je ne suis pas seule, d'autres gens vont mourir avec moi. Je suis une moribonde, j'agonise, j'accueille enfin la mort.

Le claquement de mes dents me réanime, mais je n'arrive plus à ouvrir les yeux, je ne suis qu'une plaie béante, je saigne de partout. Je perds toute ma chaleur, je meurs de froid [1].

Heureusement, les secours arrivent vite et on la transporte aux soins intensifs de toute urgence. Elle sera sauvée. Le bilan de l'écrasement se solde ainsi : dix-sept morts dont les trois membres de l'équipage et sept survivants dont six avec blessures très graves. Pour Johanne de Montigny, la facture est élevée : une jambe en morceaux, dont la rotule a été arrachée, un bassin émietté qui ne pourra plus jamais enfanter, plusieurs côtes cassées et tordues dont une a perforé un poumon, causant des complications respiratoires, et un bras dont l'os ne pourra plus tenir qu'à l'aide d'une tige de métal. Treize cicatrices enlaidiront désormais son corps, et on lui dit qu'elle boitera à vie si elle parvient un jour à quitter son fauteuil roulant. À ce tableau d'horreurs, il faut ajouter la douleur physique intense et les chocs psychologiques causés autant par l'écrasement que par ses blessures.

---

1. Montigny, Johanne de, *Le Crash...*, *op. cit.*, p. 63.

La guérison du cœur

Si vous avez mal, c'est que vous êtes en train de guérir

Par petites touches, le livre nous fait pénétrer dans l'univers de la douleur et de la victoire sur la douleur. Cette douleur est d'abord physique. Grâce à l'amour de ses fidèles amis, Lise et Jean-Marie, grâce au dévouement de l'infirmier, Gaétan, et grâce au dynamisme de la physiothérapeute, Paula, Johanne de Montigny quittera progressivement son fauteuil roulant. La devise de cette physiothérapeute exceptionnelle est : « Si vous avez mal, c'est que vous êtes en train de guérir. » Elle encourage donc Johanne à serrer les dents et à se lever. « À chaque pas, dit-elle, il faut dépasser la douleur, car la douleur empêche de fonctionner [1]. »

Même si elle verse cent larmes pour un pas, Johanne trouve le courage de persévérer en puisant sa force dans le regard de la physiothérapeute. Tous les matins, à la même heure, elle est donc en compagnie des mêmes patients. Elle réalise alors que, sans cet accident, elle n'aurait jamais vu autant de misère humaine : « Jambes fracturées, doigts coupés, épaules disloquées, tous viennent dans ce service avec le même espoir : celui de guérir. Mais, remarque-t-elle, tous n'ont pas le même seuil de tolérance à la douleur ni la même force ; tous n'ont pas quelqu'un qui veille sur eux avec amour et dévouement ; tous n'ont peut-être pas la même détermination. J'apprends que j'ai de la chance dans ma malchance [2]. » Par la suite, lorsqu'elle entendra des survivants des camps de concentration, elle se dira même que sa souffrance n'est pas grand-chose à côté de la torture réelle, celle infligée volontairement par d'autres êtres humains.

Après des mois de physiothérapie, Johanne de Montigny parviendra à quitter son fauteuil roulant pour marcher, d'abord avec des béquilles, ensuite avec une canne. Elle finira même par masquer habilement la boiterie qui l'affecte. Mais à mesure qu'elle progresse sur le plan physique, la détresse psychologique réclame de plus en plus son attention. Chaque fois que l'on tourne la clé de contact d'un moteur, que l'on tourne la clé d'une serrure, elle a l'impression que tout va exploser. À l'évidence, elle souffre d'une

---
1. Montigny, Johanne de, *Le Crash...*, *op. cit.*, p. 135.
2. *Ibid.* p. 136.

névrose post-traumatique, elle a besoin de soins, mais elle hésite à ressasser des souvenirs qu'elle juge très pénibles.

Elle décide pourtant d'entreprendre une véritable thérapie. Son psychiatre la fait dessiner et redessiner l'accident pour l'exorciser. Elle s'aperçoit alors qu'elle souffre d'une peine beaucoup plus difficile à saisir : elle se sent honteuse d'avoir survécu alors que d'autres sont morts. Elle pense en particulier à l'agent de bord dont les mots « Restez calme et je vous sauverai ! » lui auront permis de ne pas mourir de peur dans les secondes qui ont précédé l'écrasement.

Cette peine révèle bientôt une peine encore plus profonde qui est liée au départ de son père et au divorce de ses parents alors qu'elle était encore toute jeune. Elle s'en veut d'avoir survécu à cet abandon-là aussi, comme si elle en était responsable. Elle se rend alors compte que, pour se faire pardonner, elle est devenue une brave jeune fille compétente et performante, douce, gentille et compréhensive.

Une partie de son épreuve psychologique est liée aux procédures légales qu'elle a intentées contre le transporteur Québécair et le fabricant de moteurs d'avion Rolls-Royce. Elle doit se prêter à une cinquantaine d'expertises médicales pour faire établir le pourcentage de son incapacité et pouvoir le monnayer.

Pour Johanne, qui se déplace péniblement et qui fait encore plusieurs heures de physiothérapie chaque jour, ces visites en vue d'expertises tant médicales que légales tournent vite au cauchemar. Elle ne tient le coup que parce que son ami Jean-Marie et son avocat lui expliquent qu'il s'agit là de démarches essentielles pour obtenir une juste compensation.

Après deux ans, elle n'en peut tout simplement plus. Elle accepte donc un règlement qui lui permettra d'acquérir une petite maison à la campagne, qui deviendra l'un des facteurs importants de sa nouvelle santé.

Déterminée à faire quelque chose de sa vie, elle décide donc de retourner aux études. D'abord passionnée par la sexologie et par la psychosociologie, elle se rend vite compte que c'est plutôt du côté de la psychologie que ses intérêts la poussent. Elle découvre alors que son expérience peut constituer, dans cette discipline, une véritable richesse. Ayant connu la douleur dans tout son corps, et l'éprouvant encore des années après le drame, elle n'a aucune difficulté à se mettre à l'écoute de la souffrance des autres. Elle décidera par la suite de se spécialiser dans le domaine de l'accompagnement des mourants, dont elle deviendra l'une des pionnières au Québec.

En somme, Johanne de Montigny a su transformer son épreuve en richesse. Elle doit son bonheur à des soins diligents, à l'écriture, aux thérapies, à sa force vitale et à son amour de la vie. « Bref, dit-elle, mes douleurs, parfois aiguës, parfois supportables, ne viendront jamais à bout d'un cœur aussi heureux de battre que le mien [1] ! » Elle a appris également combien la présence, l'attitude et la bonté de l'autre permettaient de créer du sens.

Elle nous rappelle que « les mots *je t'aime* sont les plus grands adversaires de la mort [2] » et qu'elle doit son bonheur à des soins diligents, à l'écriture, aux thérapies, à sa force vitale et à son amour de la vie. En 1985, soit sept ans après l'accident, Johanne de Montigny conclut son livre par les propos suivants :

> J'ai appris de ce cauchemar. Je suis plus heureuse qu'avant, plus sereine, parce que je suis plus consciente de tout. D'être née du ventre de ma mère, d'avoir vécu, d'être morte dans le ventre d'un avion et d'avoir survécu. Plus consciente de vivre, plus consciente de chaque battement de la vie, de chaque vibration, de chaque frémissement.
>
> Plus consciente de la mort aussi. J'ai gardé de cette expérience le besoin de regarder la mort en face, de l'apprivoiser, de la considérer comme inhérente à la vie. J'ai attrapé dans ce crash la rage de vivre et de respecter la vie jusqu'au dernier instant, jusqu'au dernier souffle [3].

Vingt ans après

Le livre de Johanne de Montigny est franc, touchant, unique. Il témoigne du combat d'une femme pour survivre et pour trouver un sens à son épreuve. Après l'avoir lu, j'ai voulu savoir quelles étaient les leçons qu'elle en tirait vingt ans plus tard. Je lui ai donc téléphoné et nous avons eu une conversation riche dont je vous relate les grandes lignes.

---

1. Montigny ; Johanne de, *Le Crash...*, *op. cit.*, p. 304.
2. *Ibid.*, p. 327.
3. *Ibid.*, p. 328

Les leçons de l'épreuve

Précisons d'abord que Johanne de Montigny est devenue la psychologue qu'elle rêvait d'être. Comme je le disais plut tôt, elle travaille à l'Hôpital royal Victoria de Montréal. La moitié de sa pratique est consacrée à l'accompagnement des mourants, et l'autre moitié au suivi des personnes en deuil et à la psychothérapie traditionnelle. Elle parle d'ailleurs de l'accompagnement des patients en phase terminale dans un livre magnifique, *L'Amour ultime,* dont elle en est l'auteur avec Marie de Hennezel [1].

Sur le plan de la souffrance physique, elle me précise tout de suite qu'elle est passée de douleurs aiguës, dans la première année, à des douleurs moindres au cours des trois ans qui ont suivi, pour finalement ne presque plus souffrir physiquement après cinq ans. Selon ses médecins et de son propre avis, il s'agit d'une reconstruction physique spectaculaire. Elle précise que c'est grâce à l'aide de médecins compétents, de services infirmiers empressés et de fidèles amis qu'il a pu en être ainsi. Sans aide, dit-elle, on ne peut pas se rebâtir physiquement. Bref, grâce au crash, elle s'est découvert une capacité de tolérer une souffrance physique importante. Il s'agit, selon elle, du premier enseignement de cette épreuve. Pour ce qui est des peurs post traumatiques, dues au choc de l'écrasement, elles ont disparu grâce à l'écriture et à la thérapie.

La souffrance morale révèle l'âme

Puis elle me parle de la souffrance psychique en citant les mots de Leonard Cohen qu'elle a trouvés en exergue de mon livre *N'y-a-t-il pas d'amour heureux ?* : « Il y a une fissure, une fissure dans chaque chose, c'est comme ça que la lumière peut entrer [2]. » Johanne de Montigny affirme que la fracture de son corps lui a donné accès à son âme, une âme qu'elle a trouvée infiniment meurtrie. « Je ne l'aurais pas su si mon corps n'avait pas été blessé. Je ne me serais jamais connue de l'intérieur. Je ne me serais connue que de l'extérieur. À cause de cet accident, j'ai *crashé* à l'intérieur de moi-même... et j'ai pu prendre mon

---

1. Montigny, Johanne de, et Hennezel, Marie de, *L'Amour ultime. L'accompagnement des mourants,* Paris, Hatier, coll. « Le sens de la vie », 1993.
2. Les paroles originales sont « *There is a crack, a crack in everything, that's how the light gets in* ». On les trouve sur le disque *The Future* (Columbia Records, 1992).

envol ! » Cela constitue assurément le deuxième enseignement de son épreuve.

À ce point de notre discussion, elle me confie qu'avant son accident elle était profondément choquée lorsqu'elle entendait des gens affirmer que l'on ne pouvait pas apprendre sans souffrir. « Force est de constater, dit-elle aujourd'hui, que je n'aurais jamais appris autant de moi et de la vie sans un chemin aussi difficile. Les expériences heureuses servent le réconfort, le plaisir et la joie, mais les expériences malheureuses servent l'apprentissage de soi-même. »

Elle note pourtant une chose qui me semble capitale et qui va dans le sens de ce que nous disions précédemment à propos du soulagement de la douleur : elle n'a pu laisser émerger ses souffrances psychiques qu'après être assurée de sa survie physique. Tant qu'on n'est pas certain de manger et de vivre au chaud, dit-elle, on ne peut pas accéder à l'intérieur de soi : « Tant que la douleur physique n'est pas soulagée, on ne peut avoir accès au cœur, on ne peut guérir l'âme. »

Elle souligne donc le rôle essentiel des médicaments qui soulagent la douleur, car, s'exclame-t-elle, on habite un corps sur cette terre et l'on ne peut guérir l'âme sans offrir en même temps un minimum de réconfort au corps. Elle considère qu'une ouverture du cœur ne peut survenir que si une personne malade bénéficie d'un minimum de confort corporel et de chaleur humaine de la part de son entourage.

Le déni abrite parfois un espoir

En psychanalyse, le déni réside dans la négation de ce qui arrive dans la réalité. Il s'agit d'un mécanisme de défense normal et inconscient qui protège le moi de perturbations déséquilibrantes. Le déni de certaines réalités peut cependant se rigidifier et se muer en stratégie privilégiée. Il devient dès ce moment pathologique et la psychanalyse trouve alors important de l'amener à la conscience pour aider le patient à entrer en contact avec lui-même.

Johanne de Montigny reconnaît d'emblée l'existence d'une forme de déni pathologique. Pourtant, son expérience en matière d'accompagnement des mourants l'amène à nuancer cette théorie et à préciser que le déni renferme à l'occasion un espoir de survie et qu'il peut même stimuler les forces vives de l'être. Elle me confie qu'au cœur du plus horrible, dans les secondes qui se sont écoulées entre l'explosion du moteur de l'avion et l'écrasement, elle a noté en elle une oscillation entre l'espérance et la détresse. Sans ces soubresauts d'espoir, avoue-t-elle, qui venaient nier l'horreur de la situation, elle n'aurait jamais pu survivre. « Je serais morte avant de mourir, dit-elle. Je serais morte à l'intérieur même de l'avion à cause d'un arrêt du cœur. »

Elle souligne de la sorte l'importance des fantasmes, des rêves et des désirs qui nous aident parfois à dépasser la réalité trop âpre de ce qui nous arrive. Elle mentionne l'expérience de certains survivants des camps de concentration qui s'efforçaient de se souvenir de temps meilleurs pour stimuler leur espoir.

En mettant les gens trop brutalement en face de ce que l'on considère comme étant la réalité, il y a danger d'affecter la faculté d'imagination qui permet de surmonter cette même réalité, dit-elle. Or, le patient qui va mourir est placé devant une réalité souvent intolérable. Il est compréhensible qu'il tente de fuir. Néanmoins, l'accompagnement de ce patient se fait la plupart du temps en fonction de repères objectifs, de ce qui se voit et de ce qui est réaliste. Il arrive ainsi que la personne mourante ne soit pas accompagnée dans ce qui ne se voit pas. Tout ce qui survient en elle est expliqué en termes de réalité et ses désirs sont interprétés comme des dénis. L'espace du rêve devrait pourtant être respecté, insiste Johanne de Montigny, car, même s'il nie une partie de la réalité, il permet au patient d'avoir accès à une réalité qui nous échappe et qui l'aide à préserver de précieux soubresauts de vie et d'espoir.

Une relation intime avec l'inconnu et l'imprévisible

Johanne de Montigny considère que le respect du déni quand il est fondé sur l'espoir est le troisième enseignement de l'épreuve qu'elle a traversée. Le quatrième se réfère à ce que l'on appelle communément le « lâcher prise », qu'elle compare plutôt à une relation d'intimité avec l'inconnu et l'imprévu. Elle se dit aujourd'hui plus tolérante vis-à-vis de ce qu'elle ne connaît pas et elle ressent moins le besoin de contrôler son environnement. Il lui semble que l'on se perd à vouloir tout contrôler et que beaucoup de nos malheurs viennent de là. Elle trouve que, paradoxalement, l'on a peur de l'inconnu, alors que c'est ce que l'on connaît qui nous rend malheureux. Elle déclare avoir découvert, avec le temps, une capacité de se détendre dans l'imprévu et de pouvoir s'y régénérer. Elle me parle ensuite du dernier enseignement de cette épreuve qu'elle résumerait dans la capacité de dire : « J'ai besoin. »

Pouvoir dire que l'on a besoin

Plusieurs lecteurs et lectrices ont réagi à l'ouvrage de Johanne de Montigny en lui faisant remarquer : « Tu es chanceuse, tu étais très entourée ! » Johanne répond qu'il est vrai qu'elle a bénéficié d'un accompagnement affectif réparateur, mais que cet accompagnement avait un prix : admettre d'être vue dans sa vulnérabilité. Un jour, elle a décidé de laisser de côté les *qu'en-dira-t-on* pour montrer le côté difficile des choses : « J'ai dû accepter d'offrir mon corps douloureux au regard des autres. Quand on ne peut pas se laver seul, ni faire ses besoins seul, ni se lever seul, on doit changer d'attitude. »

Elle s'élève contre le courant contemporain qui fait dire à certains : « Je ne peux pas te parler aujourd'hui parce que je ne suis pas bien. » Ou encore : « Je ne téléphone à personne parce que je n'ai rien de bon à raconter. » Les gens qui pensent ainsi, estime-t-elle, risquent de rester seuls et abandonnés parce qu'ils ne se laissent pas voir et aimer dans leur vulnérabilité. « J'ai vu la bonté dont un entourage est capable si on accepte d'être vu dans sa misère, ajoute-t-elle. Il faut pouvoir dire : j'ai besoin de toi ! » Reprenant l'expression de Boris Cyrulnik, elle précise : « Pour qu'un malheur puisse devenir "merveilleux", il faut savoir s'ouvrir, il faut savoir ouvrir son cœur aux autres. Alors on reçoit ! Sinon, on risque de se rapetisser jusqu'à la mort. »

Nous devons maintenant quitter cette femme courageuse. Pour conclure son témoignage, j'emprunte deux citations extraites de l'une de ses conférences intitulée « La souffrance : le patient et le soignant, observations personnelles suite à mon expérience » Elle y dit :

> À travers toute la souffrance liée au crash, autrefois si accablante, si désespérante, j'ai bien compris la capacité que

Les leçons de l'épreuve

portent les éprouvés de transformer leurs tragédies en la découverte intime et profonde de leur Soi réel, en la valeur inestimable de leur intériorité lorsque l'extérieur s'effrite, se désintègre, se détériore. Le crash m'a permis de vivre et d'aimer encore plus fort...

Parlant de la profession qu'elle a si chèrement gagnée, elle ajoute :

... mon métier de psychologue me permet maintenant d'entendre et de contacter la souffrance humaine, d'éclairer et de pister l'être désespéré dans ses capacités encore insoupçonnées, de lui témoigner ma confiance et de rayonner ma joie de vivre sans jamais négliger de saisir l'intensité de sa peine. C'est un dur métier mais décidément le plus beau du monde car il me ramène au quotidien face à la beauté humaine, dans des zones que la vie ordinaire ne fréquente pas.

J'ai découvert en Johanne de Montigny un être savoureux, que sa lutte pour la survie a profondément enraciné dans le soi. Je suis heureux que l'écriture de ce volume m'ait fourni l'occasion d'entrer en contact avec elle. Les blessures corporelles qu'elle a connues lui ont sans doute donné l'occasion, comme elle le dit si bien, de reconnaître son âme par la fissure qu'elles ont opérée en elle. J'ajouterai que, dans son cas, la fissure n'a pas seulement permis à la lumière d'entrer, elle permet aussi à cette lumière de sortir pour nous éclairer. Le crash de Johanne de Montigny lui a donné accès à l'intimité avec elle-même, à sa vie intérieure, si bien qu'en parlant avec elle, l'on retrouve le goût de soi et de sa propre intériorité.

Marie-Lise Labonté ou l'autoguérison

La maladie est un processus d'autodestruction

Ce n'est pas un accident qui a révélé Marie-Lise Labonté à elle-même, mais une maladie : l'arthrite rhumatoïde. Cette affection sournoise peut condamner quelqu'un au fauteuil roulant en une décennie, et l'acheminer vers une mort prématurée. Elle consiste en une inflammation des articulations du corps qui se mettent à enfler en provoquant des douleurs intolérables. Marie-Lise Labonté témoigne de son processus de guérison dans un livre qui s'intitule *S'autoguérir... c'est possible,* publié en 1986[1]. Ce témoignage est saisissant. L'auteur y conçoit d'emblée la maladie comme un processus d'autodestruction :

> La force d'autodestruction est à l'inverse de la force de la vie. Elle est l'énergie de la vie retournée vers l'intérieur. Elle est la pulsion de mort, qui n'amène pas nécessairement à la mort, mais à de petites morts. Elle peut mener à des accidents, des mutilations, des opérations, elle peut entraîner la création de cellules anormales, la prolifération d'ulcères, de kystes. Plutôt que d'être dirigée vers l'extérieur, cette charge d'énergie est dirigée vers l'intérieur et l'expansion de la personne vers l'extérieur diminue. L'individu retient son mouvement spontané, sa respiration ; son geste libre se contracte de façon chronique[2].

Marie-Lise Labonté n'en est arrivée que progressivement à un tel point de vue. Au début du processus, et même après avoir connu un soulagement significatif de ses maux physiques, elle ne percevait pas la dimension psychique de sa maladie. Elle l'a découverte peu à peu, en écoutant ce que lui disait son corps. C'est ce qui fait la force de son témoignage.

L'auteur souligne que la tendance à l'autodestruction a des racines profondes dans sa vie. À l'âge de douze ans, alors qu'on lui refuse l'entrée dans un collège classique, elle se sent tellement dévalorisée qu'elle réagit en voulant mutiler ses yeux qu'elle considère comme ce qu'elle a de plus beau. L'année suivante, on l'accepte dans ce même collège, mais la vie au pensionnat tourne vite au cauchemar : elle vient de la campagne, et l'existence dans cet univers froid de religieuses et d'étudiantes la terrorise. Elle se désespère dans un monde exclusivement féminin qu'elle trouve sadique.

---

1. Montréal, Québec-Amérique, coll. « Santé », série Témoignages, 1986. On m'apprend que ce livre est épuisé et qu'il sera éventuellement réédité par les éditions de L'Homme.
2. Labonté, Marie-Lise, *S'autoguérir...*, *op. cit.*, p. 13.

Impuissante, elle réagit par les pleurs, les supplications et le chantage émotif plutôt que par l'agressivité et la combativité. Elle découvre aussi le pouvoir que la maladie permet d'exercer sur l'entourage. Myopie, cauchemars, mais surtout inflammation et douleur au genou gauche expriment ce que son cœur d'enfant ne peut dire. La révolte gronde en elle et la maladie constitue le seul moyen de la manifester [1].

Le verdict

Dix ans plus tard, à la faculté d'orthophonie de l'université de Montréal, comme elle est à nouveau plongée dans un milieu presque uniquement féminin, l'impression d'emprisonnement qu'elle avait connue, enfant, réapparaît. Elle voudrait fuir. Elle rêve de quitter l'université pour aller faire de la danse mais elle n'en a pas le courage. Elle se réfugie alors dans le haschich qui lui procure un soulagement de courte durée. Puis elle trouve une autre solution, qui s'annonce à long terme celle-là : la maladie. Au début de sa troisième année universitaire, les malaises se réinstallent : grande fatigue, grandes douleurs, grandes fièvres, inflammation du genou et de la colonne cervicale, torticolis et usage d'une canne. Finalement le verdict tombe : arthrite rhumatoïde.

> Le verdict du docteur me donna une grande bouffée d'air. Une partie de moi était contente, satisfaite, enfin je pouvais dire « non », prendre une pause, un temps d'arrêt. Le docteur était mon ami, il était « de mon côté de la clôture », lui me comprenait, lui me disait : « repos, arrêt... ». La maladie me donnait la permission d'être malade, et de m'aimer parce que j'étais malade, de me plaindre parce que j'avais mal ; de me venger de mon amoureux en l'obligeant à prendre soin de moi ; de me venger de l'université et surtout de certains professeurs ; de me sentir différente, de me croire différente [2].

Elle continue sur sa lancée en disant que la maladie l'aidait à s'estimer intéressante, à avoir le sentiment de posséder un secret, à

---

1. Labonté, Marie-Lise, *S'autoguérir..., op. cit.*, p. 15.
2. *Ibid.*, p. 17.

s'apitoyer sur elle-même, à attirer l'attention de certaines personnes. Elle se fait ainsi de nouveaux amis à l'hôpital et à l'université. « Ma vie était devenue amusante, ma maladie m'occupait. Le seul hic était la douleur. J'étais belle, fière, douce, gentille, arthritique et souffrante. » Mais son plaisir ne dure que cinq mois.

La visite auprès d'un premier spécialiste met fin à ses illusions. Elle se retrouve dans une salle d'attente remplie de femmes qui souffrent d'arthrite rhumatoïde où elle doit attendre pendant trois heures. Tout ce temps, elle a droit aux plaintes, à la comparaison des souffrances, ainsi qu'à la description des douleurs, des médicaments, et des opérations. Un détail la surprend et la choque : toutes ces femmes ont l'air d'avoir le double de l'âge qu'elles disent avoir. Lorsqu'elle entre dans le bureau du spécialiste, elle bout de colère, mais le grand chef lui déclare qu'il n'y a pas grand-chose à faire : prendre ses médicaments et venir le voir tous les trois mois pour suivre l'évolution de la maladie. C'est là qu'elle constate qu'il est aussi impuissant qu'elle et qu'elle ne peut pas compter sur lui pour la guérir.

Elle apprend alors qu'on traite l'arthrite au département de médecine psychosomatique de l'hôpital du Sacré-Cœur à Montréal. On la reçoit pour une évaluation. Un groupe de psychiatres l'interroge pendant deux heures. On lui pose toutes sortes de questions sur sa famille, sa place dans la famille, et, à mesure qu'elle s'épanche, elle ressent que cela lui fait du bien.

> Douleurs, tristesses, douleurs, tristesses étaient ce qui montait après avoir parlé si longuement de mon enfance. Je reconnaissais aussi dans ma bouche le goût particulier qui accompagnait l'état émotif chronique dans lequel j'avais été plongée l'année auparavant. C'était le même goût, la même amertume. J'étais surprise et libérée. [...] Je savais qu'il y avait quelque chose qui ne marchait pas en moi, que le fait de parler de mon enfance avait recréé la même douleur émotive que j'avais vécue, que cette douleur me faisait mal partout et que je pouvais faire quelque chose pour moi [1] !

Elle commence alors à comprendre, confusément, que sa maladie vient de son for intérieur, mais il s'agit d'une intuition lointaine qui mettra plusieurs années à faire son chemin jusqu'à la

---

1. Labonté, Marie-Lise, *S'autoguérir...*, *op. cit.*, p. 22.

conscience. L'année qui suit s'avère catastrophique. Elle a de plus en plus mal et elle doit consentir à une opération du genou. Cette première opération est un échec, d'autant que l'anesthésiste endort le haut du corps au lieu d'endormir le bas, si bien que la douleur est atroce. Comble de malheur, après l'opération son genou gauche refuse obstinément de plier. Elle doit donc se prêter à deux autres interventions chirurgicales avant qu'on réussisse à résoudre le problème.

Croyant alors qu'elle est définitivement guérie, elle reprend son métier d'orthophoniste dans un hôpital de Québec et a soin d'elle-même. Elle marche beaucoup, fait de la bicyclette et nage pour entretenir la flexibilité de ses jambes. Pourtant, sans raison apparente, elle se met à grossir et se réveille de plus en plus souvent avec le visage bouffi. Finalement, une douleur apparaît à la hanche gauche. Son chirurgien lui confirme que l'inflammation a maintenant gagné la tête du fémur et risque de se répandre dans tout l'organisme.

Le corps a ses raisons

À vingt-cinq ans, elle a de plus en plus mal dans tout son corps. Elle ne peut ni danser ni faire l'amour. Elle vit seule, hantée par des idées de mort et de maladie. De son propre aveu, elle devient irritable, sarcastique et dure. Jusqu'au jour où une amie lui offre le livre de Thérèse Bertherat, *Le corps a ses raisons* [1]. Elle prend alors l'initiative de faire l'expérience de l'anti-gymnastique, seule, dans son grenier. Il s'agit d'une méthode qui propose une série d'exercices agissant sur le fascia, cette membrane de tissu conjonctif qui enveloppe des groupes de muscles et les lie entre eux. Là, elle se rend compte que le travail proposé avec balles de tennis et bâton de bois l'aide vraiment à soulager la douleur. Convaincue de l'efficacité de la méthode en raison des sensations agréables qu'elle en retire, elle décide de jeter analgésiques et anti-inflammatoires.

À la place, elle s'astreint à une discipline remarquable. Tout en continuant son travail, elle revient fréquemment chez elle pour faire ses mouvements d'anti-gymnastique de façon à pouvoir

---

[1]. Le *corps a ses raisons. Autoguérison et anti-gymnastique* (avec la collaboration de Carol Bernstein), Paris, Seuil, 1976.

poursuivre sa journée. Elle note une chose très importante : le travail sur ses tensions et ses douleurs physiques contribue à modifier son état psychologique ; après chaque séance, elle se sent détendue et ouverte. Mais cette ouverture l'amène du même coup à comprendre jusqu'à quel point l'arthrite l'habite.

Cette découverte lui donne l'élan nécessaire pour faire le grand saut. Au printemps 1978, elle se présente chez Thérèse Bertherat, à Paris, pour prendre des cours avec elle. Commence alors un voyage au cœur de soi qui s'avère en même temps un voyage au cœur de la souffrance, puisqu'elle constate avec effroi que la douleur a provoqué la construction d'une cuirasse impénétrable à certains endroits de son corps. Elle nous en donne un exemple :

> Durant cette séance, nous nous étions particulièrement attachées aux hanches et je m'étais encore une fois butée à la douleur. Je pleurais en silence, j'étais découragée, je sentais que je ne pouvais pas aller plus loin. J'étais fermée, les gens étaient devenus hostiles autour de moi ; du moins, c'est ainsi que je les voyais. Thérèse me jetait des regards empathiques et je les refusais. Je les haïssais, ces gens qui pouvaient ouvrir leurs hanches sans difficulté ou presque. Je haïssais Thérèse qui continuait à me faire faire le mouvement. J'étais écœurée de tout.

Après le cours, elle s'approche de son professeur pour lui dire combien elle est découragée. Mme Bertherat lui réplique que, si elle reste toujours à la porte de la souffrance, elle ne pourra jamais voir ce qu'il y a derrière. Il n'en fallait pas plus pour relancer Marie-Lise. Elle retourne chez elle pour se remettre à faire le mouvement sur lequel elle venait de buter lors de sa séance.

> La même douleur était toujours là, puis je me suis mise à lui parler, à l'accepter, à aimer ma hanche, et je constate petit à petit le mouvement. J'arrêtais de temps en temps, car, si j'y allais trop fort ou trop vite, d'autres muscles se mettaient à réagir. Je reprenais le mouvement, je reparlais à la douleur et, chose incroyable, je sentais qu'elle s'apprivoisait, j'avais un peu moins mal ; un espace nouveau se créait dans ma hanche, elle devenait un peu plus huilée. Je faisais une brèche dans la cuirasse. Cet après-midi-là, j'ai pris

conscience que je pourrais vaincre n'importe quoi, car j'avais gagné le combat, j'avais apprivoisé l'ennemi ; de plus, j'étais capable de l'aimer et de l'écouter.

La peur l'a accompagnée pendant tout ce travail, la peur d'avoir mal mais aussi celle de l'inconnu. Elle craignait de voir ce que la douleur cachait. De souffrir physiquement mais aussi psychologiquement. Malgré tout, elle venait de faire l'expérience fondamentale de son propre pouvoir de transformation.

Pendant l'année qui suit, Marie-Lise Labonté poursuit son travail d'autoguérison. Tout en s'appliquant à l'anti-gymnastique, elle entreprend un travail avec une thérapeute qui intervient selon la méthode de Françoise Mézières. Cette méthode vise à aligner le corps de façon anatomique et à aider la personne à maintenir cet alignement au moyen de respirations profondes. Durant cette période, elle poursuit également des études intenses d'anatomie. Chaque expérience l'initie à des couches de plus en plus profondes d'elle-même. À travers douleurs, tensions et confrontations, elle découvre ainsi ce qu'elle appelle son « intelligence musculaire et corporelle ».

La douleur émotionnelle

Elle constate cependant que chaque fois qu'elle fait du travail corporel, une profonde vague de tristesse l'envahit. Immanquablement, cette vague fait remonter des souvenirs et des images du passé. À mesure que son corps se libère du carcan de la douleur physique, elle prend conscience qu'il en existe une autre, proche de cette dernière, qui s'appelle la « douleur émotionnelle ». Elle a l'impression que ses muscles pleurent quelque chose qu'elle aurait dû pleurer bien avant. « Ça vient de loin, de très loin, de mes profondeurs, j'ai l'impression de pleurer tout le mal que je me suis fait. »

Puis, derrière la tristesse, vient la rage, une rage désespérée, une rage contre tout. Marie-Lise Labonté se rend alors compte que dans cette rage s'exprime la haine d'elle-même, la haine de son corps. Et, peu à peu, elle comprend pourquoi elle a pu aller si loin dans la maladie. En février 1979, elle écrit dans son journal :

La guérison du cœur

> Je réalise que je déteste mon corps, sauf quelques parties, et que cette douleur est profonde. Maintenant, elle remonte à la surface et cela me libère. Elle vient des profondeurs de mes tripes et, comme une vague, elle amène des larmes à mes yeux. Je n'ai plus honte de cette douleur et je la laisse aller et venir. Je sais qu'il y a toujours la mort pour me libérer si je ne suis plus capable de poursuivre l'évolution [1].

Pour un temps, en effet, elle pense au suicide comme à un geste libérateur, mais finalement elle se ravise et décide de faire de son corps un tout indissociable. La voie est ouverte, elle peut désormais aller à la découverte de la puissance de son esprit.

L'arthrite mentale

En mars 1979, de retour à Montréal, elle commence à donner des cours d'anti-gymnastique dans un studio qu'elle a loué à cet effet, et elle continue sa démarche d'exploration personnelle.

C'est par le *rebirth,* une méthode d'« hyperoxygénation », qu'elle parvient à traverser ses cuirasses musculaires pour atteindre le centre d'elle-même, jusqu'à ses cellules. Elle note que grâce à la respiration elle peut entrevoir les relations étroites qui existent entre le corps et l'esprit. Elle prend conscience du degré auquel ses pensées influencent son rythme respiratoire, minute après minute. Au fil des souvenirs qui lui reviennent quand elle fait des exercices, elle s'aperçoit que son arthrite physique s'accompagne d'une « arthrite mentale ». Elle réalise ainsi combien est négative la série de jugements qu'elle porte sur elle-même, combien la haine et le ressentiment marquent les relations qu'elle a avec elle et avec les autres [2].

De temps en temps, elle fait ce qu'elle appelle des « expériences de l'Être ». Il s'agit d'états de bien-être profond qui émergent spontanément à l'occasion de son travail de respiration. Elle écrit : « Si la psychanalyse corporelle m'avait amenée à voir la relation entre le corps, les émotions et ces expériences de l'Être,

---

[1]. Labonté, Marie-Lise, *S'autoguérir..., op. cit.*, p. 70.
[2]. *Ibid.*, p 94-95.

le *rebirth* m'a fait voir les liens entre le corps, les émotions, les pensées et les expériences de l'Être [1]. »

Avec acharnement et patience, de la même façon qu'elle avait entrepris la réunification de son corps, Marie-Lise Labonté entreprend alors l'exploration et la transformation de son système de « croyances négatives ». Ces limitations psychiques qu'elle rencontre chez elle et chez ses étudiantes s'expriment dans des formules telles que : « Je suis laide, je ne suis pas correcte, je ne vaux rien, je ne suis pas capable », et, surtout : « C'est impossible que j'aille mieux. »

Elle se rend compte, en effet, avec effarement, de la facilité avec laquelle nous bloquons les sensations bénéfiques. Et elle constate combien vite nous retournons à nos malaises ainsi qu'aux schémas mentaux et émotifs qui les accompagnent – comme s'il s'agissait d'un besoin urgent. Au cours de cette phase, elle mesure à quel point son propre corps n'est pas à elle, à quel point il obéit aux modèles imposés par la société et à quel point il appartient encore, et de manière profonde, à sa mère. Car c'est sa mère qu'elle entend parler au fond d'elle-même : « Fais attention à ceci, fais attention à cela, tu vas être malade... »

Transformer ses croyances

Elle est de plus en plus persuadée que son esprit et son attitude intérieure influencent son état physique. Elle ne se fie plus à ce qu'elle voit devant un miroir, mais bien à ce qu'elle sent. Cette conscience intérieure l'amène à accepter de plus en plus son corps parce qu'elle sait qu'il est en transformation et qu'il va peu à peu épouser la forme qu'elle lui imagine en pensée : « Je m'exerçais à regarder mon corps sans jugement, sans comparaison ni compassion, telle une matière malléable qui avait son histoire et dont l'évolution n'était pas terminée. Puisque mon corps avait épousé mon cheminement (de maladie), de la même façon, il se moulerait à ma renaissance [2]. »

Pour transformer les croyances qui la limitent et pour s'approprier son corps sur le plan psychique, elle utilise également une autre méthode : l'imagerie mentale ou visualisation. Cette

---

1. *Ibid.*, p. 99.
2. Labonté, Marie-Lise, *S'autoguérir...*, *op. cit.*, p. 102.

technique prendra une grande place dans son enseignement, à côté de l'anti-gymnastique, et témoignera de sa foi dans l'influence que peut exercer la pensée. Voici un exemple du type d'imagerie qu'elle utilise :

> Je suis au bord de la mer. La place m'est familière. Mes yeux enregistrent la couleur du ciel, de la mer, du sable. C'est un lieu de rêve. Je suis en costume de bain. Je vois mon corps en entier, bruni par le soleil. Je marche, mes pieds sont souples, ils s'enfoncent dans le sable chaud, les vagues viennent se briser dessus. Je vois mes belles jambes élancées, dynamiques, souples et énergiques. Mes cicatrices au genou, deux sillons dans ma chair, je les trouve belles. Je vois mon bassin et mon dos, mon ventre, ma poitrine, mes épaules, mes fesses. Je vois mes bras, mon cou harmonieusement rattaché à mon tronc, mon visage souriant et calme.
>
> Mes yeux sont pleins de vie, pétillants de joie. Je marche, je cours, je batifole, en harmonie avec l'univers. Je suis remplie d'énergie, amoureuse de la vie. L'eau dont je m'asperge me purifie, ma peau brille et mon énergie intérieure me fait resplendir. Je me laisse inonder par ces images. Je suis heureuse d'être guérie. Je suis belle [1].

Au moment où elle utilise cette technique, Marie-Lise Labonté est déjà bien avancée dans son processus. Elle se permet donc de donner quelques conseils aux novices. Il s'agit surtout, dit-elle, de ne pas commettre l'erreur du *faux départ,* qui consiste à nier son propre corps. En somme, il faut partir de la réalité qui est sienne et ne pas sombrer dans le danger qu'elle nomme l'*irréalité* : se comparer à Raquel Welsh, par exemple.

Elle précise en outre qu'il *ne faut pas avoir peur des images négatives* et se cramponner à tout prix aux images positives. Il est impossible, indique-t-elle, que des scénarios et des visions pénibles ne surgissent pas. Il s'agit d'apprendre à les laisser circuler et à ne pas en faire un drame. Elle résume finalement le tout en disant qu'il ne s'agit aucunement d'une méthode magique et qu'il ne faut pas vouloir recueillir trop vite les résultats escomptés.

Revenant sur la globalité de ce processus qu'elle suit intensément depuis bientôt trois ans, elle ajoute : « Qu'est-ce que j'ai

---

1. Labonté, Marie-Lise, *S'autoguérir...*, op. cit., p. 117.

fait ? J'ai cru à la vie et à la régénération de mes cellules. J'ai cru que, si j'avais pu me rendre malade, je pouvais être mieux que bien-portante. J'ai aussi donné plus d'amour à mon corps que de haine. [...] Il n'y a rien là de magique, si ce n'est une magie consciente et à long terme [1]. »

Muktananda

En février 1981, soit deux ans après son retour à Montréal, elle éprouve le besoin de compléter sa formation. Elle décide d'aller passer six mois à New York pour y suivre une initiation au travail de groupe. Elle fait l'épreuve de nombreuses confrontations et apprend la valeur de l'authenticité dans les relations aux autres.

Elle songe déjà à poursuivre sa route du côté de l'Inde, car elle a le sentiment qu'une information centrale lui manque. Elle la trouvera au cœur même de la grande ville. Un jour, un ami l'entraîne dans une causerie offerte par un maître indien du nom de Muktananda. Elle ressent tout de suite une grande paix à son contact et les paroles du sage confirment ce dont elle a l'intuition depuis le tout début :

> Il parlait de l'amour de soi, d'aimer son être profond, de respecter ce qu'on est. Il parlait du pouvoir de l'imagination, comment nos pensées pouvaient créer des limitations, de la douleur, des tensions, des maladies. [...] Il parlait de l'importance de ne pas se prendre au sérieux, d'utiliser l'humour. Son discours était émaillé d'anecdotes, d'histoires, on riait. Il riait, il chantait, il parlait du gourou que l'on a tous à l'intérieur de soi, de cette divinité intérieure qui nous appartient et qu'il nous faut respecter. Il nous demandait de prendre conscience de nous-même, de sentir la beauté et la transparence de notre être [2].

Forte de toutes ces influences, convaincue des rapports étroits entre le corps et l'esprit, Marie-Lise Labonté revient à Montréal pour mettre en place sa propre méthode. Elle l'appelle *Approche globale du corps (anti-gymnastique et imagerie mentale)*. Mais il

---

1. Labonté, Marie-Lise, *S'autoguérir...*, *op. cit.*, p. 120.
2. *Ibid.*, p. 153.

s'agit beaucoup plus d'une approche globale de l'être, comme elle le dit elle-même. Elle croit en une prise en charge de l'individu par lui-même s'il a la volonté de se transformer en même temps sur les plans physique et psychique. Elle dit même à ses élèves : « Vous savez, le corps est très malléable, l'esprit l'est moins ! »

L'élan de l'esprit

L'arthrite rhumatoïde a été l'épreuve qui a permis à Marie-Lise Labonté de se révéler à elle-même. Son livre, comme celui de Johanne de Montigny, témoigne du fait que cet éveil ne fut pas facile. Il a demandé une patience et une tolérance exceptionnelles par rapport à la douleur. Il témoigne aussi du fait qu'à partir du corps, lorsque le travail d'ouverture est bien fait, on aboutit nécessairement au monde émotif, à l'univers mental et à la spiritualité.

J'ai revu l'auteur pour lui demander ce qu'elle pensait de sa démarche vingt ans plus tard. Elle m'a reçu dans son appartement de Montréal. Les couleurs des divans et des objets sont chaudes et profondes, ce sont des couleurs réconfortantes. Ce lieu, d'une grande harmonie et d'une grande beauté, exprime aussi une belle fantaisie – à l'image de celle qui me reçoit.

Elle me dit tout d'abord qu'à son avis la maladie représente un éloignement de soi. Elle consiste en une séparation d'avec soi-même. Marie-Lise Labonté est plus que jamais convaincue du pouvoir d'autoguérison que possède tout un chacun, c'est-à-dire du pouvoir de revenir à lui-même. Elle pense même qu'il s'agit là d'un processus fort simple, n'étaient notre attachement au passé et notre difficulté à modifier nos habitudes et nos croyances. Elle croit, comme Johanne de Montigny, que le connu nous emprisonne. « Guérir, poursuit-elle, consiste à retrouver le sens réel de la vie et cela va réclamer un virage à trois cent soixante degrés pour la personne malade, cela va réclamer un changement profond de son attitude. Et il faut que l'individu choisisse et accepte ce virage. »

Elle me parle ensuite du rôle de l'esprit dans la guérison du corps. Le corps ne peut pas guérir sans énergie psychologique, souligne-t-elle. Par énergie psychologique, elle entend l'élan, l'enthousiasme, l'espoir, le désir de changer et l'excitation devant

Les leçons de l'épreuve

la perspective de la guérison. Ses propos me rappellent étrangement les paroles du Dr Claude Sabbah, qui disait, pour sa part, que guérir pour guérir ne fonctionne pas et qu'il faut plutôt avoir le goût de vivre.

Elle admet cependant que, lorsqu'on est malade, on n'a pas toujours la force de soutenir l'élan de l'esprit et que, si le processus de dégénérescence est très avancé, le corps ne pourra pas retrouver tout son dynamisme. L'âme guérira, elle se réconciliera avec la vie, mais le corps ne pourra pas recouvrer complètement la santé.

D'où l'importance qu'elle accorde aux méthodes de prévention de la maladie. Ces méthodes agissent sur la qualité du terrain global, elles se nomment anti-gymnastique, visualisation, relaxation, méditation, alimentation équilibrée, etc. Marie-Lise Labonté pense que maintenir une qualité de vie exige une grande authenticité. Elle regrette que, la plupart du temps, nous ayons besoin de nous sentir menacé par la maladie ou la déchéance pour réagir.

Exprimer la pulsion de mort pour cultiver l'élan de vie

Puis elle m'entraîne sur un terrain fascinant qui fait le lien entre ce qu'elle dit et ma propre réflexion. Souvent, note-t-elle, on se rend malade parce qu'on ne veut pas reconnaître la présence du désespoir et de la mort en soi : « Plus on s'interdit de reconnaître et de parler de la pulsion de mort, plus on s'éloigne de la source. Il est de première importance de se permettre de descendre pour pouvoir remonter. »

Si elle avait le pouvoir de refaire la société, elle s'arrangerait pour permettre à chacun de vivre ses cycles et ses mouvements intérieurs d'expansion et de contraction. Refuser ce mouvement revient à se condamner à la maladie. Elle remarque, en effet, que, si nos cuirasses corporelles nous protègent de la douleur, elles nous empêchent en même temps de percevoir notre mouvement intérieur, ce qui nous sépare de la respiration universelle et nous

La guérison du cœur

fait croire que nous sommes seul et isolé[1]. « On devrait donner à chaque personne un mois de congé payé par année pour *ne rien faire*. Ainsi, il n'y aurait pas de maladie sur la terre ! » lance-t-elle en forme de boutade.

Je lui demande ce qu'elle fait lorsqu'elle-même est malade. Dès qu'elle connaît des pointes d'inflammation, elle annule tout et se retire pour se mettre complètement à l'écoute de son corps. « Il n'y a rien d'autre à faire que ça, dit-elle. Je vais là où le corps veut m'emmener. S'il faut rester deux semaines couchée, je le fais. Si je ne le fais, je sais que je provoquerai une détérioration encore plus grande. »

Lorsqu'on est malade physiquement, il faut, selon elle, devenir encore plus végétatif que le corps malade. Il s'agit d'un geste de respect et de soumission totale. C'est comme si l'on disait à son corps : « Toi, tu sais. Moi, je ne sais pas ! Je me fonds à toi. Je me mets à ton service, au service de la vie cellulaire et des besoins primaires. » Et elle termine avec un grand sourire taquin en disant qu'une telle attitude demande une véritable *humilité de l'esprit.*

Je ressors ému de cet entretien. J'ai l'impression d'avoir parlé à un maître de la guérison du corps et du cœur. Ce qu'elle dit a réveillé la partie de moi qui connaît encore la maladie. Je me rends compte que j'ai rarement eu l'humilité dont elle parle. Chaque fois, j'ai fini par faire ce qu'il y avait à faire parce que la maladie m'y obligeait. Mais j'y consentais la plupart du temps de mauvaise grâce. Je réalise encore une fois combien je suis enclin à négliger mes besoins physiques et mes besoins affectifs parce que je ne leur accorde pas suffisamment d'importance. Je constate qu'elle a sans doute raison lorsqu'elle dit que, pour guérir définitivement, il faut apprendre à vivre comme un chat.

Je conclurai cette rencontre en citant un extrait de *S'autoguérir... c'est possible,* qui résume bien les enseignements que Marie-Lise Labonté a tirés de l'épreuve :

> N'ayez pas peur de vous réveiller et de regarder de quoi vous êtes fait. Personne ne peut le faire pour vous. Vous seul avez ce pouvoir. Vous pouvez croire qu'être en bonne santé

---
1. J'en profite pour souligner que le nouveau livre de Marie-Lise Labonté traite de la question des cuirasses corporelles que nous abordons, telles celles du mal-aimé, de l'abandonné et de l'incompris. Il s'intitule *Au cœur de notre corps. Se libérer de nos cuirasses,* Montréal, Éditions de l'Homme, 2000.

Les leçons de l'épreuve

c'est être toujours joyeux, rationnel, gentil, bon ; ne jamais montrer son désappointement, ne jamais pleurer, ne jamais être en colère. Cette croyance à elle seule peut vous amener à nier les mouvements spontanés et naturels qui font partie de votre personnalité.

Être en bonne santé, c'est s'aimer tel qu'on est, dans tous les moments successifs de sa vie, que ce soit en colère, heureux, malheureux, triste, rieur, fou, logique, rationnel, intuitif, créatif. C'est s'aimer avec ses manques, son manque d'amour de soi et des autres, ses refus de s'ouvrir, son plaisir à le faire.

On ne peut atteindre une vie spirituelle intense, on ne peut accéder au bonheur en niant la nature de ses émotions, de ses pensées et de sa réalité physique. N'ayez pas peur de ce qui surgit de vous... Donnez-vous la permission de vous sentir. Soyez votre propre laboratoire [1].

La « glande à bonheur »

La leçon de l'épreuve collective : la solidarité

Les témoignages que nous avons rapportés accordent tous un sens à la souffrance. Ils ont été choisis en fonction de cela. Beaucoup d'autres infirmeraient cette position. Pour un être qui est parvenu à se dépasser, combien d'autres sont restés prisonniers d'un malheur qui leur semble insensé ? Mais je tenais à vous présenter ces témoignages parce qu'ils nous invitent à changer de perspective. Ils nous donnent du courage devant l'épreuve. Ils nous montrent l'« élan de l'esprit » nécessaire à la guérison et à la vie.

Cet élan de l'esprit se déclenche aussi devant une épreuve collective comme lorsqu'un événement catastrophique touche un groupe humain. La région du Saguenay, au Québec, a ainsi subi une sorte de déluge voilà quelques années. Les crues sont devenues telles que dans certaines villes des quartiers entiers ont été emportés par les eaux. Un mouvement de solidarité s'est aussitôt développé dans la population. Devant la misère, les gens se retrou-

---

1. Labonté, Marie-Lise, *S'autoguérir... op. cit.*, p. 184.

vaient tous égaux. Quelques jours durant, la notion de riches et de pauvres fut abolie. Les gens se sentaient unis par le cœur dans un grand mouvement d'entraide.

Nous pourrions dire la même chose des événements qui sont survenus en France à la fin de l'année 1999. Tant la marée noire qui a sali les côtes de Bretagne et traumatisé une partie de ses habitants, que l'immense tempête qui a fait près d'une centaine de morts, dévasté des milliers de toits et abattu des millions d'arbres, ont provoqué de similaires mouvements de solidarité.

Le même phénomène s'est produit lors de la réputée « crise du verglas » qui s'est abattue sur Montréal et ses environs en février 1997. Cette crise a causé d'immenses dommages matériels et a obligé des centaines de milliers de personnes à aller habiter dans des centres de fortune. Du même coup, elle a aboli le sentiment « hyper-individualiste » qui domine habituellement dans une grande ville comme Montréal. Tout à coup, les gens découvraient leurs voisins parce qu'ils avaient des besoins mutuels. De nouvelles amitiés se sont ainsi créées. L'ouverture du cœur que la crise a stimulée a transformé la calamité en bénédiction pour certains. On vibrait à l'unisson devant la difficulté commune.

L'une des questions épineuses posées par cette crise concernait le relogement des personnes âgées. En général, celles-ci craignaient de quitter le confort de leur appartement pour se retrouver dans des refuges de fortune où l'on couche dans des dortoirs. Pourtant, après quatre semaines de ce régime, les mêmes personnes âgées quittaient à regret les centres d'accueil parce qu'elles y avaient retrouvé une chaleur humaine qui manque douloureusement dans leur vie.

Les catastrophes naturelles sont extérieures et obligent les êtres à s'entraider humblement en faisant l'expérience d'une souffrance commune. Bien qu'elles soient extrêmement regrettables et qu'elles entraînent détresse et désespoir, elles remplissent souvent une autre fonction : unir la grande famille humaine, ne serait-ce que pour quelques heures, ne serait-ce que pour quelques semaines. La même chose vaut pour l'épreuve individuelle qui invite à la solidarité avec soi.

Les leçons de l'épreuve

On peut mener le cheval à la fontaine...

L'épreuve place chacun devant un choix personnel déchirant, celui de combattre ou d'abandonner. Combattre d'ailleurs sans trop savoir comment ni pourquoi, puisqu'en général le sens de l'épreuve ne s'offre pas de prime abord et qu'il se révèle à mesure que l'on avance, qu'il se gagne. Pour que l'épreuve ait un effet initiateur, il faut véritablement que la personne la traverse. Alors, en fin de course, s'offre au regard une sorte de panorama imprenable qui vient récompenser celui qui a triomphé de l'escalade. Un cynique peut toujours affirmer que le sens constitue une pure fiction; pour ma part, je n'échangerais pas le fond de désespoir que recouvre le cynisme contre la sérénité et la joie de vivre qui animent les gens dont je vous ai parlé.

« On peut amener le cheval à la fontaine mais on ne peut le forcer à boire ! » dit le dicton populaire. Les trois personnes qui ont témoigné dans ces pages affirment toutes qu'il y a un sens à l'épreuve, mais à la condition expresse qu'on y mette du sien. Le fait est que nous sommes libre de chercher ou non un sens à l'épreuve. Notre liberté de regard et d'interprétation est totale à cet égard. Nous avons le choix, ou de nous rendre malheureux à souhait en surmontant et récréant notre propre infortune, ou de voir dans l'épreuve une occasion de changement. Si l'on se met courageusement à la recherche du sens, l'on risque de se découvrir des forces que l'on ne se connaissait pas et de jouir d'une vie que l'on ne soupçonnait pas. La machine humaine a alors l'occasion de déployer son potentiel de création et de régénération.

Il est étonnant de constater comment les conclusions personnelles de ceux qui ont témoigné dans ces pages correspondent aux conclusions de ceux qui vont vers l'épreuve de façon volontaire. L'explorateur Bernard Voyer, qui a traversé l'Antarctique à skis et qui vient de réussir l'escalade du mont Everest, me confiait que la chose la plus difficile consiste à triompher de soi. De minute en minute, dit-il, malgré la douleur qui tenaille, il s'agit de vaincre les doutes et les tours de l'imagination pour suivre sa volonté avec détermination et courage. Pour lui, la conquête des grands espaces va indéniablement de pair avec la conquête de soi.

La guérison du cœur

Alexandre Poussin et Sylvain Tesson témoignent de la même façon. Ces deux Français d'une vingtaine d'années ont traversé l'Himalaya en parcourant cinq mille kilomètres à pied, sans tente, sans réserve de vivres et sans porteurs. Ils ont franchi des frontières clandestines, géographiques et spirituelles, risquant leur vie à plus d'une reprise. Ils ont connu des variations climatiques qui oscillaient entre plus quarante-huit degrés et moins quinze degrés. Ils ont souffert en chemin de dysenterie, d'infestation de poux, d'eczéma et de scorbut en raison de la malnutrition. Et pourtant, à l'apogée de leur immense aventure, ils se laissent aller à philosopher de la façon suivante :

> Le bonheur n'est pas une quête, une course d'horizons, un voyage. Les Américains l'ont inscrit dans leur Constitution comme un imprescriptible droit, mais parlent de *pursuit of happiness* comme s'il s'agissait d'un rare gibier, d'un dollar à cornes. Non ! Le bonheur est en nous, c'est un regard ressourcé sur les choses simples. Si les voyages ont un but, c'est de redécouvrir cette clé de la sédentarité, cette capacité d'exciter cette « glande à bonheur » : l'enthousiasme [1].

L'épreuve a le pouvoir de révéler au grand jour un être que nous ne connaissons pas. Elle est une forme de symbole susceptible de nous relier à la part d'inconnu qui nous habite et qui nous attend dans l'ombre de nous-même. Il nous fait peur, cet inconnu, et nous hésitons à faire les premiers pas vers lui même si nous savons, comme le disent, chacune à leur façon, Johanne de Montigny et Marie-Lise Labonté, que c'est le connu qui nous emprisonne et nous rend malheureux.

Cette situation m'évoque les paroles du poète hongrois Gyula Illyes : « Je volette sur les perchoirs d'une cage de plus en plus petite dont la porte est ouverte. Grande ouverte [2] ! » L'épreuve ne nous montre-t-elle que notre cage est devenue trop petite et que nous hésitons devant une porte ouverte, grande ouverte ? N'est-ce

---

[1]. Poussin, Alexandre, Tesson, Sylvain, *La Marche dans le ciel. 5 000 kilomètres à pied à travers l'Himalaya,* Paris, Robert Laffont, 1998, p. 283. Je vous recommande la lecture de ce livre fort sympathique qui sort de la morosité à coup sûr et met des fourmis dans les jambes.

[2]. Illyes Gyula, *Sentinelles dans la nuit,* Paris, Messidor, « Temps actuels », 1984, p. 25.

pas au moment où nos habitudes deviennent sclérosantes que des événements heureux ou malheureux nous déstabilisent ?

Les synchronicités que nos trois témoins ont relevées à propos d'eux-mêmes nous invitent à le penser. Leurs récits semblent confirmer l'idée de Jung selon laquelle « ce que la conscience refuse a le pouvoir de se présenter à l'individu de l'extérieur sous la forme d'un destin adverse ou d'un accident ». Il semble bien que, par des mécanismes mystérieux et complexes, les personnages qui dorment en nous aient le pouvoir d'attirer certains types d'événements ou de nous placer dans certains courants de vie.

Serge est happé par une automobile au moment où il connaît une grande tension dans sa vie familiale. À vingt-neuf ans, Johanne de Montigny réussit de façon exemplaire, mais son épreuve lui permettra de découvrir que derrière la culpabilité d'avoir survécu à l'accident se cachait celle d'avoir survécu au départ de son père. Marie-Lise Labonté considère qu'il existe un rapport direct entre ses tendances à l'autodestruction, qu'elle a décelées très tôt dans sa vie, et l'explosion de la maladie.

Dans les trois cas, l'épreuve a facilité l'émergence d'une nouvelle facette de la personnalité et cette nouvelle personnalité a affranchi ces êtres de certaines de leurs idées toutes faites. Tous trois mettent à présent l'accent sur une vie intérieure intense qui accorde la primauté à la personne et aux relations interpersonnelles. Ils ont, pour ainsi dire, accompli le passage du corps au cœur, ils ont quitté une vie de valeurs matérielles pour épouser un destin psychologique et spirituel.

Il est étonnant de constater, par ailleurs, que tous trois ont décidé d'alléger la peine des autres, chacun à sa façon. Dans cette voie, ils trouvent aujourd'hui le sens de leur vie et un terrain pour poursuivre l'exploration d'eux-mêmes et de leur univers. Ils s'accordent en cela avec les explorateurs que j'ai mentionnés et qui se donnent pour mission de partager leurs expériences avec autrui afin d'encourager tout un chacun à rêver et, pourquoi pas, à réaliser certains de ses rêves.

Malgré tout...

Malgré tout, mon ami René est mort triste et déçu. Selon ses propres mots, il n'avait pas eu « le temps de finir son existence ».

La guérison du cœur

J'ai compris dans les contacts des derniers mois qu'il avait peu de vie intérieure et donc peu de ressources pour lutter contre le non-sens. À ma grande surprise, il était resté à la surface de lui-même. Il ne voyait dans son épreuve qu'une absurdité, cela lui rendait la douleur intolérable. L'angoisse habitait de plus en plus ses nuits à mesure qu'il approchait de l'échéance fatidique. Il n'arrivait pas à s'abandonner. Il s'imaginait plonger dans le néant et cela le terrifiait.

Cruellement, cette fois-ci, j'ai pu constater combien le manque d'intimité avec soi-même condamne à une dépendance extrême. À la fin, René est devenu exigeant envers ses proches. Il aurait voulu que sa femme meure avec lui, pour que même dans la mort il ne puisse sentir l'isolement qui lui glaçait le cœur. Il ne comprenait pas que ses plus fidèles amis ne s'écroulent pas et n'abandonnent pas leurs familles pour s'occuper de lui. Loin de sa racine profonde, il ne pouvait s'accompagner dans son propre processus et ne rencontrait de réconfort nulle part.

Cela me rappelait les paroles de Marie-Lise Labonté : « Parfois, lorsque je donne une conférence, je suis triste de voir tous ces gens qui attendent de moi quelque chose qui est déjà en eux. Ils portent une beauté merveilleuse et ils ne le savent pas. Ils portent l'amour et ils le cherchent partout. » Mon ami René est mort dans un pur non-sens. Il ne savait pas qu'il était amour et à cause de cela il ne trouvait plus de refuge.

Je vous ai livré ces témoignages en espérant qu'ils sauront vous convaincre de l'importance d'une vie intérieure riche, parce que c'est le seul recours que nous ayons devant l'épreuve, devant la maladie et devant la mort.

4

LES LEÇONS DE L'AMOUR

Ce que l'amour a de plus doux, ce sont ses violences.
Hadevick d'Anvers.

Les enseignements de la peine d'amour

La pulsion d'amour

Dans ce chapitre, nous allons aborder la question des relations amoureuses. Je ne sais pas trop s'il faut les ranger dans le registre des épreuves ou dans celui des maladies. Probablement les deux à la fois. En tout cas, à voir le succès de mon dernier livre et des conférences qui l'ont accompagné, je ne peux plus douter qu'elles constituent un terrain miné dont il n'est pas facile de sortir indemne, heureux ou simplement en ayant le sentiment d'avoir appris quelque chose pour le futur.

Si l'épreuve amoureuse constitue vraiment l'épreuve la plus importante de notre vie, c'est que l'amour est au cœur de chacun. Nous sommes sur terre en espérant nous réconcilier, d'une façon ou d'une autre, avec l'amour. Sans compter que, comme nous l'avons vu, l'épanouissement amoureux constitue un facteur de survie individuel et collectif.

Dans l'introduction de mon livre *L'Amour en guerre*[1] je me suis ouvert du fait que j'étais loin d'être un as sur le plan amou-

---

1. Montréal, Éditions de l'Homme, 1996 (pour le Canada), *N'y a-t-il pas d'amour heureux?*, Paris, Robert Laffont, 1997 (pour l'Europe francophone).

La guérison du cœur

reux. Je me spécialisais plutôt, l'expérience aidant, dans les difficultés de couple. Ce livre se terminait sur la question de l'intimité avec soi. J'y disais essentiellement que c'est à une telle intimité que nous renvoient les obstacles que nous rencontrons. Cette proposition appelait une explication et une élaboration que je vous propose maintenant. Je vous invite donc à regarder fonctionner notre hypothèse de départ, qui concerne le sens de la souffrance, sur le terrain bien concret de la relation amoureuse et des peines qu'elle engendre.

La déconfiture amoureuse compte souvent parmi les périodes les plus douloureuses de la vie d'un être. Pourtant, contre toute évidence, une peine d'amour peut devenir l'occasion par excellence d'une évolution psychologique. En effet, lorsque les arrière-fonds psychiques sont remués et que ce qui se dissimule habituellement à la conscience monte à la lumière du jour, nous entrevoyons nos dépendances, nos vulnérabilités et nos besoins. Sans doute, à certains moments, la vision de notre détresse peut-elle sembler si intolérable que nous voudrions mettre fin à nos jours, mais, peu à peu, si nous puisons en nous le courage de vivre avec la crise au lieu de la fuir, une nouvelle perspective s'offre à nous. Cette attitude permet d'intégrer les leçons que nous livrent les émotions et de nous mener vers une conception plus juste de l'amour humain.

L'amour romantique représente une épreuve de taille pour la plupart d'entre nous. À ce titre, il est plus facile de vivre en paix avec un animal ou un arbre que de trouver l'harmonie avec un autre individu. Quant à l'amour universel, il est plus facile à proclamer quand il n'y a personne autour de soi et que nul ne s'immisce dans sa vie privée. Et comment espérer atteindre un amour universel réel qui ne soit pas simplement une pose pour la galerie si nous n'arrivons même pas à nous entendre avec une personne bien en chair et en os ?

De ce point de vue, il ne semble pas y avoir de terrain à la fois plus difficile et plus propice pour le travail d'unification de soi qu'une relation amoureuse. Car les insatisfactions mêmes de la vie de relation, pour autant qu'un être les accepte, peuvent devenir le chemin par excellence des retrouvailles avec le potentiel amoureux. Je me dis souvent, d'ailleurs, que le test suprême pour les maîtres qui proclament leur proximité avec le divin serait de les « jeter » dans un couple !

Les leçons de l'amour

La pulsion d'amour, la pulsion d'union à l'autre et à l'humanité, constitue sans doute l'élan le plus profond de notre être. Nous savons instinctivement que là réside notre bonheur. D'une certaine façon, l'amour est la seule porte qu'aucun être humain ne puisse fermer pour de bon.

Une question de friction

Une relation amoureuse, de quelque nature qu'elle soit, homosexuelle ou hétérosexuelle, et plus particulièrement si elle est vécue sur le mode de la cohabitation, provoque une « friction » intense entre deux êtres. J'emploie le mot « friction » dans un sens neutre, me référant aussi bien à la friction de la caresse qu'à celle de l'insulte. La friction est ce qui permet de sentir le mouvement. Pour cette raison, elle est aussi ce qui nous amène à nous rendre compte que nous existons. Par exemple, la friction du vent chaud sur la peau au début de l'été nous permet de prendre conscience de nos réactions subjectives et nous fait vibrer de sensualité.

Dans le couple, le même principe joue. La vie à deux produit une intensification des frictions telle qu'on ne peut plus s'oublier ! C'est en ce sens que la relation permet la connaissance de soi. Sur le plan analytique, nous dirions que tous les « moi » cohabitant dans un individu vont se révéler, par le biais de cette friction, autant ceux qu'il apprécie que ceux qu'il n'aime pas et qu'il souhaiterait voir le moins souvent possible. Dans une relation profonde, infailliblement l'ombre et la lumière se mettront de la partie.

Lorsque je parle des « moi », je désigne nos différentes personnalités, nos sous-personnalités, en fait. Par exemple, lorsque nous sommes en colère, une autre partie de nous monte à la surface. Elle a ses propres souvenirs et sa propre histoire. En colère, nous pouvons nous rappeler tout ce que notre compagnon ou notre compagne a pu faire de désagréable depuis le début de la relation. La même chose vaut lorsque celui qui est rejeté ou abandonné a le contrôle de la situation. En l'espace de quelques minutes nous nous retrouvons dans l'enfance, ayant perdu d'un seul coup nos capacités habituelles d'adaptation.

Ces sous-personnalités ne concernent pas seulement des éléments soi-disant « négatifs ». Si vous êtes ému jusqu'aux larmes

La guérison du cœur

par la vulnérabilité d'un compagnon ou d'une compagne, vous verrez soudain la vie dans ses yeux et laisserez émerger la partie la plus compatissante de vous.

La psychologie a donné le nom de « complexes » à ces fragments de notre personnalité qui n'ont pas le pouvoir de mener le bal à eux seuls, et qui, dans certaines conditions favorables, franchissent le seuil de la conscience [1]. Ces complexes s'activent, lorsque pour des raisons telles qu'un choc émotif ou une consommation exagérée d'alcool, pour ne nommer que celles-là, les mécanismes de défense du moi relâchent leur vigilance. Les complexes montrent alors leur pouvoir et leur autonomie, nous faisant faire et dire des choses que nous n'aurions jamais faites ou dites dans des conditions normales.

L'entreprise thérapeutique vise à faire perdre leur autonomie aux sous-personnalités inconscientes en encourageant le moi à entretenir une relation plus consciente avec elles. Le moi ne se prête pas de bonne grâce à ce travail, car l'intégration des complexes implique une modification de la personnalité. Pourtant, même si la pilule est amère, on ne peut négliger les fruits d'un tel labeur. Le bénéfice principal consiste en une vitalité accrue, car la conscience va désormais jouir de l'énergie qui était jusque-là « encapsulée » dans les complexes. Cette énergie nouvelle, mise à la disposition du moi conscient, se mesure à la plus grande autonomie de la personne et au renforcement de ce que nous appelons la volonté.

Énergétiques et dynamiques, les complexes structurent notre façon de vivre. Ils conditionnent notre réalité. Ils en deviennent les metteurs en scène, pour ainsi dire, d'autant plus puissants qu'ils demeurent invisibles. Ils définissent aussi notre façon de percevoir les choses, à l'instar de lunettes qui coloreraient notre vision. Lorsque nous sommes amoureux, nous voyons la vie en rose et nous entendons les oiseaux chanter. Nous nous émerveillons

---

1. Jung a proposé le terme « complexe » à la suite de ses expériences sur les associations que produit spontanément le cerveau. Il s'est mis à s'intéresser en cours d'expérimentation à tout ce qui venait perturber le temps de réponse d'un sujet soumis à des mots stimuli tels que « trou », « tuyau », et une centaine d'autres. Temps de réponse prolongé, éclat de rire, gêne soudaine, refus de répondre devinrent pour lui autant d'indicateurs que certains centres émotifs avaient été touchés chez la personne. Il venait de découvrir les complexes. Pour plus de détails, j'invite le lecteur à consulter l'ouvrage de Charles Baudouin, *L'Œuvre de Jung* (Paris, Petite Bibliothèque Payot, n° 265, 1963), particulièrement la partie intitulée « De l'association au complexe », p. 128-144.

Les leçons de l'amour

devant les amoureux qui s'embrassent dans les parcs, alors que dans toutes les villes du monde des amoureux s'embrassent dans les parcs. Si la dépression vient à nous toucher, au contraire, nous portons des lunettes sombres qui accentuent le caractère désolant de la réalité et nous ne voyons plus que des amoureux qui se querellent, dans les mêmes parcs.

En fait, les complexes nous mettent en accord avec une certaine facette du monde. Ils nous font littéralement voyager sur une certaine longueur d'onde. Leur rôle est donc majeur et, dans une entreprise de libération individuelle, il est de première importance d'en prendre conscience, car ils façonnent notre réalité intérieure à notre insu.

Nous pourrions également donner le nom de « charges du passé [1] » à ces structures complexes, car elles relèvent la plupart du temps de la mémoire sensorielle, affective et mentale. Elles sont constituées d'un réseau d'associations qui a pour centre une émotion, telle que la peine, le dégoût, la colère ou la honte. Au fil du temps, cette émotion a rassemblé autour d'elle un champ d'éléments disparates qui possèdent tous la même teneur affective. C'est la raison pour laquelle vous pouvez retrouver emmêlés, au sein d'une même charge, aussi bien un souvenir d'enfance qu'un détail de la veille. En fait, il y a fort à parier que ce qui a été vécu la veille et qui vous a touché est venu réveiller ce qui s'est passé il y a fort longtemps.

L'idée d'une charge dynamique qui agit comme le ferait un aimant présente de l'intérêt, car les notions de masse et d'intensité s'y associent. Ces charges affectent notre fluidité intérieure au sens où leur lourdeur ralentit notre flux naturel. Elles représentent souvent des fixations qui deviennent autant d'éléments obsessionnels sur lesquels nous butons sans cesse. Bientôt, prisonnière de situations répétitives, la conscience ne saura plus comment résoudre ces problèmes. C'est à ce point que le couple présente une utilité et a une efficacité psychologique : il est un moyen de faire exploser les charges qui nous alourdissent et les complexes qui nous emprisonnent.

---

[1]. Lessard, Pierre, « L'impact de nos mémoires sur le quotidien », in *Entretien avec les énergies du maître Saint-Germain,* notes personnelles de l'auteur. J'associe ici la notion de « charge du passé » à celle de « complexe ». Elle explicite l'idée de l'aspect énergétique des noyaux psychiques que Jung avait entrevu dans un livre qui s'intitule *L'Énergétique psychique* (Genève, Libraire de l'Université, et Paris, Buchet-Chastel, 1956).

Pour faire éclater les charges du passé, pour faire remonter les complexes à la surface, la vie à deux est ce qu'il y a de mieux. Nous constatons même que ses lois, psychologiques, sont semblables à celles de la physique. Dans une relation romantique, la friction naturelle qui se développe entre les êtres provoque un réchauffement de l'atmosphère. Ce réchauffement constitue la condition première pour permettre aux charges d'exploser et d'entrer en fusion. À l'occasion de cette fusion, de nouveaux mélanges se produisent, si bien que pendant la période de refroidissement nous constatons que de nouveaux éléments ont été créés. Si, pour la science physique, ces nouveaux éléments se nomment atomes, cellules ou étoiles, pour la psychologie, ils s'appellent nouvelles attitudes, nouvelles façons de concevoir les choses, nouvelle autonomie ou dépendance. Car tout peut sortir de ce creuset !

« Miroir, miroir, dis-moi qui est la plus belle... »

Dans un couple, le conjoint ou la conjointe sert de miroir, un miroir qui révèle aussi bien les sourires que les rides. L'autre reflète à son insu non seulement les parties conscientes de soi, celles que l'on connaît et que l'on apprécie, mais il révèle également les parties inconscientes, celles que l'on ignore parce qu'on les trouve désagréables ou que l'on refoule. L'autre me révèle donc des dimensions cachées de moi-même. Certaines d'entre elles seront bienvenues, par exemple si je découvre ma capacité de tendresse restée jusque-là en sommeil ; mais d'autres le seront moins si, à l'inverse, je suis confronté à ce qui est mesquin, autoritaire et dépendant.

Si l'on ne souhaite voir que les bons côtés de soi-même, le couple représente assurément une épreuve intolérable. Par contre, si l'on a compris que ce miroir nous aidera à acquérir une plus grande connaissance de soi, on peut fort bien l'utiliser à cet effet. Comme le dit si justement la psychologue Danièle Morneau : « C'est plus facile de se reconnaître en se regardant dans une glace puisqu'il est virtuellement impossible de se voir le visage directement. » Elle signifie par là que, si l'on veut entreprendre un travail de découverte de soi, la présence de l'autre agira comme stimulant dans cette grande tâche, un stimulant qui, bien entendu, peut tout

Les leçons de l'amour

aussi bien irriter que flatter. Car, s'il est vrai qu'il n'y a pas d'intimité avec l'autre sans intimité avec soi, nous pouvons renverser cette proposition et affirmer qu'il n'y a pas d'intimité avec soi sans intimité avec l'autre.

Nous recherchons avidement le miroir positif qu'une autre personne est susceptible de nous offrir. Dans certains cas, nous nous accrochons désespérément à elle pour qu'elle nous le tende. La raison en est que la majorité d'entre nous cachent des blessures sur le plan de l'estime de soi. Enfant, nous avons manqué d'amour et d'acceptation inconditionnelle; plus nous en avons été privé, plus nous cherchons avec ardeur ce reflet avantageux de nous, et uniquement ce reflet avantageux.

La période initiale d'une relation amoureuse présente l'avantage d'offrir un tel reflet : je ne vois que les bons côtés de l'autre et réciproquement. Pendant cette période, nous embrassons à part égale la perfection de l'autre et le miroir positif qu'il nous offre de notre propre perfection. Malheureusement, cette période s'estompe après un certain temps et, comme le dit si bien le sexologue Willy Pasini, « après la foudre viennent les coups! ». L'autre pointe immanquablement sa tête des mauvais jours derrière le miroir, et je commence à souffrir parce que je réalise qu'il n'est pas aussi parfait que je l'avais cru au premier abord et qu'en plus il est très différent de moi.

« Ah, malheur ! Il n'y a sans doute qu'à moi que ces choses-là arrivent ! » ruminerez-vous, consterné(e), un beau matin devant votre miroir qui s'est fait de... glace, car le climat s'est considérablement refroidi ! Guidé(e) par le désespoir, vous vous mettrez à frapper sur la pauvre petite tête de l'autre pour la faire disparaître au plus vite et retrouver votre reflet bienfaisant. Peine perdue, on dirait de l'eau sur le dos d'un canard... Ce type de bouc, émissaire bien entendu, a non seulement la tête dure mais aussi la réplique facile ! Il vocifère, claque des portes, se referme sur lui-même, et vous accuse, en retour, d'être responsable de tous ses malheurs. Bref, manque de chance, vous êtes tombé sur la seule personne au monde née pour vous gâcher la vie. La friction est à son comble. Vous êtes dans tous vos états et sur le point d'exploser. Voilà d'ailleurs pourquoi vous songez à rompre la relation : c'est qu'elle commence à menacer sérieusement votre équilibre interne.

Sur le plan psychologique, nous pourrions dire que vous êtes enfin arrivé à destination. Car, si vous êtes dans tous vos états, la première chose à considérer est qu'il s'agit bien de vos propres états et que l'autre, s'il a le malheur de les provoquer, n'en est nullement responsable. Il tente lui aussi de survivre dans la tempête en vous tapant sur la tête.

Lorsque les assiettes commencent à voler

Lorsque la mayonnaise se met à prendre, pourrions-nous dire, et que les assiettes commencent à voler sur votre tête ou dans la cuisine, lorsque la foire d'empoigne est à son meilleur, si vous me passez l'expression, vous avez alors une vue imprenable sur vos ombres. Courez vite devant un miroir ! Le travail peut débuter. En thérapie, vous n'avez goûté qu'aux hors-d'œuvre, vous voici devant le plat principal !

Devant le plat principal, vous avez le choix : en manger un peu, beaucoup ou pas du tout. Il n'y a pas de jugement à poser là-dessus. À chacun son rythme, et rappelez-vous que de toute façon, dans la vie, le premier devoir consiste à survivre. Vous voici donc devant ce plat où grouillent... des vers. De vieilles choses remontent à la surface. Il y a des années que vous ne vous êtes pas senti bouleversé, irrité, trahi ou abandonné à ce point. Peu importe, d'ailleurs, qu'il s'agisse de l'un ou de l'autre de ces sentiments, ici tout est bon et je vous laisse le soin de choisir l'adjectif approprié qui correspond à votre scénario préféré.

C'est précisément durant ce moment tragi-comique par excellence, alors que, voulant être doux et compréhensif, vous n'arrivez qu'à éclater, alors que, voulant vous montrer ouvert, vous n'arrivez qu'à vous fermer, c'est précisément à ce moment-là que vous aurez avantage à vous souvenir de la modeste hypothèse qui fait l'objet de cet ouvrage : vos épreuves ont un sens. Il ne s'agit pas d'une erreur d'aiguillage, vous êtes vraiment devant la personne faite pour vous, à ceci près qu'elle vous empoisonne la vie. Sur ce plan, il faut bien avouer qu'elle joue son rôle à merveille. De plus, bien qu'à ce moment précis de votre histoire cela semble la chose la moins évidente du monde, cette personne est là pour vous révéler que vous êtes tout amour... !

Eh oui ! Disons simplement que vous devrez surmonter quelques obstacles pour vous en rendre compte. Oh n'ayez crainte, il ne s'agit que de vétilles, des détails, somme toute, et l'autre est là pour s'assurer que vous ne les ratiez pas ! Quelle chance, n'est-ce pas ! Il vous déstabilise, il vous fait sortir de vos gonds, bref, il vous révèle là où le bât blesse. À ce moment de perdition extrême, ce moment où le grain de sable menace d'étouffer le carburateur, la meilleure attitude à prendre est la suivante : au lieu de considérer que l'autre empêche votre vie de tourner rondement, concevez plutôt qu'il vous empêche de tourner en rond sur vous-même. Comme le dit si bien l'un de mes amis : « On ne connaît jamais la raison pour laquelle on se trouve derrière une auto qui lambine sur la route ! »

Trêve de plaisanterie : vous êtes de la même essence que l'autre, et vous êtes bien, aussi, ce personnage ignoble qu'il fait naître en vous. Si vous ne l'étiez pas, vous ne le reconnaîtriez pas, vous seriez indifférent à tout cela. Hum ! Dur coup pour l'orgueil ! Consolez-vous, vous prenez simplement conscience de vos chaînes dont vous ne pourrez vous libérer que si vous les voyez.

Bien entendu, vous n'êtes absolument pas obligé d'épouser une vue aussi déplaisante des choses. Vous pouvez décider de vous séparer sur-le-champ, mais, entre nous, pourquoi courir dans les bras d'un autre problème alors que vous en avez un si beau à la maison ? Vous risquez tout simplement de tomber sur la seule autre personne au monde née pour vous empoisonner autant que la précédente puisque c'est votre vision de la réalité qui est en cause. En fait, plus les complexes sont autonomes et actifs, plus ils sont chargés, plus ils ont le pouvoir d'attirer des charges semblables qui, par un effet de fusion et de friction, auront le pouvoir de modifier, en partie du moins, la structure de votre moi. Et le but de l'exercice consiste précisément en cela.

Vous pouvez prier le bon Dieu pour qu'il vous délivre d'une telle épreuve, vous réfugier dans un monastère, vous abrutir dans le travail ou œuvrer jour et nuit pour une grande cause, gageons que le démon des relations saura vous débusquer jusque-là. Tôt ou tard, vous arriverez à l'une des seules conclusions possibles : l'univers, qui n'est autre que vous-même, entendons-nous sur les termes, l'univers, donc, vous aide à devenir vous-même en vous plongeant dans les ennuis. Autrement dit, vous aurez à lever vous-même les obstacles qui vous empêchent d'aimer.

Nous pourrions nous étendre ici sur le pourquoi d'une telle situation, mais contentons-nous, pour le moment, de nous inspirer de l'enseignement de Pierre Lessard. Il nous propose de concevoir que la situation d'emprisonnement où nous nous trouvons est notre propre création, et que, l'ayant fabriquée de toute pièce, nous et nous seul en possédons la clé. Nous pouvons également supposer que notre nature essentielle est libre et souveraine, et qu'en ce sens les aides soi-disant salvatrices qui nous déchargeraient totalement de nous-même ne feraient que retarder notre processus de retrouvailles avec notre essence.

Toujours selon cet enseignement, l'univers nous aiderait à devenir ce que nous sommes en nous mettant dans des situations problématiques qui font éclater nos charges inconscientes. Dans un premier temps, nous pouvons prendre conscience de nos conditionnements pour tenter de les comprendre. Nous pouvons ensuite dissoudre un à un les complexes qui nous séparent de notre capacité d'aimer en les explorant. Car chaque charge, chaque complexe, chaque conditionnement représente pour ainsi dire un système d'interprétation limité de l'univers, une compréhension restreinte au regard du fait que nous sommes essentiellement amour et formons Un avec le tout. Les limites de notre compréhension s'expriment sous la forme de tensions corporelles, de malaises affectifs et de rigidités mentales. Nous prenons souvent pour notre véritable moi ce château de cartes en perpétuel déséquilibre, mais les événements de la vie se chargent de l'ébranler et de remettre en question notre vision des choses.

Ainsi les charges ou les complexes agiraient comme des voiles ou des filtres qui nous font épouser des convictions contraignantes par rapport à nous-même et à la réalité.

Les nœuds de l'enfance

Pourquoi en est-il ainsi ? Les dynamiques qui se jouent sur le terrain amoureux présentent la plupart du temps des similarités avec les dynamiques familiales de l'enfance. J'ai longuement développé, dans mon livre *L'Amour en guerre,* la question de la nature des répétitions sur le terrain du couple. En fait, tout ce qui a été rejeté par la conscience possède le pouvoir, par l'intermédiaire des complexes, de faire retour dans notre vie. Les complexes font que nous transformons même des situations favorables à notre évolution en situations défavorables.

Les leçons de l'amour

À cet égard, Freud affirmait que tout ce qui est inconscient se répète. Jung ajoutait que tout ce qui a été rejeté par la conscience a le pouvoir de se manifester de manière autonome dans notre vie, sous la forme d'un accident ou d'un destin extérieur dans lesquels nous ne reconnaissons pas, de prime abord, la trace de nos refoulements. Notez bien dans ce passage que c'est ce qui demeure inconscient qui a le pouvoir de se répéter. Ce qui a été intégré à la conscience perd ce pouvoir.

Par exemple, si vous avez eu une mère dominatrice mais que vous ayez pu intégrer de façon satisfaisante vos propres désirs de domination de même que vos tendances à la soumission, vous n'aurez pas à répéter le scénario de la domination. Par contre, si, pour survivre à un parent autoritaire et même violent, vous avez dû faire taire vos protestations spontanées et refouler vos mouvements intérieurs, il y a de fortes chances que vous répétiez ce type de scénario dans les bras d'un ou d'une partenaire qui affectionne la domination.

De même, si vous vous êtes cantonné dans une position infantile et irresponsable pour fuir les rigueurs des relations humaines, vous risquez de rencontrer un partenaire dominateur qui ne vous laissera pas tranquille et qui vous obligera à vous positionner. Si, par ailleurs, vous avez développé un côté dépendant pour vous adapter à une situation qui vous interdisait d'utiliser vos propres forces, il y a de fortes chances que votre futur partenaire abuse de cette dépendance et vous entraîne dans des souffrances telles qu'un jour vous devrez apprendre à vous respecter et à vous affirmer.

Il est utile de comprendre que, pour conserver un certain équilibre, l'enfant doit non seulement s'adapter mais souvent se « suradapter » à un parent exigeant. L'enfant s'affiche alors comme doux, gentil et complaisant envers ce parent afin d'éviter de déclencher sa colère. Lorsque ce style de comportement n'est pas remis en question, il devient la dynamique par excellence de cet enfant parvenu à l'âge adulte. Cet individu fait sa vie en présentant son sourire et sa gentillesse en guise de carte de visite. Il fuit les confrontations et change de trottoir pour éviter les gens agressifs, jusqu'à ce que son scénario de bon garçon ou de bonne fille soit mis en échec par un événement extérieur [1].

---

1. Toute l'œuvre de la psychanalyste Alice Miller parle de ces questions de « suradaptation » et d'amour-propre. *Le Drame de l'enfant doué* (Paris, Presses universitaires de France, coll. « Le fil rouge », 1990) demeure une référence à ce sujet.

La guérison du cœur

De plus, il a de bonnes chances de tomber sur un partenaire que sa douceur irritera au plus haut point à la longue. Au travail, il risque de se voir confronté à des situations qui exigent de sa part fermeté et autorité, des situations devant lesquelles son sourire restera inopérant. Alors, les blessures de l'enfance s'ouvriront à nouveau. Les charges émotionnelles du passé, celle-là mêmes qu'il a tenté d'oublier une fois pour toutes, exploseront en lui et lui signaleront qu'il y a anguille sous roche. Il se verra plongé dans des dilemmes et des tourments qui lui feront perdre sa fausse bonne humeur. Et alors même qu'il condamnera ceux et celles par qui le malheur arrive, il ne comprendra pas que l'univers est en train de lui faire un magnifique cadeau en l'entraînant dans un tel marasme.

L'amour romantique constitue le terrain où se rejouent les drames de l'enfance, cette période durant laquelle, pour nous protéger des grandes émotions et des grands heurts, nous avons dû fermer notre cœur et tempérer notre sensibilité. Voilà pourquoi nous nous retrouvons à présent inapte à l'amour, amputé d'une partie de nous-même et incapable de nous tenir debout devant les difficultés.

Nous avons beau essayer de nous cacher, l'univers nous rattrape et nous invite à devenir nous-même au prix de souffrances parfois exemplaires. À ce jeu, il n'y a pour ainsi dire pas de morale. L'univers semble très généreux et très prolifique à cet effet. Nous sommes confronté à une foison de situations dont nous avons besoin pour dépasser nos difficultés et arriver à une capacité réelle de cohésion avec nous-même et avec l'humanité.

L'amour romantique en est une. En parler revient à parler du terrain sur lequel nous pouvons nous découvrir et nous dépasser. À condition de traiter les répétitions comme autant d'occasions d'évoluer, à condition d'accepter que la souffrance engendrée puisse avoir un sens et qu'on puisse y mettre fin non pas en passant à côté mais en passant à travers, c'est-à-dire en tentant de se comprendre soi-même. Il s'agit ni plus ni moins de rencontrer les résonances qu'une situation fait naître en nous, d'explorer les associations qu'elle suscite, et d'observer les sentiments de désespoir, de découragement, d'abandon et de colère qu'elle provoque. Ainsi, ce qui était caché dans l'inconscient a une bonne chance de se voir intégré à la vie consciente. Ainsi, la souffrance ouvre le chemin de la connaissance et permet de mettre un terme aux répétitions destructrices.

Les leçons de l'amour

Quelques exemples

Hélène, la battante

Illustrons ce que nous venons de voir par quelques exemples concrets. Nous commencerons par le cas d'Hélène, une patiente que j'ai suivie pendant quelques années en analyse. Elle a quarante-cinq ans au moment où survient l'événement que je vais relater.

Après plusieurs mois de thérapie, Hélène me parle du fait que son ami vient tout juste de l'abandonner, sans préavis. Elle s'en trouve fort attristée et, sous sa tristesse, je sens la colère monter. Ses vieilles blessures se réveillent. Elle en veut à ce qu'elle appelle « la maudite race des gars, la race des hommes irresponsables qui sont incapables d'avouer leurs sentiments réels et qui vous laissent avancer toute seule sur le terrain amoureux pour ensuite vous laisser tomber ! ».

Elle est amère, et je la comprends. Après des années de solitude, elle a fait la connaissance d'un homme et ils ont vécu un bonheur enviable pendant une bonne année. Ils commençaient à faire des projets à deux et monsieur a profité de ce moment pour se défiler sans donner d'explication. Malgré la neutralité que je tente d'observer, je suis moi aussi déçu. Moi aussi, je voulais croire à un bonheur durable pour elle. J'étais content qu'elle ait trouvé quelqu'un et je ne souhaitais pas que les choses finissent ainsi.

Un détail vient chatouiller mon oreille de psychanalyste lorsqu'elle m'avoue que ce n'est pas la première fois qu'une histoire semblable lui arrive. Plus exactement, ce scénario se répète pour la troisième fois : elle devient amoureuse de quelqu'un, les sentiments semblent partagés, puis le type en question disparaît au moment où ça devient plus sérieux. Bon, je veux bien croire que les types qui ont peur de s'engager courent les rues, mais trois fois c'est beaucoup. Chaque fois, elle passe par les mêmes sentiments d'abandon et de trahison, et chaque fois ses amies la ramassent à la petite cuillère pendant des mois.

Or, fait significatif, Hélène s'est sentie très délaissée pendant son enfance. L'abandon est sans aucun doute l'expérience qui l'a le plus marquée. Elle a dû être hospitalisée en bas âge, et par la

La guérison du cœur

suite, comme elle sortait de l'enfance, ses parents ont divorcé. Les deux situations ont fragilisé son sentiment de confiance en la vie et en elle-même.

Afin de survivre, elle a dû surmonter ses insécurités. Elle est devenue professeur d'université et, avec le temps, elle s'est identifiée à la cause des femmes. Pourtant, malgré ses accomplissements personnels et professionnels, malgré l'autonomie qu'elle affichait, elle portait encore en elle la petite fille abandonnée qui cherchait désespérément quelqu'un pouvant lui offrir un amour indéfectible. Malgré ses attentes secrètes, elle ne faisait que rencontrer des hommes qui la confortaient dans l'idée que sur le terrain sentimental elle ne trouverait jamais quelqu'un pour elle.

Je voyais là le rôle évident de complexes négatifs qui lui murmuraient intérieurement qu'elle ne valait pas grand-chose. Elle aussi s'en rendait compte. Elle était même consciente qu'elle provoquait en partie ces abandons par ses comportements de femme toujours au-dessus de ses affaires qui ne montrait jamais sa vulnérabilité. Mais cela n'expliquait pas tout, car il y avait longtemps qu'elle explorait tout cela en analyse et ses voix intérieures avaient perdu leur force déterminante. Alors, pourquoi la répétition ?

Je lui demandai alors s'il n'y avait pas une part d'elle-même à laquelle elle faisait subir exactement le même sort qu'elle accusait ses parents et ses différents partenaires de lui faire subir, une part avec laquelle elle flirtait sans jamais se compromettre ? De prime abord, la question l'étonna, puis elle me parla abondamment, les larmes aux yeux, de la petite fille créatrice et sensible qu'elle avait dû enfermer au fond d'elle-même pour résister à la débâcle familiale et se construire une vie de battante. Bref, elle continuait de se faire à elle-même ce qu'elle accusait les autres de lui faire et de lui avoir fait.

En réalité, du haut de ses réalisations, elle avait peur de la petite fille qui, en elle, avait encore le goût de dessiner, de se promener dans la nature, et qui n'avait pas de propension particulière au travail. Elle craignait sa sensualité et son hypersensibilité. En fait, elle ne parvenait à atteindre cette hypersensibilité qu'à l'occasion de ses crises amoureuses. Secrètement, elle avait toujours souhaité que la sécurité d'une relation lui donne la permission d'accéder à cette sensibilité cachée.

Les leçons de l'amour

Une partie d'elle avait grandi trop vite, si bien qu'une autre, rejetée et meurtrie, continuait à réclamer son droit à l'existence. Elle constatait avec moi qu'elle était en grande partie responsable de cette exclusion. Elle redoutait d'être rejetée et de perdre la face si elle osait incarner sa nature profonde. Mais, en refoulant sa vulnérabilité, elle éloignait sans le savoir ses partenaires, car près d'elle ils ne trouvaient pas le chemin de l'intimité. Elle devenait ainsi une proie facile pour des hommes qui avaient peur de s'engager. Peut-être souhaitaient-ils secrètement qu'elle leur ouvre la porte de la sensibilité ? En tout cas, ils offraient à Hélène un miroir de sa propre difficulté à s'engager de tout son être, et la souffrance qu'ils lui infligeaient était pour elle le moyen de reprendre contact avec la petite fille oubliée qui vivait en elle.

Nous pouvons conclure de l'histoire d'Hélène qu'une situation non résolue agit comme un aimant qui attire à lui les éléments qui lui correspondent. Pour caricaturer, nous pourrions dire qu'Hélène avait sur son tableau de bord un petit clignotant qui émettait le message suivant : « Abandonnée cherche abandonneur pour renouer avec situation ancienne et faire exploser nœuds émotifs. Persévérants s'abstenir. »

Nous découvririons bien d'autres textes dans ce courrier du cœur un peu spécial, si nous pouvions percevoir l'inconscient des êtres qui nous entourent. Nous trouverions sans doute des messages tels que : « Personne qui ne s'aime pas cherche égocentrique absolu pour abuser d'elle et finir par en avoir ras le bol de servir et de s'oublier. » Ou encore : « Individu violenté cherche homme ou femme capable d'une grande agressivité pour se faire agresser à nouveau et découvrir sa propre violence. »

Je désire également mettre l'accent sur un autre point, car il présente souvent un obstacle majeur pour la compréhension. Je l'ai constaté lors de mes ateliers sur la relation amoureuse. Tout le monde semble en effet se perdre dans le brouillard aussitôt que nous abordons cette dimension. Le miroir que l'autre nous offre de nous-même ne concerne pas nécessairement notre attitude romantique. Bien souvent, comme c'était le cas pour Hélène, il nous renvoie à une attitude que nous avons envers nous-même et qui est la plupart du temps inconsciente. Cette attitude relève toujours du champ de l'amour, non plus de l'amour de l'autre, mais de l'amour de soi.

Jung a donné le nom d'*animus* ou d'*anima* à l'attitude intérieure que nous adoptons envers l'inconscient et ses contenus.

L'animus ou l'anima compose notre personnalité intérieure et contraste souvent avec notre personnalité extérieure. Quelqu'un peut se montrer très affable envers son entourage et se conduire en véritable brute à l'égard de lui-même. C'est qu'il s'identifie à sa *persona* qui constitue le masque qu'il présente au monde extérieur. Lorsque c'est le cas, nous pouvons pratiquement affirmer que la personnalité interne sera diamétralement opposée. Ainsi, le tueur pleure en pensant à sa mère et celui qui défend de grandes causes humanitaires se comporte comme un tyran à la maison.

Poursuivons cette réflexion sur l'amour de soi par un autre exemple.

Lucia, la romantique

Lorsque je vivais en Suisse, j'avais une femme de ménage italienne qui s'appelait Lucia. Elle avait quarante ans et elle était jolie. Un jour, elle arrive chez moi bouleversée. « Un grand malheur est en train de me tomber dessus, dit-elle. Dans l'une des maisons où je travaille plusieurs fois par semaine, il y a un homme qui a été engagé pour faire du jardinage. Il me plaît beaucoup et je lui plais aussi. Comme les propriétaires se sont absentés pour quelques semaines, nous nous retrouvons souvent seuls tous les deux et nous avons échangé quelques baisers. Je ne comprends pas ce qui m'arrive. »

Elle sait très bien ce qui lui arrive, mais elle ne veut pas le savoir parce que cela remet trop de choses en question. Lucia est mariée depuis vingt ans au même homme. Elle le décrit comme très différent d'elle. Il ne s'intéresse qu'au sport, alors qu'elle aime la douceur et le romantisme. À plusieurs reprises, elle lui a fait valoir son besoin d'attention pour s'entendre répondre que, si jamais elle avait une aventure avec quelqu'un d'autre, elle devrait partir pour ne plus revenir.

Lorsqu'elle faisait du ménage chez moi, je l'avais vue changer, mais pas dans le bon sens. Son appétit pour la vie s'amenuisait. Au cours des derniers mois, elle était de plus en plus oppressée et je soupçonnais une dépression. Divers maux physiques étaient apparus, maux pour lesquels les médecins ne trouvaient pas d'explication satisfaisante. En un mot, elle somatisait. C'était à prévoir, parce que faire une dépression demeurait une

Les leçons de l'amour

chose interdite dans sa conception de l'existence. Puis survient cette petite liaison, et voilà que ces problèmes cèdent la place à l'exaltation d'une femme tout émoustillée qui semble avoir rajeuni de dix ans !

Il n'empêche que cette femme ne sait absolument pas quoi faire. Elle a un enfant et elle ne veut pas compromettre son mariage. De plus, son jardinier a lui aussi des enfants, et elle s'en voudrait de briser un ménage. Elle ne dort plus la nuit. Elle ne pense qu'à cet homme. Elle a envie de faire l'amour avec lui mais se le défend. Pendant tout le temps où elle me parle de cette attirance, elle lance des remarques telles que : « C'est laid ! C'est affreux ! Ce n'est pas correct ! La vie est difficile ! »

En fait, elle réagit de manière tout à fait normale devant quelque chose d'inattendu qui l'implique totalement du point de vue subjectif. Mais elle se sent victime des événements : elle ne reconnaît pas le clin d'œil du destin dans cette situation. Elle ne réalise pas encore que cet événement correspond à ce qui demeure irrésolu chez elle. Elle voudrait s'en laver les mains le plus tôt possible, oublier tout cela de façon à éviter la tempête intérieure qui la menace.

Je tente de la rassurer. De lui dire que cet événement est beau et plein de vitalité : une dimension d'elle-même à laquelle elle a fermé la porte essaie de l'atteindre. Je lui suggère que ses symptômes des mois précédents avaient peut-être à faire avec toute cette passion refoulée. Peine perdue ! Elle a l'impression que je la pousse dans les bras d'un autre homme, alors que j'essaie simplement de la persuader que tout cela ne lui arrive pas par hasard.

Je lui explique que cet homme réveille des parties endormies d'elle-même qui souffrent d'avoir été mises de côté. Ces parties ne concernent pas seulement la sexualité, car la pulsion sexuelle sert en fait d'ambassadeur à ce qui veut bouger en elle, à savoir son essence créatrice. Lucia a en effet un passé de musicienne, ainsi qu'un goût pour les voyages et l'aventure qu'elle a complètement escamoté depuis son mariage. Aujourd'hui, elle évite de voyager car cela la remet en contact avec des dimensions oubliées d'elle-même dont l'ardeur l'effraie. Ces désirs ardents, issus du passé, la submergent au point de lui faire remettre en question ses choix de vie.

Au niveau conscient, sa plainte principale est que son mari ne communique pas et qu'il ne respecte pas ses besoins de femme.

C'est sans doute une réalité. Mais, surtout, il lui offre le miroir de son manque de communication avec elle-même. Il lui reflète ce qu'elle se fait à elle-même : tant qu'elle se refusera une plus grande intimité avec son essence créatrice, elle risque de souffrir de dépression, de maux divers, et de béguins à répétition parce que, d'une certaine façon, elle ne vit pas sa propre vie. Elle n'ose pas descendre dans ses profondeurs de peur que la reconnaissance de ses besoins, relatifs à la douceur, à la compréhension mutuelle et à l'expansion de sa créativité, ne lui fasse faire des choses qu'elle qualifie de « laides et pas correctes ». Elle craint par-dessus tout que l'intimité avec elle-même ne l'amène à remettre son couple en question.

Pourtant, ne pourrions-nous pas imaginer précisément le contraire ? Si, au lieu de les trouver « laids », elle s'attachait à reconnaître ses besoins, il y a de bonnes chances pour que la tension entre le conscient et l'inconscient diminue et que son attraction pour cet homme qui représente tout ce qui n'a pas le droit de vivre en elle prenne des proportions plus facilement contrôlables. Cette reconnaissance l'entraînerait sans doute à affronter de nouveau son mari, et à trouver une place dans sa vie pour la musique et les voyages. Mais cela vaudrait mieux que de se réfugier dans le travail pour oublier qui elle est. Cette stratégie ne peut la mener qu'à une perte de vitalité de plus en plus accentuée. Elle la jette à la merci d'une aventure sentimentale alors qu'elle a besoin d'une aventure personnelle.

Je ne sais pas si Lucia devrait ou non avoir des relations sexuelles avec son beau jardinier, je ne sais pas si elle devrait quitter son mari. Par contre, je sais qu'un conflit intérieur accepté qui nous plonge dans un véritable dilemme moral fait moins mal qu'un conflit inconscient. Il va de soi que le respect de certaines valeurs et la prise en considération du bien-être de notre entourage nous empêchent de répondre librement à tous nos besoins. Néanmoins nous devons au moins répondre à ce qui est possible et mettre en place le contexte optimal pour continuer à vibrer de vie.

Je ne dis pas qu'un conflit moral n'occasionne pas de souffrance. Un conflit moral peut déchirer affreusement. Or cette souffrance s'accompagne d'une possibilité de choix. Au contraire, tant que Lucia refuse de voir la dimension intérieure de son conflit, elle reste en proie à ses malaises et à ses fascinations. Elle se retrouve paralysée par la pensée de cet homme alors que, si elle

Les leçons de l'amour

acceptait la dimension symbolique de l'attirance qu'elle éprouve, celle-ci exercerait moins de pouvoir sur elle.

Les conflits intérieurs qui sont réveillés par les événements extérieurs présentent le grand avantage de nous faire prendre conscience de nos valeurs et de nos besoins. La plupart du temps, ces derniers demeurent inconscients. Le fait qu'ils soient inconscients leur confère un certain degré d'autonomie, si bien qu'ils acquièrent le pouvoir de tyranniser le moi conscient, voire, parfois, de le freiner dans l'exécution de ses volontés.

D'une certaine façon, nous pouvons dire que notre soi intérieur, la partie de nous-même qui figure notre globalité et qui inclut l'inconscient, ne se préoccupe pas de nos problèmes moraux. Il pousse tout naturellement vers une communion profonde dans l'amour avec soi-même, avec un autre être et l'univers. Il veut s'épanouir dans l'union de notre portion d'individualité et de notre portion d'universalité. Chaque fois que nous nous éloignons trop de notre essence amoureuse, entendue ici non seulement comme nos désirs sentimentaux mais également comme notre désir d'union globale, nous nous alourdissons et nous souffrons. Les événements auxquels nous sommes alors confrontés peuvent nous remettre en vie pour autant qu'ils font éclater nos structures toutes faites qui nous sécurisent.

À la vérité, notre soi intérieur semble même se moquer pas mal du fait que nos couples durent ou ne durent pas. Il semblerait qu'il se préoccupe principalement du respect que nous portons à l'ensemble de notre être et de l'intégrité avec laquelle nous traitons les différentes parties de nous-même.

Ces propos ont peut-être de quoi faire dresser les cheveux sur la tête, mais une vie de thérapeute ne conduit malheureusement qu'à une telle constatation. La vie s'exprime de façon prolifique, par des conflits de toutes sortes, tous plus douloureux les uns que les autres. L'une des seules avenues qui s'ouvrent à nous concernant une telle créativité, consiste à lui trouver un sens. La juger absurde et gratuite ne satisfait pas notre sentiment profond.

Alain, le dépendant

Avec le cas suivant, j'aimerais souligner un aspect que le cas de Lucia présentait déjà, à savoir que l'absence de vie intérieure

La guérison du cœur

condamne un être à la dépendance. Elle le jette à la merci des événements extérieurs et le prive de l'espace de liberté et de choix que lui offrirait la réflexion sur ses besoins, même si celle-ci n'est pas facile. La vie intérieure permet de regarder ce qui nous arrive de façon symbolique, relativisant ainsi le pouvoir de détermination absolu que les événements semblent avoir sur nous.

Alain travaille dans un grand établissement financier. Il a quarante-deux ans. Il vit avec sa femme depuis quinze ans. Ils ont deux enfants. Il a toujours admiré son épouse et, d'une certaine façon, il l'a mise sur un piédestal. Lorsqu'elle prend un amant plus jeune que lui, il réagit par des crises aiguës de jalousie au cours desquelles la violence verbale frise la violence physique. Excédée, son épouse finit par lui annoncer qu'elle veut se séparer. Alain n'en revient pas. Il rejette totalement une telle perspective et commence à se laisser dépérir en signe de protestation. Il s'absente de son travail et s'alimente insuffisamment. Malgré son chantage au suicide, sa femme décide tout de même de le laisser parce qu'elle étouffe, dit-elle, dans « le carcan de perfectionnisme que lui impose l'admiration de son mari ». Elle ajoute qu'avec son nouvel amoureux elle se sent plus libre d'être ce qu'elle est. Alain ne veut absolument pas se résoudre à la situation. Sa santé physique et psychologique s'en ressent lourdement, ainsi que la vie familiale. Il se cantonne dans une attitude de refus obstiné qui nie la réalité.

Un an après la séparation, devenu l'ombre de lui-même, il attend toujours sa femme. Il est convaincu qu'un jour elle comprendra son erreur et lui reviendra, bien qu'elle vive maintenant avec son nouveau compagnon et que la question de la garde des enfants ait été résolue. Alain se refuse par ailleurs à envisager toute approche psychologique de la situation. À un ami qui le lui suggère, il déclare : « Je n'ai pas de problème ! J'étais heureux avec ma femme et je serai de nouveau heureux lorsqu'elle sera là ! Point à la ligne ! » Pourtant, Alain ne manque ni d'intelligence ni de courage. C'est plutôt qu'il n'a pas de vie intérieure et qu'il se méfie de ses sentiments. Pour lui, ce sont des histoires de bonne femme dont on n'a pas à s'occuper. Il conçoit sa dépendance affective par rapport à son ex-épouse mais il ne lui vient pas à l'idée d'utiliser ce drame pour explorer cette dimension de lui-même et tenter de la dépasser.

Ce type de situation se produit plus souvent qu'on ne le croit. En thérapie, j'ai connu un patient qui a nié pendant quinze ans un événement tout à fait similaire. Il devait revoir annuellement son ancienne compagne, qui avait maintenant mari et enfants, pour qu'elle lui certifie qu'elle n'avait aucune intention de renouer avec lui. Comme il avait connu des abandons déchirants dans l'enfance, il ne pouvait tout simplement pas accepter le fait qu'on le rejetait à nouveau. Il craignait sans doute, inconsciemment, que sa personnalité ne vole en éclats à partir du moment où il serait confronté à la réalité.

En niant purement et simplement les événements, le moi peut se défendre pour un temps des bouleversements qui pourraient l'atteindre. Il va sans dire qu'il ne fait que parer à une chute encore plus vertigineuse. Le refus de la réalité symbolique, à savoir que les événements possèdent une dimension cachée qui demande à être interprétée, condamne à une vie mécanique qui manque de profondeur.

Le comportement d'Alain le met dans une situation de dépendance exagérée par rapport aux personnes de son entourage. Il attend encore sa femme même s'il sait bien qu'elle ne reviendra pas, car cela lui permet de maintenir un équilibre précaire et de ne pas s'écrouler. Il s'agit d'un point sur lequel on ne saurait trop insister : l'absence de vie intérieure se mesure en termes d'attente et d'exigences irréalistes vis-à-vis des autres. Au contraire, chercher un sens à sa souffrance permettrait à cet homme de s'affranchir de sa dépendance d'enfant soumis aux événements extérieurs.

Aussi petite soit-elle, nous avons une part de responsabilité dans ce qui nous arrive, et le reconnaître sert mieux la sagesse et la maturité que le nier. Cette attitude aide à cultiver une sérénité devant tous les événements que nous ne contrôlons pas et que nous ne pourrons jamais contrôler.

L'amour de la peine

Les Olympiades de la souffrance

Si la peine d'amour est une occasion propice pour travailler certains blocages, c'est qu'elle fait résonner tout le passé en soi, c'est-à-dire toutes les expériences qui ont la même connotation affective que ce que nous traversons. Voilà pourquoi les Chinois ont fini par dire qu'une crise représente une occasion de changement. Nous pourrions ajouter qu'au niveau thérapeutique une crise ouvre la porte à une possible guérison.

Comme nous l'avons déjà indiqué, gardons-nous cependant de faire l'apologie de la souffrance et d'affirmer qu'une vie sans douleur manque de profondeur. Précisons à nouveau que la souffrance ne saurait en rien constituer une fin en soi. Nous ne participons pas à des Olympiades de la souffrance où celui qui souffrirait le plus serait susceptible de gagner un bon rapport amoureux ! La légèreté, la simplicité et la sérénité représentent bien davantage les buts de notre voyage humain. L'apprentissage n'a pas besoin de se faire dans la souffrance. Comme les enfants nous le montrent chaque jour, il est possible d'apprendre dans le jeu et dans la joie. Malheureusement, force est de constater que nous retenons plus de nos expériences douloureuses que de nos expériences joyeuses, comme si nous avions besoin de mettre la main au feu pour constater qu'il brûle.

Il n'en reste pas moins qu'une expérience qui nous « ouvre », comme celle de l'amour, révélera nécessairement les obstacles qui existent en nous. Tout exercice, tout contexte, toute aventure qui propose une expansion de l'être éprouve du même coup les blocages qui empêchent l'ouverture de cet être. Un simple exercice physique, par exemple, offre à l'œil averti une idée sur nos possibilités et sur nos limites, celles-là mêmes que l'exercice nous invite à dépasser. Ces limites et ces possibilités demeurent inconscientes tant que nous ne sommes pas dans le feu de l'action. La même chose vaut sur le plan sentimental. Voilà sans doute pourquoi il existe peu d'expériences libératrices qui n'apportent pas leur lot de questionnements et de remises en question. Comme si la croissance impliquait sa part de heurts et de frictions.

Nos ancêtres avaient d'ailleurs fort bien compris cela en imposant aux jeunes de sévères rites de passage. Le but était de les endurcir à une souffrance intense et volontaire de façon à les préparer à l'étape suivante de la vie. Cette façon de faire présente l'avantage de minimiser certaines crises puisque l'on a pris la peine d'aménager à l'avance des périodes de temps particulières consacrées à des remises en question fondamentales.

On voit bien, dans nos sociétés, combien les jeunes manquent de tels passages. Les premières épreuves qu'ils traversent, qu'elles soient amoureuses ou professionnelles, ont souvent raison de leur résistance. Ils sombrent alors dans l'alcool, la drogue, la violence, ou le suicide, sans comprendre que l'épreuve et la souffrance qu'elle produit font partie intégrante de la vie humaine.

Un peu plus de la même chose, s'il vous plaît !

Pour parvenir à lever les obstacles qui nous séparent de notre capacité d'aimer, il semble que nous ayons besoin de répéter sans cesse les mêmes dynamiques jusqu'à ce que celles-ci deviennent intolérables. Nous trouvons alors, et alors seulement, le courage de chercher à comprendre pourquoi nous vivons sans cesse des situations qui se ressemblent. Ironiquement, nous pourrions dire que nos répétitions sont une forme de sagesse, car elles finissent par enfoncer le clou de la compréhension dans la tête la plus dure !

Disons, par exemple, que vous êtes allergique au lait mais que vous refusez de croire à la réalité de votre allergie. Chaque semaine, vous allez chez l'épicier et rapportez un produit laitier différent. Une semaine vous achetez du lait entier, la suivante du lait partiellement écrémé, puis de la crème glacée, ensuite du lait glacé. Rien à faire, dans les heures qui suivent, chaque fois que vous consommez ce produit, vous éprouvez la même sensation de malaise diffus et vous souffrez de diarrhée.

Malgré ces désagréments, vous vous obstinez. Vous refusez de vous rendre à l'évidence. Vous pensez : « Pourquoi moi ? Les autres digèrent bien le lait. Qu'est-ce que j'ai ? Je ne suis pas normal. » Vous retournez donc chez l'épicier pour acheter cette fois du yaourt. Et il produit exactement le même effet ! Mais, si vous ne supportez pas le lait, ne devriez-vous pas plutôt tenter de comprendre pourquoi plutôt que de vous obstiner à en consommer ?

Évidemment, lorsque nous transposons une telle situation sur le plan relationnel, les choses se compliquent, car nous ne sommes pas pleinement conscient de ce qui nous habite. Nos attentes inconscientes comptent pour beaucoup. En fait, à ce niveau, un changement significatif se produit à partir du moment où nous concevons qu'il n'existe pas de destin autre que celui qu'élaborent nos désirs conscients et inconscients. Ce n'est pas la faute de notre père, ni de notre mère, ni des nos enfants, ni du gouvernement si nos amours vont mal : chacun est souverain et responsable de son propre univers ! Chacun est l'artisan de son propre bonheur et contribue à celui des autres. Voilà la vérité à laquelle nous résistons de toutes nos forces.

S'en tenir au difficile...

Que faire devant une telle réalité ? Je crois qu'une parole du poète allemand Rainer Maria Rilke peut nous aider à répondre à notre question : « Nous savons peu de choses, mais, qu'il faille nous tenir au difficile, c'est là une certitude qui ne doit pas nous quitter [1]. » En termes thérapeutiques, ces mots nous proposent d'accueillir le retour sur soi auquel nous invitent nos répétitions et tout ce qu'elles remuent en nous. Il n'est pas question de nous complaire dans la souffrance, pas davantage de nous apitoyer dessus, mais de l'accepter de façon à permettre l'exploration et la connaissance de soi. La limite de l'exploration à laquelle chaque crise nous convie est définie par ce qui est tolérable et intolérable pour chacun de nous, car il s'agit d'abord et avant tout de survivre.

Après que l'on a constaté ce qui se passe, la seconde étape de la rencontre avec soi-même revient à retenir ses projections. Les dimensions que l'on entrevoit chez l'autre, en particulier celles qui nous heurtent, constituent en fait des dimensions à intégrer en soi. Ce que je projette sur l'autre m'appartient, le bon comme le mauvais. Ce dont je blâmais l'autre est mien : la détresse, la froideur, la difficulté de communiquer. Le travail intérieur consiste alors à se demander si l'on ne porte pas en soi-même ce qui déplaît tant chez autrui. Cet exercice est difficile, mais il ouvre la porte de la liberté.

Ayant reconnu en moi les traits qui m'irritent au plus haut point chez l'autre, je peux en faire l'exploration sur mon propre terrain. Dès lors, ces traits non seulement cesseront de m'irriter chez autrui, car je n'y verrai plus une manifestation étrangère à ce que je suis, mais ils jetteront en outre un pont entre l'autre et moi. Mieux, ils constitueront les racines de ma compassion, faisant que désormais je me reconnaîtrai semblable à quelqu'un d'autre éprouvant la même difficulté que moi. Ce faisant,

---
[1]. *Lettres à un jeune poète,* Paris, Grasset, 1937, p. 74.

j'acquiers la capacité de laisser l'autre libre d'être ce qu'il est. J'ai également le choix de m'harmoniser avec le contexte relationnel qui est nôtre, ou de poursuivre ma route seul.

Finalement, ayant accueilli la situation et ayant contenu mes projections, je serai en mesure de découvrir que la raison principale pour laquelle je répète les mêmes dynamiques souffrantes réside tout simplement dans l'angoisse de l'inconnu. Pour chacun de nous, aller vers ce qu'il ne connaît pas représente une épreuve de taille. Et le plus grand inconnu est ce après quoi nous courons sans relâche. Un examen approfondi révèle en effet que nous avons surtout peur du bonheur, que nous craignons l'extase, que la joie nous effraie. Nous trouvons plus confortable de demeurer dans le rôle de la victime et de blâmer les autres pour ce qui nous arrive, parce que nous connaissons bien ce scénario.

À l'égard des situations difficiles et de ce qu'elles révèlent en nous, il ne sert cependant à rien de se cantonner dans une attitude passive et d'« attendre que ça passe »... Ça ne peut pas passer, car il s'agit de notre propre univers et de nos résistances intérieures. Il n'y a aucune chance pour que cela passe tant que nous n'aurons pas décodé le sens de ce que nous vivons. Demander que cela passe équivaut à prier le médecin de s'en aller parce qu'il porte un vêtement qui ne nous plaît pas. La peine d'amour est un médecin qui nous propose une opération douloureuse – refuserons-nous cette opération parce qu'il doit déchirer les tissus afin de nettoyer la plaie infectée ?

Nous exigeons de l'amour qu'il nous sauve de nous-même, qu'il nous sauve de la vision effroyable de notre vide et de notre détresse, mais l'amour ne peut que nous renvoyer à nous-même et nous mettre en face de notre propre responsabilité par rapport à nos états intérieurs. Voici le principal enseignement de la peine amoureuse. En faisant face à cette réalité, nous avons une bonne chance de nous comprendre et d'arrêter le cycle de la souffrance ; en refusant le face à face, nous prolongeons une vie où le malheur et le bonheur se produisent par accident et disparaissent de la manière.

« Pouvez-vous tolérer que la vie vous guérisse de votre manque d'amour et de joie ? » Ainsi se formule la question que le malheur sentimental pose personnellement à chacun.

La guérison du cœur

Si nos souffrances ont un sens, pourquoi nous séparer?

Notre hypothèse trahit ici ses faiblesses, faiblesses qui appellent des correctifs. J'ai déjà évoqué le risque d'aboutir à une sorte de glorification de la souffrance. L'autre écueil consisterait à demeurer dans une situation douloureuse sous le prétexte qu'elle nous renseigne sur une dimension encore incomprise de nous. Il y aurait alors blocage.

Il est tout à fait juste de penser que les frictions et les tensions nous indiquent qu'il y a encore du matériel à intégrer, mais, si la situation est à ce point bloquée, persévérer devient du masochisme. S'il ne faut pas fuir l'épreuve amoureuse et sa richesse, il ne faut pas non plus sombrer dans une sorte de fascination pour la douleur.

Lorsque nous ressentons une irritation telle, par rapport à notre partenaire, que l'atmosphère s'échauffe au point de devenir carrément explosive chaque fois que nous sommes ensemble, et que cet état de fait perdure, il vaut mieux changer de stratégie. Dans ces cas-là, il serait préférable d'aménager des temps de pause dans la relation, de consulter un psychologue à deux et, éventuellement, d'envisager une séparation. Il est vrai qu'une séparation ne réglera pas les problèmes de fond, mais elle les fera voir sous un jour différent, ce qui aidera peut-être à les résoudre.

À ce sujet, il m'est déjà arrivé de proposer à un couple qui voulait divorcer de ne rien changer à sa décision mais de demeurer ensemble quelques mois de plus. Ma proposition ne visait pas à faciliter une éventuelle réconciliation. Je pensais plutôt que, n'ayant plus le poids d'une décision à prendre, chaque conjoint pourrait alors observer la dynamique de la relation afin d'apprendre ce qu'elle mettait en jeu au niveau inconscient. Un tel exercice permettrait de parer, en partie du moins, aux inévitables répétitions qui affecteraient à coup sûr leurs relations futures.

Notre hypothèse met en lumière une autre situation qui semble justifier une séparation : l'absence de tension suffisante entre deux êtres. Lorsque l'on a, pour ainsi dire, appris ce qu'il y avait à apprendre l'un par rapport à l'autre, lorsque chacun vit dans sa bulle et que tout est devenu routine, il vaut peut-être mieux en rester là. Comme l'univers a horreur de la stagnation, nous pouvons être sûr qu'un tel immobilisme mènera tôt ou tard à

Les leçons de l'amour

des difficultés, et il faut parfois avoir le courage d'agir pour les prévenir plutôt que de les subir lorsqu'elles se produisent.

D'un point de vue psychologique qui, j'en conviens à nouveau, peut sembler immoral, il n'est pas grave que les couples durent ou ne durent pas ni que les conjoints en éprouvent ou non de la peine. L'important est que la souffrance serve à libérer un tant soit peu l'être du carcan qui l'étouffe.

La raison principale qui retient les êtres de se séparer, même cela paraît préférable, demeure la peur de faire souffrir son ou sa partenaire. Cette raison, aussi altruiste qu'elle puisse sembler, recouvre souvent une sorte d'irrésolution par rapport au rôle de la souffrance dans une vie. Si vous croyez, par exemple, qu'une personne va s'écrouler et cesser de vivre parce que vous lui faites de la peine, cela signifie, d'une part, que vous vous en mettez beaucoup trop sur les épaules et, d'autre part, que pour vous il n'y a pas de place pour la souffrance dans le monde. Cela indique que vous avez mal intégré les difficultés auxquelles la vie vous a confronté, car la crainte de blesser les autres cache la plupart du temps une peur de souffrir en retour. À long terme, la douleur que vous infligerez à quelqu'un en le quittant sera peut-être le plus beau cadeau que vous lui aurez fait. Car cette personne sera alors confrontée à ses propres complexes et elle devra se mettre en mouvement.

Par ailleurs, nous sommes habitué à ne considérer la séparation que comme la conséquence d'un désamour. Il est vrai que les tensions et les conflits facilitent les désunions. L'agressivité offre, pour ainsi dire, une aide naturelle à l'affirmation de soi contre son ou sa partenaire. Elle nous permet de fermer la porte avec moins de regrets. Ceux-ci viennent après coup, lorsque tout est consommé. Une possibilité de se séparer dans un autre climat s'offre cependant à nous. Nous pouvons fort bien mettre fin à une union en continuant d'aimer la personne avec laquelle nous avons tant partagé et tant appris. Nous manifestons alors non pas que nous n'aimons plus cette personne, mais que notre évolution appelle un cadre différent.

Je me rends compte qu'une telle attitude peut conduire à toutes sortes d'interprétations, mais il faut se rappeler que je la formule dans le contexte d'une relation où la souffrance indique le travail à accomplir. Lorsqu'une bonne partie de ce travail est derrière soi, il faut parfois faire le deuil de l'attachement. Il est alors légitime de souhaiter un rapport qui ne repose pas uniquement sur les conflits naturels et l'exploration de soi, mais qui offre à notre capacité de relation intime la possibilité de se développer.

Parler de séparation entame le rêve de durée qui semble sommeiller en chacun de nous. Mais, aussi enviable qu'elle puisse sembler, une longue vie à deux dans un amour vivant et véritable demeure un privilège auquel ne sont pas conviés tant de couples. Les statistiques de divorce suffisent à nous en convaincre. Dans les sociétés industrialisées, le divorce touche parfois jusqu'à deux tiers des unions. Il faut dire qu'en raison de l'espérance de vie accrue « se marier pour la vie » signifie aujourd'hui un engagement sensiblement plus long qu'à l'origine. Lorsque vous désespérez devant vos échecs amoureux, rappelez-vous qu'à l'époque où le contrat de mariage a été instauré par l'Église catholique, vers l'an 400, l'espérance de vie se situait autour de quarante-cinq ans !

La question des besoins fondamentaux

Une chanson du groupe rock les Rolling Stones résume on ne peut mieux tout ce que nous avons discuté jusqu'ici. Son refrain est : *You can't always get what you want. But if you try sometimes, you just might find, you get what you need*[1] ! (Tu ne peux pas toujours avoir ce que tu désires. Mais si tu essaies de temps en temps de l'obtenir, tu te rendras probablement compte que tu obtiens ce dont tu as besoin !). Ce texte met en lumière la justesse de la réponse que l'univers fait à nos désirs. Mais, lorsque l'on en arrive à la décision de se séparer, c'est que des besoins fondamentaux sont demeurés insatisfaits. Continuons donc notre discussion sous l'angle des besoins à combler en mettant l'accent sur le rôle des émotions et des sentiments.

Quelle est la nature des émotions ? Elles se situent exactement à la jonction de la pensée et du corps. À ce titre, elles sont du reste impliquées dans tout travail de transformation. Si j'éprouve de la gêne dans une situation, par exemple, mon émotion se met automatiquement en relation avec mes pensées ainsi qu'avec une sensation corporelle comme la moiteur des mains

---
1. Les Rolling Stones, « You can't always get what you want » sur le disque *Let it Bleed*, ABKCO Music and Records, 1986.

Les leçons de l'amour

ou la rougeur du visage. Les émotions signalent que quelque chose en soi se met en mouvement, en « motion ». Elles constituent les signaux de la friction ; la plupart du temps, elles signalent des déséquilibres. Pour ce qui est des sentiments, nous pourrions dire qu'ils consistent en un raffinement de l'émotion. Ils n'entraînent pas nécessairement de sensation corporelle et sont d'autant plus faciles à dissimuler. Cela ne nous rend au demeurant pas toujours service puisque nous les refoulons et qu'ils se mettent à agir du dedans.

Dans un premier temps, il importe de comprendre que les sentiments et les émotions doivent être exprimés, car cette expression « objective », rend « objet » ce qui jusque-là se trouvait confondu au sujet, en l'occurrence le soi. Le sens étymologique du mot « exprimer » est d'ailleurs « presser au-dehors ». Lorsque nous parlons d'un sentiment intime ou lorsque nous le dessinons, nous l'objectivons au sens où il devient différent du soi, et au sens où nous pouvons, à partir de ce moment-là, le regarder et l'observer comme nous observerions un objet qui nous est extérieur. L'expression permet donc de différencier des objets jusque-là intérieurs et rend possible le second mouvement : la compréhension.

La compréhension prolonge naturellement l'expression et s'avère tout aussi capitale, car l'expression pure et simple des émotions et des sentiments n'apporte de changement que si elle est comprise. Il s'agit même là d'un point fondamental. En effet, si l'expression de l'émotion suffisait à notre guérison, les artistes ne souffriraient d'aucuns maux ! Il faut donc exprimer et comprendre, pas l'un *ou* l'autre, l'un *et* l'autre. Ce qui remet en question les techniques qui jugent que tantôt l'expression seule, tantôt la compréhension seule suffit pour produire des changements importants.

Si je reprends mon exemple de l'allergie au lait, je pourrais dire que la personne qui en souffre a plus de chances de régler son problème et de se contenter d'un substitut, comme un breuvage à base de riz, si on lui explique ce qui fait obstacle à la digestion du lait chez elle. En réalité, nous reproduisons souvent les situations non parce que nous ne savons pas qu'elles ne sont pas bonnes pour nous, mais bien parce que nous ne comprenons pas « pourquoi » elles ne sont pas bonnes pour nous.

Un premier pas dans la compréhension des émotions et des sentiments consiste à s'arrêter pour les ressentir. Le thérapeute Thomas d'Ansembourg en parle comme d'un vin qu'il faut faire tourner sur lui-même dans sa coupe afin de le laisser dégager son arôme et de le humer à souhait [1]. Nous en saisissons alors la composition, en apprécions le bouquet, en mesurons l'acidité et préparons nos papilles gustatives à le goûter. Lorsque nous savourons l'émotion, pour ainsi dire, nous découvrons qu'elle cache presque à coup sûr des manques. Les manques dont elle nous parle concernent la plupart du temps des besoins inassouvis. À son tour, cet inassouvissement nous renvoie presque infailliblement à l'enfance, cette période durant laquelle nous avons dû taire certains besoins, ou encore à des besoins actuels qui ne trouvent pas de réponse en nous ni dans notre environnement.

Revenons à Lucia qui se sent attirée par le beau jardinier. Si elle se penche sur sa coupe d'émotions, elle prendra conscience des manques qu'elle éprouve actuellement sur le plan affectif, de la négligence dont son mari fait preuve envers elle, et de ses envies sexuelles. Tout cela correspond à des besoins qui demandent à être comblés : besoins affectifs, besoins de changement, besoins d'attention et besoins sensuels. La crise que Lucia connaît fait donc remonter des besoins enfouis auxquels elle ne prête pas suffisamment attention. Son premier effort devra donc être de les mettre en lumière et de les nommer.

Mais d'autres sentiments obstruent sa vision, qui font qu'elle ne peut pas entendre ceux que nous venons d'énumérer. Elle a ainsi le sentiment d'être laide, incorrecte et affreuse parce qu'elle éprouve cette attirance. Mais est-il vraiment question de sentiments ? À proprement parler, non. Ce sont plutôt des jugements qu'elle porte sur elle-même et sur ce qu'elle ressent. L'école de la communication non violente dit qu'il s'agit de la voix du chacal en nous, celui qui est toujours prêt à tout mettre en pièces avec ses jugements à l'emporte-pièce sur nous-même et sur autrui. Elle oppose cette voix à celle de la girafe qui, de sa hauteur, a une vue plus globale des choses. Contrairement au chacal qui vit au ras des pâquerettes, la girafe est toujours prête à ressentir un peu de compassion pour ce que nous traversons.

La psychanalyse a donné le nom de « surmoi » à l'instance morale et autoritaire qui reprend la voix de nos parents, de nos professeurs et de l'Église. Le surmoi ne remplit pas seulement un rôle négatif. Il nous indique les balises que nous impose la moralité col-

---

[1]. Thomas d'Ansembourg est praticien et formateur en communication non violente (CNV). Il s'agit d'une technique de communication très intéressante mise au point par le psychologue américain Marshall Rosenberg, un disciple de Carl Rogers.

Les leçons de l'amour

lective. S'il est trop fort, cependant, il peut devenir écrasant pour notre monde pulsionnel qui est ainsi relégué du côté de l'ombre, alors qu'il constitue notre force vitale.

Lucia a si bien intégré la sévérité de ses parents et les valeurs de son passé qu'elle ne peut même plus entendre ce qui se dit à l'intérieur d'elle-même sous le vacarme du surmoi. Elle est empêtrée dans des jugements sur elle-même au point que sa vitalité en souffre. Son travail psychologique devrait donc consister à aménager un espace pour que les sentiments et les besoins qu'ils représentent puissent être entendus. Ce n'est pas une mince affaire, car, lorsque le surmoi possède une telle force, le moi craint de lui désobéir et finit par entendre la voix des besoins comme celle du diable en personne.

Le petit chacal du surmoi n'est pas seul à empêcher Lucia d'écouter ses besoins. Toutes ces voix du désir entrent en conflit avec d'autres besoins, plus ou moins conscients ceux-là : besoins de sécurité, de paix et de respectabilité. Elle a le choix de continuer à donner préséance à ces besoins, et il n'y a rien à redire là-dessus. Cependant, si ses besoins créatifs et sensuels ne connaissent pas un tant soit peu de satisfaction, elle risque de demeurer frustrée et dépressive, sa dépression exprimant un conflit larvé qui ne trouve pas de solution. Car ce n'est pas parce que ce conflit demeure inconscient qu'il ne taxe pas sévèrement la force de vie du moi, bien au contraire.

La plupart du temps, nous refusons d'être lucide par rapport à nos besoins parce qu'une telle lucidité nous met en conflit avec nous-même en faisant ressortir les jugements que nous portons sur nos désirs. Cela est particulièrement évident lorsqu'il s'agit de besoins sexuels qui ont été l'objet d'une grande répression. Nous résistons à cette prise de conscience également parce qu'elle fait de nous l'artisan premier de notre satisfaction. Autrement dit, ce ne peut plus être la faute des autres, nous sommes aux commandes de notre vie.

Est-il juste d'avoir besoin de sécurité ?

Une question m'a été posée par une auditrice lors d'une conférence. Elle se demandait s'il était légitime d'attendre d'un partenaire qu'il comble son besoin de sécurité.

La guérison du cœur

Conformément à ce que nous avons dit dans ce chapitre, la relation amoureuse sert, par ses effets de miroir, à une révélation mutuelle. Pour parler plus précisément, elle occasionne une « autorévélation », le partenaire nous offrant un contexte pour cette rencontre avec soi. Non seulement pouvons-nous choisir un partenaire qui nous sécurise, mais nous en avons même la responsabilité si nous jugeons que la satisfaction de ce besoin est essentielle à notre épanouissement. Si, par contre, nous nous déchargeons de ce besoin sur l'autre en le rendant responsable de veiller à ce qu'il soit rempli, nous mettons en place le cercle vicieux des attentes, du non-dit, de la frustration et du blâme.

Nous préférons souvent souffrir et ignorer nos besoins plutôt que nous responsabiliser par rapport à eux parce que cette prise de responsabilité reviendrait à admettre que personne, à aucun moment, n'a le devoir de nous satisfaire. Nous devenons du même coup responsable de nous associer avec les gens et les événements qui stimuleront notre bonheur. Un vrai choix ne devient pourtant possible qu'une fois dissoute l'emprise qu'exercent sur nous les situations lourdes et sclérosantes.

Une telle démarche sous-entend un autre point sur lequel insiste le courant de la communication non violente, à savoir, qu'ayant pris conscience de nos besoins, nous devons apprendre à formuler des demandes réalistes à l'endroit de notre environnement. Cela représente tout un art, d'autant plus que chaque demande constitue une ouverture à la négociation si l'on veut respecter la liberté d'autrui.

Nous pourrions donc répondre à mon auditrice qu'elle est en droit de demander à son partenaire de la « sécuriser » en lui offrant le confort matériel et psychologique d'une relation suivie. Celui-ci demeure cependant libre ou non de lui offrir une telle sécurité. Elle est en droit de la réclamer, elle n'est pas en droit de l'attendre en la prenant pour acquise. C'est elle qui a la responsabilité de se donner le contexte nécessaire à son évolution et à son bonheur. En ce sens, si la sécurité d'une relation fait partie de ce contexte, elle doit la chercher. Si la réponse de son conjoint déçoit ses attentes, mon auditrice devra faire le choix de s'adapter à la situation ou de la quitter. La responsabilité ne revient plus à l'autre mais à soi.

Au niveau subjectif, nos besoins sont tout à fait légitimes. Cela ne veut pas dire qu'ils puissent ou qu'ils doivent tous être satisfaits. Chacun doit établir la hiérarchie de ses besoins afin de

Les leçons de l'amour

gérer le mieux possible les conflits réels ou potentiels que leur satisfaction peut occasionner.

Le but de l'amour

Le choix amoureux existe-t-il ?

À partir du moment où nous concevons que tout peut être appelé et conditionné de l'intérieur, servir à notre autorévélation, faciliter notre progression vers l'état d'union et d'amour véritable, nous comprenons que, à proprement parler, il n'y a pas de choix amoureux. Ou, plutôt, qu'à travers une multitude de choix possibles, la relation romantique nous entraînera de toute façon vers le constat que nous méprisons nos besoins les plus fondamentaux et que nous trahissons notre essence.

Nous résistons de toutes nos forces à cette prise de conscience, non seulement parce qu'elle signale la fin de notre position de victime irresponsable et infantile, mais aussi parce qu'elle signifie la mort d'un de nos fantasmes les plus chers, celui du prince charmant ou de la belle princesse qui viendra tout sauver en nous offrant un amour magique.

Nous nous accrochons à l'idée que tout serait différent si nous avions choisi un autre partenaire. Il ne sert pourtant à rien d'entretenir de tels fantasmes puisque, au fond, nous sommes principalement attiré par les personnes qui sont capables d'éveiller nos conditionnements et nos complexes. La fascination même que nous éprouvons pour un individu signifie qu'il y a une possibilité d'apprentissage pour nous dans ce rapport.

Ainsi, à travers les relations difficiles, nous reprenons contact avec nos ombres. Nous sommes confronté à nos détresses, nos fragilités, notre dépendance et notre égocentrisme. Nous apprenons à aimer en posant moins de conditions à autrui. Par le biais des relations plus faciles, nous touchons à notre capacité de douceur et d'abandon. Nous apprenons l'ouverture et l'expansion. Nous nous laissons gagner par le côté doux et positif de la vie.

Grâce à ces expériences, nous prenons finalement le chemin de la fidélité à soi et à ce que nous sommes, même si cela risque de déplaire à certains de nos proches. La fidélité à soi culmine dans l'art de répondre à ses besoins et à ses rêves tout en respectant la liberté d'autrui. Il ne s'agit pas d'une position égocentrique où l'on ne se préoccupe que de son petit moi, puisque le fondement même de ce que l'on est correspond à ce que tous les autres sont. À l'inverse, une position de complaisance dans laquelle on satisfait sans cesse les besoins des autres équivaut à une fuite. Personne ne peut éviter de façon profitable la prise de conscience et l'expression de soi.

Les étapes de la vie amoureuse

Nous pouvons constater que les personnes connaissent en général trois modes de relation amoureuse, que ce soit ou non à l'intérieur de la même union [1]. Le premier mode correspond à la recherche d'un opposé qui nous complète. Il gouverne les relations auxquelles j'ai fait allusion dans ce chapitre. Ces relations servent à ouvrir les blessures inconscientes, à faire remonter à la surface les conflits non résolus et les besoins qui n'ont pas reçu de réponse. Elles peuvent devenir fusionnelles et conflictuelles à souhait mais sont révélatrices à l'extrême. Elles deviennent de magnifiques creusets pour le travail sur soi. Dans ces unions, ce qui différencie les partenaires et les empêche de poursuivre sereinement est sans cesse à l'ordre du jour. Ce qui ne va pas prédomine sur ce qui va.

Le deuxième mode de relation, qui suit d'ailleurs souvent le premier en termes chronologiques, consiste en ce que nous pourrions appeler un rapport de type frère-sœur. Cette fois, je vais vers mon semblable afin de ne pas rencontrer trop de heurts. Ces relations ont souvent une dimension curative, mais, comme elles s'établissent sur le mode de la similarité, elles manquent parfois de la tension nécessaire qui leur permettrait de durer. Elles posent un baume sur un cœur malmené et lui offrent un refuge bienvenu mais elles n'ont pas la portée révélatrice du premier type de relation.

Au sein d'un rapport continu et unique, cette étape s'avère absolument indispensable. Elle offrira plus qu'une pause à des

---
1. Lessard, Pierre, « Relation homme-femme : différences et unification », in *Entretien avec les énergies du maître Saint-Germain,* notes personnelles de l'auteur.

Les leçons de l'amour

êtres que leurs différences torturent. La compassion que l'on saura se prodiguer l'un à l'autre et la compréhension profonde qui en résultera deviendront la base idéale du mode relationnel suivant.

Le troisième type de rapport rassemble deux individus qui ont reconnu que le couple allait servir à l'évolution personnelle de chacun. Ce couple a un but commun et les partenaires s'entraident dans le travail psychologique qu'exige la vie à deux. Leur union devient un tremplin vers l'unité fondamentale avec l'humanité et avec l'univers. Ces couples, qui sont relativement rares, œuvrent parfois ensemble au sein d'un projet qui sert le bien-être et l'éveil des autres tout en donnant un sens à leur vie.

Sur le plan psychologique, je synthétiserai ainsi les étapes d'une vie amoureuse, qu'elles se déroulent avec la même personne ou avec des partenaires successifs :

1) Dans un premier temps, je me découvre à travers les autres en me comparant et en me différenciant. Je constate mes forces et mes faiblesses. J'en suis au stade de l'ignorance de moi-même et, par conséquent, je suis dépendant et possessif. Je subis la passion et l'amour. Ces événements m'arrivent comme par hasard.

2) Dans un deuxième temps, je distingue l'essence des relations. Je m'éveille, je deviens plus créateur. Je me sers des difficultés de l'amour et des différences irritantes que l'autre présente, pour me questionner, m'explorer, me découvrir. Je prends conscience de mes ombres. Je prends conscience du négatif que je projette sur l'autre par mes blâmes. Je constate que mes accusations sont autant d'intolérances vis-à-vis de parties de moi-même.

3) Dans un troisième temps, je ne demande plus à l'autre de remplir mon vide, de me sauver de moi-même ou de stimuler mon enthousiasme. Je ne vis plus en fonction de lui et je ne lui demande plus de vivre en fonction de moi. Je vais vers ce qui m'intéresse, je crée ma vie, je manifeste mes besoins et j'y réponds autant que possible. J'entrevois la relation comme une expression créatrice commune et je me sens responsable, à travers elle, de créer un contexte favorable à ma propre évolution autant qu'à celle de mon ou de ma partenaire.

4) Finalement, je reconnais que l'amour contribue à l'union des êtres avec l'univers, à la fusion de leur portion d'individualité avec leur portion d'universalité. Je cherche à ouvrir mon cœur sans calcul parce que je sais que la force créatrice est à l'intérieur de moi. Je fais confiance et je m'abandonne. Je n'ai plus peur

d'être détruit par l'amour. Je prends conscience que j'ai la capacité d'attirer ce dont j'ai besoin pour me réaliser.

En définitive, chaque rencontre consiste en une création nouvelle. Peu importe ce qui s'y passera, elle produira une transformation de la nature des frictions. Idéalement, cependant, une union amoureuse aide à dissoudre les tensions et favorise une harmonie entre deux êtres. Elle est ainsi un tremplin vers la paix de l'âme et la joie du cœur. Elle sert le bonheur en permettant à chacun de réaliser son essence universelle.

En ce tournant de millénaire, les conditions sont en place pour inventer un nouveau modèle de relations. Au lieu d'être basé sur la fusion ou sur son contraire, le refus de tout engagement, il pourrait se fonder sur une communion sans dépendance, sur une union sans symbiose, sur une universalisation de l'individu dont la rencontre amoureuse devient le tremplin. Cette universalisation de l'être vise la réalisation de l'unité humaine et terrestre.

Les relations amoureuses sont beaucoup plus importantes qu'on ne le croit généralement. Nous ne les portons pas en nous, elles nous portent. Elles portent l'humanité, la forment et la contiennent. Nous existons à l'intérieur de l'amour.

En définitive, l'amour nous éduque à travers la joie comme à travers la peine. Il nous ouvre et, de succès en échecs, nous rend de plus en plus capable d'aimer. Son but ultime semble être de nous apprendre à aimer sans frein, sans attaches et sans attente. L'amour nous montre le chemin de l'amour inconditionnel, à savoir le chemin d'un amour qui ne pose pas de conditions pour se donner. Si nous voulons réduire le poids de notre peine, la voie s'étend devant nous, large et claire : chaque fois que nous aimons en posant moins de limites à notre élan, en créant moins d'attachements réducteurs et en cultivant moins d'attente, nous réduisons d'autant notre part de souffrance et augmentons notre part de joie.

Un exercice récapitulatif

Pour conclure ce chapitre, je vous propose de faire un exercice. Il reprend les différents points que nous avons abordés. Il se compose de douze questions auxquelles je vous invite à réagir en laissant les réponses se présenter d'elles-mêmes à vous. Pour entrer dans cet état d'ouverture, vous auriez avantage à créer un cadre particulier et personnel dans lequel vous vous sentez détendu et qui vous réconforte. Faites au moins précéder l'exercice par un moment de détente. Vous pouvez le faire assis ou couché, cela importe peu à condition que vous jouiez le jeu d'être fidèle à ce qui se présente à votre esprit.

Dans cet état de relaxation, ouvrez un espace dans votre cœur. Créez une petite scène intérieure où les éléments qui surgiront au cours de votre périple pourront s'exprimer.

1) Appelez la relation à laquelle vous voulez réfléchir. Il peut tout aussi bien s'agir d'une relation actuelle que d'une relation passée, d'une relation amoureuse que d'une relation amicale. Considérez dans un premier temps ce qui vous a attiré chez cette personne et contemplez l'histoire générale de ce rapport.

2) Recevez la lumière de cette relation, ses côtés bienfaisants. Pensez aux besoins qu'elle vous a permis de satisfaire. Autant que faire se peut, ne portez pas de jugement sur ce qui vient spontanément. Acceptez-le sans critiquer. N'oubliez pas qu'il s'agit d'un jeu d'exploration de soi et non pas d'un travail. Il n'y a pas d'évaluation à la fin de l'exercice !

3) Accueillez maintenant l'ombre de cette relation, ses côtés négatifs et insatisfaisants. Encore une fois, n'émettez pas de jugement sur ce qui monte en vous. N'essayez pas non plus de conserver une cohérence particulière, permettez-vous d'éprouver des sentiments contradictoires.

4) Quelles sont vos réactions par rapport à ces côtés insatisfaisants ? Quel type de sentiments ces insatisfactions ont-elles provoqué en vous ?

5) En analysant en profondeur ces sentiments, tentez de discerner les besoins insatisfaits qu'ils représentent.

6) Quelle est l'histoire de ces besoins frustrés ? Depuis quand les portez-vous en vous ? Remontent-ils jusqu'à votre enfance et votre vie avec vos parents ?

7) Laissez ces besoins négligés prendre forme en vous. À quoi ressembleraient-ils s'ils avaient un visage ? Laissez-les se présenter sous l'aspect d'un adulte, d'un enfant ou d'un animal. Contactez cette forme et invitez-la à vous dire quelque chose. Si rien ne vient de façon spontanée, imaginez la forme que ces besoins pourraient prendre s'ils voulaient se montrer à vous dans un rêve.

8) Maintenant, considérez vos plaintes, ce que vous avez accusé l'autre de faire ou de ne pas faire par rapport à la satisfaction de vos besoins. Quelle est l'attitude de votre compagnon ou de votre compagne qui vous a le plus fait souffrir : sa froideur, son incompréhension, son intolérance, etc. ?

9) Voyez à présent si ce n'est pas l'attitude intérieure que vous adoptez à l'égard de vos besoins. Est-ce qu'au fond vous ne vous faites pas à vous-même ce que vous accusez les autres de vous faire ?

10) Permettez maintenant à cet enfant abandonné, cet animal blessé, ce sans-abri, ou toute autre figure que vous aurez choisie, de vous révéler sa beauté cachée et cédez à l'émotion devant cette beauté.

11) Acceptez-vous une responsabilité par rapport à cette partie de vous-même ? Que pouvez-vous faire de concret pour satisfaire vos besoins ? Y a-t-il des demandes précises que vous aimeriez formuler à vos proches ? Que voudriez-vous affirmer, exprimer, changer ou créer pour vous épanouir davantage dans votre vie ?

12) Avant de terminer cet exercice, laissez la scène intérieure qui s'est imposée à vous se dissoudre. Entrez maintenant dans un espace d'amour et de compassion envers vous-même et les drames que vous créez. Essayez d'accepter vos propres difficultés. Sentez derrière tout cela la nature lumineuse et parfaite qui luit en vous. Reposez-vous dans cette lumière et prenez confiance par rapport au fait qu'éventuellement, mais sûrement, vous saurez exprimer cet amour dans votre vie par toutes les fibres de votre être.

5

LA GUÉRISON DU CŒUR

> *D'après Ochwian Biano (un chef de la nation Pueblo), les Blancs étaient fous parce qu'ils prétendaient penser avec la tête, et qu'il n'y a que les fous pour penser ainsi. Cette affirmation du chef indien me surprit beaucoup et je lui demandai de me dire avec quoi il pensait, lui. Il me répondit qu'il pensait avec le cœur.*
>
> Carl Gustav Jung.

Conseil pour un cœur endolori

Le chantier de l'être

Poursuivons maintenant notre démarche en tentant d'éclairer plus vivement le titre même de cet ouvrage. Comme nous venons de le voir, qu'elle soit du domaine de la maladie, de l'accident ou de l'épreuve amoureuse, la crise convie à un retour sur soi. Elle engage à une présence à soi-même. Elle incite à prendre conscience de l'intelligence intrinsèque qui nous habite. Elle nous exhorte à questionner désirs, attentes et projections jusqu'à ce que nous saisissions que nous vivons ce que nous avons besoin de comprendre de nous-même.

La guérison du cœur culmine dans les retrouvailles avec une impression d'appartenance à l'humanité et à l'univers, ainsi que dans un sentiment d'intimité avec soi-même et avec ce que le destin présente. Mais comment en arrive-t-on à ces retrouvailles ? Comment peut-on guérir son cœur ?

Je me souviens avoir eu le sentiment, après une rupture amoureuse, pour l'une des premières fois, que c'était moi-même et mon attitude envers moi qui constituaient les enjeux centraux de la crise que je traversais. Tant que je tentais de vivre pour quelqu'un d'autre ou que j'essayais de faire en sorte que quelqu'un vive pour moi, je passais « à côté », pour ainsi dire.

Je me rappelle avoir connu, à ce moment-là, un désarroi profond et avoir ressenti une solitude extrême. Je me souviens avoir choisi délibérément de ne pas suivre la voix de la compensation en m'engageant tout de suite dans une autre relation, et avoir décidé de faire face au problème. Je saisissais que le malaise que signifiait être seul avec moi-même motivait ma fuite en avant. Une autre relation ne ferait que retarder le nettoyage des écuries d'Augias auquel je savais que je devais procéder, comme Hercule.

Enfin, j'osais regarder ma vie de façon réaliste. Au lieu de m'illusionner sur mon degré d'évolution, j'acceptais de réaliser que je n'étais pas bien avancé. Je devenais ainsi mon propre chantier. Il s'étalait devant moi, avec ses blessures à ciel ouvert, et je trouvais réconfortantes les paroles du moine tibétain Sogyal Rinpoché nous disant que, « lorsque l'on est en train de faire le ménage, la maison a toujours l'air plus sale qu'avant que l'on ait commencé ».

Je me retrouvais au centre de ma propre vie, mal en point, certes, mais au centre tout de même. La tâche me revenait à moi, et à moi seul, de guérir mon cœur. Tant que cela ne serait pas fait, tout nouvel engagement risquerait de tourner au vinaigre. Je comprenais que, tant que nous n'avons pas acquiescé à notre misère intérieure, nous vivons sous l'influence d'un sortilège qui nous garde ignorant de notre propre situation et dans l'attente de remèdes qui n'arriveront pas. En fait, ces remèdes n'ont même pas avantage à venir puisque, s'ils venaient, ils ne feraient que retarder la nécessaire prise de conscience de soi.

En cessant de fuir la perception de ma propre misère intérieure, je réalisais du même coup que, toute ma vie, j'avais attendu qu'une solution vienne comme par magie, de l'extérieur, sous la forme d'un nouvel amour ou d'une nouvelle aventure. Je comprenais maintenant que, chaque fois que j'avais agi de la sorte, j'avais refusé l'invitation à évoluer que la vie m'avait lancée.

J'essayai donc de prendre un peu de distance par rapport à ma peur de perdre quelqu'un ou quelque chose, pour entreprendre l'œuvre de transformation de moi-même en partant de ma peine, de ma tristesse et de mon désespoir. Je me rendis alors compte que mon malheur reposait sur des désirs inassouvis et des attentes vis-à-vis de moi-même ou des autres. Des croyances négatives s'en mêlaient aussi. J'étais, par exemple, convaincu que personne ne saurait jamais m'aimer et me comprendre.

De cette expérience et de nombreuses autres que j'ai faites par la suite à titre d'individu, de patient ou de thérapeute, j'ai tiré quelques principes généraux que je vous expose dans les pages qui suivent[1].

La bienveillance envers soi

Comment guérir le cœur ? Comment lier à nouveau individualité et universalité ? Nous avons pris connaissance, dans ce livre, de plusieurs témoignages, dont certains sont assez riches. Je pense à ceux de Marie-Lise Labonté ou de Johanne de Montigny, qui font état d'un processus de guérison physique devenant un processus de guérison de l'être entier. Nous pourrions généraliser et dire que chaque guérison procède de la sorte. Chaque guérison peut ouvrir un être à des dimensions plus vastes de lui-même. De la guérison d'une simple grippe à celle d'une affection plus grave, chacune est liée au processus global qui se déroule en soi. Même à l'occasion d'un rhume, nous pouvons nous extasier du fait que, peu à peu, le corps réussit à combattre le virus avec succès. Il le fera, cependant, encore plus facilement si nous y mettons du nôtre et lui donnons une chance par le repos. En ce sens, la bienveillance que nous pouvons manifester à notre propre égard constitue sans aucun doute l'une des premières conditions de la guérison du cœur.

---

1. Cet exposé prépare la venue d'un prochain ouvrage que j'entends consacrer entièrement à la question de l'intimité avec soi-même. Je tenterai alors d'expliquer de façon plus exhaustive les rôles respectifs que peuvent jouer les approches thérapeutiques spirituelles et créatrices dans l'élan qui cherche à joindre le cœur individuel au cœur universel.

La guérison du cœur

Lorsque je travaille avec des gens en atelier, je leur demande d'entrée de jeu de fermer les yeux et d'observer les tensions qui existent en eux aux niveaux physique et psychologique. Je leur demande d'accueillir tout ce qu'ils observent, sans jugement et sans exigence de cohérence, pour autant que cela leur est possible, bien entendu. Je leur demande de constater ce qui est avec gentillesse, avec bienveillance, sans être tragiques. Je leur propose de regarder cette chose comme une création ingénieuse qui a exigé une longue élaboration. Elle est le fruit d'une intelligence profonde qui repose sur une expérience personnelle et sur celle de milliards d'individus. Même un état suicidaire ou dépressif ne témoigne-t-il pas d'une grande inventivité ?

Tel est chaque symptôme, parfait dans son essence, car par la tension qu'il crée en nous, il nous permet de remonter à la source du problème. Pour cela, il existe une condition essentielle : ne pas vouloir modifier les choses trop rapidement. Il faut dans un premier temps *se mettre à l'écoute*. La qualité de cette écoute compte énormément. Plus elle sera respectueuse et attentive, plus les tensions intérieures livreront leurs secrets facilement. L'un des seuls moyens de calmer un enfant turbulent consiste à lui accorder notre attention. De la même façon, pour que nos symptômes cessent de nous déranger, nous devons les écouter.

L'importance de l'attitude que nous adoptons envers nous-même ne saurait être trop soulignée. Selon moi, il s'agit du principal instrument de transformation intérieure. Si nous en arrivons à une écoute bienveillante, attentive et respectueuse, nous avons gagné le pari de l'intimité avec soi. Cette écoute doit posséder les mêmes qualités intrinsèques que celle qui favorise l'intimité avec un tiers. Elle est déjà, en elle-même, ouverture et guérison du cœur. Apprendre à s'accepter réellement, c'est apprendre à aimer l'univers puisque nous portons toute la beauté et toute la laideur qui sont contenues en lui.

Pour parler de l'importance de cette attitude, j'aime utiliser la métaphore d'un poing qui s'est refermé sur une blessure qui serait située au creux de la main. La personne garde le poing fermé parce que de la sorte elle peut protéger la partie sensible d'une nouvelle atteinte, mais, du coup, elle étouffe les processus de guérison et de cicatrisation qui ont besoin d'oxygène pour se réaliser. La blessure risque donc de s'infecter et, un jour ou l'autre, la personne devra accepter d'ouvrir le poing.

La guérison du cœur

Nous pouvons forcer l'ouverture ou nous pouvons procéder avec gentillesse, nous avons le choix. Je vous propose plutôt d'adopter une attitude clémente, car, pendant tout le temps que vous serez penché sur vous-même à tenter de persuader votre poing de s'ouvrir, vous comprendrez l'histoire de la blessure, vous développerez de la compassion envers vous-même. Si vous arrivez à être suffisamment bienveillant, vous aurez la surprise de constater, en ouvrant votre poing, que la blessure du centre de la main a disparu parce qu'elle consistait principalement dans la dureté que vous manifestiez envers vous-même.

En effet, bien souvent et bien inconsciemment, nous entretenons à notre propre égard des jugements dévalorisants. Ils correspondent à ceux dont nous ont affublé des personnes marquantes de notre passé. Il peut encore s'agir de comparaisons peu flatteuses par rapport à des modèles qui nous écrasent. Du début à la fin, nous demeurons notre pire juge et nous sommes le plus apte à nous condamner.

Voilà pourquoi une attitude de respect est essentielle. Selon la belle expression de Pema Chödrön, il faut « entrer en amitié avec soi-même [1] ». Il faut tenter de se comprendre de l'intérieur et se pardonner les torts que l'on a causés aux autres et à soi-même par inconscience. Cette attitude est d'autant plus importante et difficile à maintenir lorsque nous faisons face aux parties sombres de notre personnalité, les parties lâches, tyranniques, manipulatrices, menteuses. Pourtant, pour pouvoir se transformer, ces dragons intérieurs sont justement ceux qui ont le plus besoin de nous voir « beau et courageux », comme le disait le poète allemand Rainer Maria Rilke.

Si nous ne comprenons jamais nos ombres dans leur essence, elles risquent de demeurer à jamais absurdes et hors de portée. Et les conditions du monde resteront ce qu'elles sont puisque, même à la petite échelle de nous-même, nous ne parvenons pas à produire de changement significatif. Comme le dit le Dalaï-Lama, la guerre commence dans la tête de chacun et se réglera dans la tête de chacun. Une remarque qui correspond en

---

1. Pema Chödrön est une moniale bouddhiste américaine. Elle a été l'une des principales disciples du maître tibétain Chögyam Trungpa. Elle est l'auteur de deux livres très inspirants qui débordent l'un et l'autre de cette réconciliation avec soi-même pouvant prendre place dans un cœur qui s'éveille. *Entrer en amitié avec soi-même,* Paris, La Table Ronde, 1997, et *Quand tout s'effondre* (trad. par Claude et Claude Riso-Lévi), Paris, La Table Ronde, 1999.

La guérison du cœur

tout point à celle d'Hubert Reeves à propos de la pollution lorsqu'il s'exclame : « La pollution, ce n'est pas un gros problème, c'est six milliards de petits problèmes ! »

Je propose donc à mes participants de simplement s'observer sans changer quoi que ce soit, à moins que les choses ne changent d'elles-mêmes, ce qu'il faut respecter car le mouvement est naturel à l'être. Avant d'intervenir pour détendre, relaxer, éliminer les problèmes, je les invite plutôt à donner une voix à ce qui se passe en eux, comme si ces tensions pouvaient parler. Je leur demande d'accueillir tout ce qui vient, même si cela leur semble étrange. Il peut s'agir d'une pensée, d'une couleur, d'un souvenir de la veille ou d'un souvenir qui remonte à l'enfance, peu importe. Le tout revient à suivre le chemin et à se laisser toucher au passage par ce qui émerge.

Il arrive qu'une observation profonde fasse en sorte que les problèmes se dissolvent, car, s'ils sont connus et compris, ils perdent leur raison d'être. Mais, le plus souvent, même compris, ils persistent, car ils ont pour ainsi dire établi leur niche dans l'être sous la forme de schèmes de comportements physiques, affectifs ou mentaux, qui tendent à se reproduire.

Je le répète, cette écoute gratuite est première et primordiale. Sans elle, toutes les interventions subséquentes ne produiront aucun changement à long terme, sinon une attitude artificielle qui entraînera l'être à vivre au-dessus de sa réalité affective et instinctive.

Le danger de toute méthode consiste à aboutir à une construction factice. Je peux, par le yoga, le tai-chi, les thérapies de toutes sortes, me composer une nouvelle façon d'être, mais, si je ne demeure pas ouvert à ce qui se passe en moi, je me mets à refuser non seulement la spontanéité de la vie mais également son intelligence intrinsèque. Je perds ainsi le contact avec les forces vives de mon être et, de plus, je perds la chance de pouvoir m'émerveiller de la force du processus vivant. Sans m'en rendre compte, je demeure enfermé en moi-même et dans mes idées. La rigidité et le dogmatisme que j'affiche trahissent alors mon manque de contact avec moi-même.

Il s'agit plutôt bel et bien d'apprendre à partir du contact avec nos frictions et nos douleurs réelles, en leur laissant l'initiative du propos, pour ainsi dire. Cette démarche se situe à l'inverse de celle qui consiste à s'imposer un programme de réforme à partir d'une idée que l'on se fait de soi, comme on s'impose un programme de gymnastique. En ayant l'humilité de partir de la peine elle-même et en nous mettant à l'écoute de ses résonances, nous nous assurons de faire un apprentissage bien réel qui change quelque chose à notre vie.

Donc, dans un premier temps, ne rien faire, rester avec la vague qui vient se briser sur la plage, ne pas vouloir les choses autrement. Être avec soi, simplement être avec soi, sans jugement, sans attente, sans désir. Être avec soi en acceptant que l'état dans lequel nous nous trouvons est exactement l'état dans lequel nous devons être, c'est-à-dire celui qui est le plus à même de nous renseigner sur l'origine de nos déséquilibres.

Cheminer avec plaisir

Avec le temps, vous réaliserez que la notion de plaisir peut accompagner votre démarche. La souffrance stimule le développement, comme la mouche pique le coche dans la fable de La Fontaine – dans ce sens, elle représente une aide précieuse. Mais, si on la remplace par une discipline rigide qui oublie que le but réside dans la jouissance profonde de soi-même et dans le bonheur, on risque de tourner en rond et d'ajouter à ses tourments.

À cet effet, je me souviens avoir tenté de lire un ouvrage de Chögyam Trungpa pendant des vacances sur l'île paradisiaque de Sainte-Lucie. Trungpa est l'un des maîtres tibétains qui ont le plus contribué à introduire le bouddhisme en Occident. Cet ouvrage s'intitulait *Cutting Through Spiritual Materialism* [1], que l'on pourrait traduire grossièrement par « Couper court au matérialisme spirituel ». L'auteur y affirme que, si l'on veut produire des transformations intérieures de la même façon qu'on devient millionnaire, on ne fait que pratiquer une sorte de matérialisme égocentrique qui accumule des expériences spirituelles au lieu d'amasser des dollars.

La perspective est décapante. Trungpa remet en question tout effort de développement personnel. Selon lui, cet effort est guidé par la peur et il consiste essentiellement en une tentative individualiste et capitaliste aux fins d'obtenir un gain pour soi-

---

[1]. Boston & London, Shambhala, 1987.

même. Au lieu de mettre l'accent sur l'accueil sans jugement de ce que l'on est, cet effort fait tendre l'individu vers ce qu'il n'est pas. Nos vieux schémas de comportement mènent alors le bal. Il y a concentration sur l'avoir au lieu d'une réalisation de l'être. Et, pour parvenir à cette réalisation de l'être, Trungpa dit qu'il n'y a rien d'autre à faire que de s'accueillir simplement pour prendre conscience de la perfection de ce que l'on est déjà.

Me voici donc en train de lire cet ouvrage sur la plage, et je suis de plus en plus mal à l'aise à mesure que je tourne les pages. Le bon élève que je suis voudrait méditer et faire ce que l'auteur propose pour simplement « s'accueillir », mais mon pauvre moi, dominé par un surmoi très actif, exige des résultats immédiats. Je suis entré dans un tel conflit avec moi-même que pour pouvoir profiter de mes vacances j'ai dû abandonner ma lecture.

Je vous raconte cette anecdote simplement pour vous dire que le surmoi veille et qu'il ne faut pas en minimiser la force. Chaque fois que vous vous sentez coupable ou déçu à cause de piètres résultats, retournez-vous sur vous-même et demandez-vous si c'est bien de vous qu'émane cette exigence, ou si elle ne provient pas de quelqu'un d'autre en vous. Et rappelez-vous ces mots d'un chef amérindien : « Parcourez lentement le chemin magnifique ! »

Le changement conscient constitue un chemin merveilleux, plein d'embûches et aussi d'agréables surprises. De plus, il ne saurait mener ailleurs qu'en dehors de la prison du malheur. Acceptée consciemment, la souffrance liée à la crise peut servir de passage, mais un passage n'est pas un lieu de résidence permanent.

La création d'un espace intérieur

La disposition favorable envers soi-même contribue à créer ce que l'on peut appeler un « espace intérieur ». Cet espace nous permettra d'accueillir ce qui se passe en nous, et, si nous sommes en crise, ce qui se passe en nous n'est pas neutre, loin de là. Il y a là un magma de choses en fusion et en explosion, et c'est très bien comme ça. Il y a de bonnes raisons pour qu'il n'en soit pas autrement. Les complexes sont en pleine ébullition, les souvenirs

La guérison du cœur

du passé se mêlent aux impressions du présent. De la colère se mélange à de la tristesse, du désespoir à d'horribles jugements sur soi. Bref, vous êtes en face de votre « matière première », celle qui vous permettra de continuer l'œuvre de transformation de vous-même.

Les alchimistes disaient que le plus difficile dans l'œuvre de transmutation de la matière en or consiste justement à identifier la matière première (*prima materia*) qui doit être livrée au processus de transformation. Ils ajoutaient que chacun la foule constamment aux pieds mais ne la voit pas. Ils l'identifiaient au fumier, à la merde et au plomb, le « vil métal ».

Leur métaphore se transpose parfaitement sur le plan psychologique. La matière première pour l'œuvre de soi est constituée de notre « merde » intérieure, celle que nous ne voyons pas parce qu'elle nous fait peur. Pourtant, si nous n'acceptons pas de travailler à partir de cette matière malodorante, nous ne faisons que retarder le jour où nous serons obligé de le faire. Nous risquons ainsi de rester en perpétuel déséquilibre, devant chercher stimulations extérieures et compensations pour ne pas entrer en contact avec un intérieur qui nous semble trop rebutant [1].

L'œuvre de transformation à laquelle vous êtes convié en tant qu'alchimiste en chef relève beaucoup plus d'un « loisir thérapeutique », comme je me plais à l'appeler, que d'un véritable travail. Les psychothérapeutes emploient l'expression « travailler sur soi », mais celle-ci évoque quelque chose de lourd. Elle véhicule aussi une idée de productivité qui sied mal au contexte du développement personnel. En fait, le « travail sur soi » relève de la créativité, d'un artisanat au cours duquel on devient de plus en plus habile à créer sa propre vie à mesure que l'on s'affranchit de ses peurs.

Tout l'art de ce contact avec soi-même consiste à rester en rapport avec ce magma sans le refouler, et sans se laisser submerger par lui – comme si vous pouviez imaginer une scène à l'intérieur de vous sur laquelle pourrait se profiler la nature du conflit qui vous occupe. Maintenir cet espace de relation est chose difficile, car nous avons tendance à désirer un changement

---

1. Le lecteur intéressé par cette métaphore trouvera dans *Psychologie et alchimie*, de Carl Gustav Jung, une interprétation psychologique de toute l'entreprise des alchimistes. Certains étaient parfaitement conscients qu'il ne s'agissait pas de la recherche de *l'or vil*, comme ils se plaisaient à appeler le métal précieux, mais bien de la quête d'une richesse intérieure.

rapide, à nier nos problèmes ou à succomber à notre insu à la colère, au désespoir ou à la tristesse qui nous habitent. Pourtant, lorsque nous perdons notre espace intérieur d'accueil, nous ne pouvons plus tirer d'enseignements de ce qui nous arrive.

Comparons la situation à un film que vous êtes allé voir avec des amis. Pendant le film, vous vous êtes abandonné à ce qui se passait à l'écran, vous avez vécu la situation intensément, sans détachement. Vous avez réagi spontanément à ce qui se présentait. Le film a réveillé des émotions en vous parce que vous y avez reconnu, inconsciemment, des similarités avec votre propre histoire. Vous avez ri, vous avez souffert, peut-être même avez-vous versé quelques larmes. Lorsque le film se termine, vous êtes plongé dans votre état intérieur, faisant corps avec lui. Vous êtes inconscient de cet état et plusieurs options se présentent à vous.

Vous pouvez vous investir tout de suite dans une autre situation sans porter attention à ce qui se déroule en vous. Le film qui vous a imprégné continuera alors à faire son chemin intérieurement, sans que vous en ayez conscience, et probablement sans grande conséquence. Vous en éprouverez simplement les effets, joie ou tristesse, sans faire le lien avec ce que vous venez de vivre.

Vous pouvez, par ailleurs, éprouver le besoin d'échanger quelques mots avec vos amis pour recueillir leurs impressions et partager les vôtres. Vous pouvez même prendre la peine de vous asseoir devant un café pour comprendre vos réactions et les élaborer, pour essayer de saisir comment telle scène a pu vous toucher à ce point-là. Si vous agissez de la sorte, vous contribuez à créer un espace intérieur qui vous permettra de communiquer avec le film. Vous pourrez alors découvrir dans certaines scènes des similarités avec votre passé et votre présent. Si le film a été une expérience forte, son imagerie peut même prendre une dimension symbolique qui vous permettra de jeter un pont vers des parties inconnues de vous-même et vous en serez naturellement vivifié.

Vous avez sans doute déjà compris que ce qui nous arrive réellement dans la vie n'est pas fondamentalement différent de ce que nous éprouvons en regardant un film. Au fond, notre état intérieur constitue notre première réalité. Tout est question d'impression sur notre psychisme. Ce que nous vivons en personne a simplement plus de chance de s'imprégner, car le vécu

La guérison du cœur

est plus intense. En ce sens, vous pouvez tirer un enseignement de tout ce que vous vivez en vous référant à ce que vous ressentez.

Il s'agit donc de cultiver un espace intérieur et de prendre du temps pour se « sentir », car, lorsque ces pauses n'existent pas, la conscience de soi n'a pas la chance de se développer. Nous ne faisons alors que réagir automatiquement aux choses de l'existence, dans une ronde sans fin. Nous gaspillons ainsi les magnifiques chances qui nous sont sans cesse offertes de nous rencontrer. Dans notre vie, nous prenons rendez-vous avec un nombre incalculable de gens et d'événements, pourtant nous ne parvenons pas à nous rencontrer nous-même. Après un certain temps, cette ronde finit par perdre son sens, nous nous retrouvons en déséquilibre et nous cédons à la maladie ou à l'épreuve.

Mais, au fond, l'insatisfaction est notre guide le plus sûr, car, comme nous l'avons dit au long de cet ouvrage, les moments de déséquilibre, de ralentissement, d'arrêt et d'absurdité constituent des occasions inespérées de reprendre contact avec soi. Mais seulement si nous avons l'audace, et la patience, devrais-je ajouter, d'établir cet espace intérieur de relation dégagé du déni et du refoulement.

Dans le même ordre d'idées, Pema Chödrön nous invite à « ne pas fuir, coûte que coûte, ces instants précieux où le sol semble se dérober sous nos pieds mais, au contraire, par une attitude radicalement nouvelle, à nous détendre dans cette absence de terrain ferme. En faisant face aux circonstances difficiles, en osant affronter la mouvance de nos états intérieurs, nous découvrons peu à peu un sentiment de profonde sécurité que les aléas de l'existence ne peuvent plus remettre en cause [1]. »

Si vous constatez que vous ne pouvez pas progresser parce que vous êtes trop pris par les événements du quotidien, il ne faut pas hésiter à recourir à la thérapie. Le cabinet du thérapeute vous offrira l'espace symbolique dont vous avez besoin pour vous épanouir et le thérapeute deviendra, pour un temps, ce témoin attentif qui n'est pas submergé par la situation et qui, en raison même de cette position, vous permettra d'y voir plus clair.

La position du thérapeute est neutre au sens où il n'a pas de projet par rapport à vous et où il va faire du mieux qu'il le peut pour ne pas mêler ses propres problèmes aux vôtres. Le théra-

---
1. Chödrön, Pema, *Quand tout s'effondre, op. cit.*, voir quatrième de couverture.

peute n'a pas besoin que vous soyez bon, mauvais, mal en point, amoché ou déjà sur le chemin de la guérison, il vous prend comme vous êtes, comme vous entrez dans son bureau. Par la suite, fort de cette expérience, vous pourrez imiter le comportement de votre thérapeute et adopter face aux crises la disposition bienveillante et sans jugement qui était la sienne. Vous aurez ainsi acquis, à travers la thérapie, la capacité de maintenir un espace intérieur accueillant [1].

S'exprimer

Après le développement de cette bienveillance et de cet espace intérieur et avant même que toute tentative d'élucidation et d'interprétation ne soit faite, l'expression peut jouer un rôle primordial dans la transformation de nos états intérieurs et cela pour deux raisons fort différentes l'une de l'autre.

La première réside dans le fait que l'expression nous offre un miroir de ce que nous sommes. Elle nous présente une métaphore imagée de notre situation. Déjà, en racontant un rêve à quelqu'un ou en confiant un problème à voix haute à un thérapeute, nous obtenons une réflexion de nous-même. Nous nous entendons en train de raconter et cela permet souvent de faire des prises de conscience spontanées. Mais, sur le mode expressif, on peut aller beaucoup loin. Jung encourageait ses patients non seulement à coucher dans un journal personnel leurs rêves et leurs états intérieurs, mais également à les peindre et à les dessiner. Lui-même, en plus de tenir un journal détaillé de sa vie intérieure, d'esquisser des mandalas, de peindre et de sculpter dans la pierre ses rêves et ses visions, prenait plaisir à jouer dans le sable des heures durant pour entrer en contact avec son intériorité.

Tant qu'ils ne sont pas exprimés, nos états internes restent confus. Ils sont difficiles à percevoir parce qu'ils se confondent à notre identité. Ils submergent notre moi. Pensez comme il peut être difficile d'établir un dialogue intérieur alors qu'un état de tristesse intense vous habite. Par contre, si vous prenez la peine de l'« exprimer », de le « presser hors de vous », de lui donner

---

[1]. Je renvoie le lecteur qui voudrait en savoir plus sur la notion d'espace intérieur à l'ouvrage de Jean-Charles Crombez, *La Guérison en écho, op. cit.*, p. 67-104.

La guérison du cœur

une forme et une couleur en relation étroite avec ce que vous ressentez, il vous sera plus facile, au terme de cette entreprise, et déjà pendant son élaboration, de dialoguer avec cet état.

J'entends par « dialogue » quelque chose qui ressemble, sur le plan imaginaire, à une conversation dans la vie réelle. On peut personnifier la tristesse et discuter avec elle comme on discuterait avec un personnage. Il peut s'agir également d'un échange silencieux tout en impressions affectives et en sensations, qui nous guide vers des états similaires que nous avons connus antérieurement.

L'expression permet d'objectiver ce qui se passe en soi, nous rendant témoin de notre propre processus et nous permettant de communiquer avec nos états intérieurs. C'est en somme un exercice de différenciation qui consiste à distinguer ce qui vient des complexes et ce qui appartient au moi habituel. Cette discrimination doit cependant servir une intégration et non pas une dissociation ou un refoulement. Exprimer quelque chose pour s'en débarrasser ne sert pas beaucoup le processus évolutif qui exige expression, relation et compréhension.

Le second avantage que procure l'extériorisation de ce qui se passe en soi par la parole, le dessin ou tout autre moyen, c'est qu'elle met en circulation des éléments figés. Le seul fait de donner couleur, forme, voix, mouvement à ces états les influence. De plus, l'expression agit comme un moteur psychique qui remet l'être entier en marche et le libère des stagnations qui le paralysent. L'acte de création apporte un contentement et une satisfaction indéniables, encore plus lorsque la création est liée à une dynamique de libération de l'être.

Comment se fait-il que l'expression possède un si grand pouvoir ? Nous pourrions penser que, de la sorte, nous nous rapprochons de notre essence qui est d'abord et avant tout créatrice. Rappelez-vous le plaisir que vous pouviez avoir, enfant, à vous exprimer pour le simple bonheur de vous exprimer. Ce plaisir naît sans doute du fait qu'ainsi l'être entre en résonance avec le mouvement universel, lui-même foisonnant de créativité. De plus, nous sommes essentiellement des êtres sociaux et la communication expressive représente une nécessité fondamentale de nos vies.

La créativité nous rapproche sans doute de l'essence vitale qui est un flux expansif et créateur. Elle permet à l'être de diluer les rigidités sans les fuir. Du même coup, elle rapproche l'individu de l'espace symbolique et ludique. Elle lui permet de comprendre que, si l'œuvre intérieure nécessite un engagement de sa part, il n'a pas à crouler sous le sérieux de la tâche ; il peut aussi bien l'élaborer avec gratuité et fantaisie, tout comme l'enfant mène son jeu, tout comme à quarante-cinq ans l'honorable psychiatre Carl Gustav Jung jouait dans le sable sur les bords du lac de Zurich.

Rappelez-vous ce qui ressortait des études répertoriées par le Dr Ornish. Elles soulignaient clairement que l'isolement, le manque de communication et le blocage de l'expression constituent les pires stratégies de survie. Comparé à celui d'un enfant, notre éventail expressif s'est passablement rétréci en raison des contraintes sociales et de la peur du jugement. La bataille contre un tel rétrécissement constitue un élément fondamental des retrouvailles avec soi-même si on veut que celles-ci soient marquées par la joie.

Imaginez ! imaginez ! il en restera toujours quelque chose...

Parmi les modes d'expression qui s'offrent à nous, l'imagination en est un qui ne doit pas être négligé. Si l'on ne peut pas toujours s'extérioriser à son goût, rien ni personne ne peut empêcher d'imaginer. On peut s'amuser à concevoir des choses farfelues, des mondes impossibles, des objets insolites. Cette activité est curative en elle-même. On peut également s'appliquer à entrevoir sa propre guérison, comme dans les exercices de visualisation créatrice dont nous parlait Marie-Lise Labonté. Ces exercices sont puissants en ce qu'ils orientent tout le processus vivant. Ils lui donnent une direction. À partir de là, tout en nous va essayer de tendre vers ce but.

En fait, nos états psychiques constituent à ce point notre réalité fondamentale que, si nous imaginons quelque chose puissamment, c'est comme si nous y étions déjà. Rappelez-vous les constatations du Dr Crombez qui nous disait qu'une impasse imaginée ou une impasse réelle produisent à proprement parler le même stress chez un sujet. Ou encore celles du Dr Sabbah

La guérison du cœur

qui indiquait que le cerveau ne fait pas la différence entre ce qui lui vient de l'intérieur et ce qui lui vient de l'extérieur.

Si les stress imaginaires ont le pouvoir d'affaiblir notre terrain immunitaire, la même chose vaut, à l'inverse, pour le bien-être imaginé. Sans verser dans la pensée magique, nous pourrions concevoir qu'en faisant vivre fortement certains états en nous, nous aidons à faire en sorte que ceux-ci se concrétisent. En effet, si vous examinez attentivement votre vie, vous constaterez que tout a été précédé par le rêve. Lorsque j'étais jeune, les fantaisies de Jules Verne semblaient encore farfelues. Aujourd'hui, elles ont été réalisées et dépassées.

Je parlais, il y a quelques semaines, avec un sportif américain qui est en train d'écrire un livre à l'intention des amateurs de tennis. Il me disait qu'il s'appliquait à suggérer des choses très simples. Il m'expliquait, par exemple, que, si l'on veut placer sa balle de service à tel endroit du terrain, il ne faut pas se concentrer sur le mouvement que l'on fait ni se préoccuper de savoir si la balle passera le filet, mais plutôt porter son attention sur l'endroit où l'on veut que la balle tombe et *l'y voir déjà*. De la même façon, le champion de tennis canadien Stéphane Lareau, l'une des têtes de série mondiales pour le double masculin en 1999, déclarait en entrevue que ce qui l'avait bloqué dans les années précédentes venait de ce qu'il n'arrivait pas à *s'imaginer* parmi les champions.

Conscient de la puissance de l'imaginaire, Jung a inventé une méthode qu'il a appelée « l'imagination active » c'est-à-dire « rêver le rêve », en quelque sorte. Il s'agit d'une sorte de rêve éveillé, mais sans protocole directeur. L'attitude suggérée consiste à donner encore plus de réalité au monde des images et à y entrer pour prendre part à l'action et au dialogue. En interagissant avec les personnes du rêve et en laissant son inconscient répondre de façon autonome, on en apprend plus sur ses états intérieurs et ce qu'ils symbolisent qu'en les analysant de l'extérieur. Jung affirme que l'avantage d'une telle méthode réside dans le fait que cette collaboration du conscient et de l'inconscient a pour effet de faire tomber rapidement l'état de conflit ou de tension qui peut exister entre le moi, et le soi, et d'engager une collaboration qui, en définitive, sert une meilleure adaptation tant au monde intérieur qu'au monde extérieur.

Une nouvelle information dans le système

La thérapie agit essentiellement de deux façons. La compréhension de ses modes d'action nous aide à saisir comment nous pouvons nous mettre à l'écoute de nous-même et parvenir à un changement. La première forme d'action de la thérapie correspond à ce que nous venons d'évoquer. Vous pouvez y trouver un espace d'accueil fort bienvenu au moment d'une crise, un espace où vous pourrez exprimer ce qui se passe en vous.

Mais le thérapeute n'est pas complètement passif. Après un certain temps, il vous offrira des commentaires, des réflexions, des interprétations de ce qu'il perçoit de la situation. De la sorte, il vous expose à une nouvelle vision des choses. Il s'agit d'un point capital. Sans ces éléments nouveaux, qui constituent autant de façons de vous regarder, de vous sentir et de penser à vous, le changement ne peut pas se réaliser.

À la suite d'une rupture amoureuse, l'un de mes patients a, par exemple, rêvé qu'il était couché avec une ourse au poil très noir qui avait un filet de sang lui coulant de la bouche. Le poil de la bête lui rappelait la chatte de son amie qui partageait souvent leur lit et jouait le rôle de pourvoyeuse d'affection dans la vie de cette dernière. De plus, la position des deux corps lui évoquait celle dans laquelle lui et son amie s'endormaient lorsqu'il couchaient ensemble. Mon patient était très triste de cette séparation et son rêve lui offrait une image de cette tristesse. Il lui disait : « Tu te sens comme si tu étais couché avec une ourse morte. »

Je lui expliquai alors que l'ourse a souvent à faire avec la mère et que son songe lui indiquait peut-être qu'en perdant son amie il perdait du même coup un contact chaleureux et profondément nourrissant sur le plan maternel. Il s'agissait là d'une dimension qu'il n'avait jamais soupçonnée dans cette relation, puisqu'il se séparait précisément parce qu'il jugeait sa partenaire distante. Mais l'inconscient, plus archaïque et moins sophistiqué, lui montrait qu'il laissait s'éloigner de la sorte une présence corporelle et affective dont il ne reconnaissait pas l'ampleur. Il put ainsi mieux comprendre la profondeur de sa peine – c'est qu'il perdait alors un réconfort physique et psychique de base. Il put aussi reconnaître la chaleur réelle de son ex-partenaire et savoir pourquoi il « gelait » en dehors de cette relation.

Lorsque je fais le rapport entre l'ourse et la dimension maternelle dans le rêve que nous venons d'évoquer, j'introduis une nouvelle information dans le système interprétatif de mon patient. Elle lui permet de réaliser que malgré les difficultés qu'il éprouvait au niveau conscient, dans ce rapport amoureux, la partie archaïque et profondément animale de son être était nourrie de façon adéquate par cette relation. Le fils meurtri qu'il était y trouvait une présence maternelle positive qui venait réparer les blessures de son enfance.

Comme je l'ai dit plus tôt, guérir n'est pas qu'affaire d'expression des émotions, c'est aussi une question de connaissance. Sans nouvelles informations, nous restons souvent bloqué dans les mêmes circuits de signification qui ne nous apportent rien de neuf et ne nous aident pas.

C'est pourquoi j'ai tenté de vous présenter dans ce livre des réflexions relatives au sens de la souffrance susceptibles de vous offrir, je l'espère du moins, une perspective propice à modifier votre attitude vis-à-vis des événements de votre vie. Il s'agit là de réflexions qui peuvent vous aider à recadrer votre expérience. Elles vous proposent de la regarder différemment, ou vous confortent dans une attitude que vous avez commencé à comprendre, voire à adopter. Par rapport à toute situation, nous avons besoin à la fois d'un accueil sans jugement qui permette de constater ce qui se passe en soi, ainsi que d'une perspective propre à orienter notre travail. Cette perspective, ce sens, cette orientation sont suscités par une nouvelle vision des choses qui met en forme la « libido », le flot d'énergie psychique.

La fluidité psychique

Où mènent la bienveillance envers soi et le développement d'un espace intérieur ? Ils mènent à la « fluidité psychique ». Je m'explique. J'ai participé pendant plusieurs années à un comité d'admission au sein d'un institut de formation pour des psychanalystes jungiens. La sélection des candidats à de telles formations s'avère toujours délicate. Les candidats qui se présentent sont exceptionnellement qualifiés au niveau académique, et la plupart d'entre eux professent déjà comme psychologues ou comme psychiatres. Mais ce que nous devons évaluer a peu à voir avec leurs diplômes ou leurs accomplissements professionnels, cela concerne leurs habiletés psychologiques.

Des heures de discussion passionnante, entre collègues, à chercher des critères objectifs d'évaluation, nous ont amenés à cerner et à privilégier la notion de « fluidité psychique » comme étant celle qui fait toute la différence chez un candidat. Nous ne cherchons pas des candidats qui n'ont pas de problèmes personnels, parce qu'ils ne pourraient pas comprendre adéquatement ceux des autres, ni des candidats qui sont submergés par les leurs, car ainsi ils ne seraient pas assez disponibles à ceux de leurs patients.

Nous cherchons en réalité des candidats qui manifestent une souplesse de réaction et d'adaptation à ce qui se passe en eux. Ces individus semblent avoir une sorte d'intelligence naturelle par rapport à ce qui leur arrive et posséder une sorte de doigté pour pénétrer au cœur de situations difficiles. En effet, même si cette attitude paraît naturelle, la plupart du temps elle résulte d'une longue fréquentation de soi par la thérapie.

Au cours de ces entrevues d'admission, ce n'est pas le fait qu'un individu trébuche ou ne trébuche pas devant les questions affreusement personnelles et inquisitrices des membres du comité qui nous importe, mais le fait qu'ayant été submergé par une émotion en cours d'entrevue il soit capable d'observer cet affect et de s'en dégager. De même, les candidats qui pouvaient s'affranchir de leur point de vue personnel pour épouser plusieurs angles différents à propos d'une même dynamique psychologique nous intéressaient. Bref, nous acceptions les candidats les moins encombrés par des rigidités psychiques, ceux qui n'affichaient pas des opinions inébranlables ni des sensibilités émotives qui les auraient gardés prisonniers d'eux-mêmes.

Dans les faits, la souplesse psychologique et la fluidité du mouvement psychique représentent les buts de la démarche thérapeutique ou de la démarche de connaissance de soi. La souplesse et la fluidité en question reposent indéniablement sur la capacité d'accueillir ses anges ou ses démons avec la même bienveillance. Un cheminement qui aboutit à un renforcement des jugements négatifs ou à des prises de position rigides trahit le fait que la nature se trouve contrainte et n'a pu se faire entendre. Le dogme supplée alors au manque de présence à soi.

Par la suite, en pratiquant le tai-chi, j'ai découvert que les notions de « souplesse » et de « fluidité dans le mouvement » s'appliquent tout autant à cette discipline corporelle. Là aussi, la rigidité des postures témoigne du fait que le mouvement ne vient pas de l'intérieur mais de la « tête ». En fait, je pense maintenant que ces qualités sont un indice général de santé, que ce soit au plan physique ou émotif ou dans le domaine des idées, parce que la fluidité respecte l'essence du processus vivant qui est mouvement.

Pourquoi ressasser le passé ?

Il est pratiquement inévitable que l'exploration de soi renvoie au passé. Ce retour apparaît à bien des gens comme inutilement douloureux et alimente leur résistance à entreprendre un processus de développement psychologique. Ils se disent : « Le passé est passé. J'ai eu l'enfance que j'ai eue avec des parents qui ont fait ce qu'ils pouvaient. Puisqu'on ne peut modifier ce qui est arrivé, pourquoi ne pas laisser tout cela dormir en paix ? »

Ceux qui s'expriment ainsi ont raison en grande partie. Peu importe ce qui est arrivé, le passé est révolu et on pourra rien y changer. Le problème vient du fait que ce passé n'est pas vraiment de l'histoire ancienne, il agit encore sur le présent. Par exemple, les expériences d'abandon qu'une personne a pu vivre antérieurement lui ont fait développer des façons de se comporter qui font qu'elle se trouve inconsciemment conditionnée à sentir, à penser et à agir d'une certaine manière devant la menace d'un nouvel abandon.

Elle adoptera, par exemple, une attitude de méfiance et ne s'engagera plus jamais en profondeur de peur que le lien ne se dissolve et ne réveille une souffrance qu'elle veut fuir à tout prix. La même crainte peut faire en sorte qu'à l'inverse, pour éviter d'être seule, elle s'attache à la première personne venue et tente par toutes sortes de manipulations de s'assurer l'affection de celle-ci afin de se sécuriser. Une telle conduite risque de produire un sentiment d'étouffement chez un partenaire qui la rejettera, rejet qui, en retour, viendra confirmer le fait qu'elle est tout juste bonne à être abandonnée.

La guérison du cœur

Il ne servirait à rien de passer en revue toutes les variations de comportements possibles sur le thème de l'abandon, mais il est primordial de noter que les empreintes du passé vivent en nous et se manifestent sans cesse au présent dans ce que nous appelons des « répétitions ».

Idéalement, nous n'aurions pas besoin de ce retour au passé et nous aurions la capacité d'objectiver suffisamment notre présent sans faire référence à ce qui a été. En réalité, cependant, le présent nous égare. Nous y participons de façon si intense qu'il est difficile d'y voir clair. Dans ces circonstances, se laisser suggérer par le présent des situations antérieures qui ressemblent à ce que l'on est en train de vivre est une aide. Cela permet de comprendre ce qui se passe de façon plus détachée. Il est bien évident, pourtant, qu'en nous comportant de la sorte, nous ne sommes pas en train d'agir par rapport à notre passé, nous sommes en train d'influer sur notre présent.

C'est exactement pour cette raison que les thérapeutes ne se soucient pas outre mesure de la vérité objective et historique de ce que racontent leurs patients. Que le passé soit imaginé ou réel, qu'on le situe dans l'enfance ou dans des vies antérieures, il joue le même rôle : il nous procure des images à partir desquelles nous pouvons élucider le présent et, ce faisant, il nous aide à nous comprendre. Autrement dit, les souvenirs servent d'écrans sur lesquels nous pouvons projeter les dynamiques qui sont en cours dans notre vie.

Une femme constate, par exemple, qu'elle étouffe dans sa vie de couple. Elle peut tout mettre sur le dos de son partenaire, qu'elle accusera d'être possessif et dominateur, et ne pas pousser plus loin l'investigation, ou bien en profiter pour comprendre les sentiments qui l'habitent. Si elle adopte cette seconde stratégie, elle sera en mesure d'explorer les résonances de cette situation et de réaliser, par exemple, que son partenaire a des traits en commun avec son propre père qui gardait jalousement ses filles. En analysant la situation de son enfance, elle sera à même de prendre conscience des moyens qu'elle utilise pour se défendre contre l'étouffement, encore aujourd'hui.

Il se peut qu'objectivement son partenaire n'ait rien à voir avec son père. Mais elle porte en elle une dynamique qui l'amène à lire la réalité sous l'angle de l'étouffement. Tant qu'elle ne comprendra pas cette dynamique, elle ne pourra pas

La guérison du cœur

s'en dégager. Ses complexes font en sorte qu'elle ne voit que cette partie de la réalité et que cette vue partielle lui rend la vie difficile. Il se peut aussi qu'elle se rende compte que son partenaire est en effet excessivement jaloux et que, ayant compris sa propre dynamique, elle ne souhaite plus évoluer dans un tel contexte, auquel cas elle devra songer à une séparation. En fait, l'exploration psychologique ne dit pas grand-chose sur l'entourage réel d'une personne, mais elle témoigne, avec précision, de la façon dont l'univers de cette personne s'est construit.

En tout cas, au sein de l'inconscient, les balises du présent et du passé ne semblent pas aussi claires qu'au niveau conscient. Les complexes mélangent les éléments passés avec ceux du présent comme si nous vivions au sein d'un temps éternel. Il vous est sans doute arrivé, par exemple, de rêver à quelqu'un qui condense un personnage actuel de votre vie avec une tante ou un oncle de votre enfance. L'inconscient a reconnu une analogie et vous la livre spontanément.

Il est d'ailleurs intéressant de constater que ce que nous vivons ne stimule pas tout notre passé d'un seul coup, mais seulement la partie de ce passé qui est en résonance avec ce qui nous affecte ici et maintenant. Tous les complexes ne sont pas excités en même temps. Ils apparaissent un à un avec une charge d'énergie et d'information qui se rapporte de façon étroite à notre vie et à nos émotions du moment.

Encore ici, nous voyons agir une fine intelligence. Suivre le fil de ce qui se déroule en nous nous permet de nous affranchir peu à peu de ce qui nous alourdit et nous paralyse au niveau psychique. À travers les productions de l'imagination, l'inconscient nous offre un miroir constant de ce que nous vivons. Il s'agit d'un autoportrait dans lequel nous sommes libre de nous reconnaître ou non, mais, en général, le prendre en considération permet d'avancer plus rapidement. Ainsi, nous sommes graduellement mené vers la découverte de notre soi, notre centre intérieur.

Se rendre disponible au présent

Il y a un mouvement en nous et à l'extérieur de nous, et ce mouvement donne lieu à des frictions. Tout part de là. Ces frictions peuvent avoir la douceur d'une caresse, ou exploser en des heurts violents. Nous nous préoccupons naturellement des frictions qui créent le plus d'irritation parce qu'elles sont potentiellement porteuses de révélations troublantes. Les dimensions associées à des frictions agréables sont, pour ainsi dire, intégrées, elles ne provoquent plus de déséquilibres, mais les autres sont sources de conflit avec l'extérieur et avec soi !

Intérieurement, nous ressentons la friction sous la forme d'émotions. Si vous vous questionnez par rapport à la nature des émotions que vous éprouvez, vous constaterez que, la plupart du temps, elles sont en rapport avec des frustrations qui témoignent de besoins qui n'ont pas été comblés. Ces manques et ces carences provoquent des attentes inconscientes qui sont les principales responsables de vos déceptions.

Besoins, attentes, frustration, manques et carences s'organisent au sein de grands ensembles que nous appelons des « complexes ». Ces derniers conditionnent nos modes de penser, de sentir et d'agir. Ils correspondent aux charges de notre passé. Ils reposent sur la mémoire d'expériences que nous avons accumulées et qui nous permettent d'interpréter la réalité d'une certaine façon, mais d'une certaine façon seulement.

Chacun de ces complexes met en jeu un ensemble de conclusions tirées de l'expérience, qui sont devenues, avec le temps, des croyances plus ou moins conscientes et qui, pour cette raison, sont difficiles à remettre en question. Ces croyances opèrent comme des voiles ou des filtres qui influencent notre perception et notre interprétation de la réalité. À sa manière chaque complexe négatif représente une sorte de prison qui nous isole dans une cellule imaginaire et nous enchaîne au passé.

La liberté véritable et la disponibilité au présent s'avèrent impossibles tant que ce qui nous retient dans le passé n'a pas été élucidé. Qu'il s'agisse du rapport à soi, aux parents, aux enfants, aux intimes ou aux patrons, toutes les relations qui ne sont pas comprises et assimilées intérieurement continuent de peser sur l'être et le privent de sa légèreté potentielle. Voilà pourquoi, dans la plupart des cas que nous avons explorés, le passé se profilait immanquablement derrière les problèmes du présent. Le passé doit être exploré pour rendre l'être au présent, pour le rendre disponible à « ici et maintenant ».

Concrètement parlant, la guérison du cœur repose sur un état de disponibilité au présent. Une capacité de joie et d'émerveillement accompagne cette disponibilité et cette joie ne peut être atteinte tant que le cœur est alourdi par toutes sortes de situations qui n'ont pas été résolues. Il est donc absolument nécessaire de chercher l'harmonie avec chacune des relations importantes de notre vie.

La guérison du cœur consiste à suivre le parcours qui va de l'exploration d'une émotion liée à une relation à son expression et à sa compréhension. Une fois dissoutes les croyances limitatives, et dépassés les complexes réducteurs, elle aboutit vraisemblablement à la libération de notre nature essentielle par rapport aux événements à venir.

Choisir le rythme de son évolution

Si l'hypothèse de cet ouvrage se révèle juste et que nos souffrances nous mènent invariablement à reconnaître le but secret qui est l'ouverture du cœur à l'universalité, nous n'avons pour ainsi dire pas le choix de la destination du voyage. Où se situe donc la liberté humaine ? Elle se situe du côté du rythme. Pour aller en voiture d'une destination à une autre, nous avons le choix du chemin et de la vitesse. La même chose vaut sur le plan de la connaissance de soi.

Vous avez droit à tous les détours désirés, et vous pouvez établir vous-même la vitesse de progression qui vous sied. Une vitesse rapide n'est pas nécessairement souhaitable puisqu'elle risque de provoquer beaucoup de stress. Les êtres en crise et en difficulté sont peut-être des personnes qui ont décidé d'aller vers elles-mêmes en appuyant à fond sur la pédale, en quelque sorte, c'est-à-dire en se confrontant au maximum. Ceux qui se suicident sont peut-être en train de réaliser qu'ils avaient eu les yeux plus gros que le ventre. Mais vous pouvez choisir une croisière douce sans pour autant vous fuir et vous endormir.

Peut-être qu'évoluer consiste simplement à retrouver un rythme de développement plus harmonieux parce que nous y collaborons consciemment. En tout cas, que nous le voulions ou non, nous évoluons, nous nous transformons, alors pourquoi ne pas tenter d'influencer le rythme de ce changement ?

Comme je l'ai dit dès le départ, je ne crois pas que la vie nous enseigne quoi que ce soit, elle va, tout simplement. Elle bouge, elle coule, elle se meut, elle change. Et nous nous agitons avec elle. Il y a sans doute des façons de bouger avec elle qui provoquent des frictions plus agréables que d'autres. Il existe sans doute des façons de vivre en harmonie et ainsi de se sentir porté par le processus vivant.

S'écouter, exprimer ce que l'on ressent, et faciliter le mouvement d'expansion par l'exercice physique, la méditation, la marche, la contemplation, le chant, la peinture, le yoga, etc., encouragent le développement harmonieux. Ces activités représentent à coup sûr des atouts sur le chemin de la guérison du cœur.

Et le bonheur, dans tout ça...

Une différence d'ouverture

Je voudrais maintenant revenir sur les événements que j'ai relatés dans l'avant-propos afin de me situer dans la suite de ce que j'ai dit jusqu'ici et vous faire part de mes dernières réflexions sur cet épisode. Lorsque je m'interroge sur mon état d'alors et mon état actuel, je note une différence principale : mon ouverture. Au cours des jours d'éveil, j'étais pour ainsi dire Un avec toute chose, j'étais en fusion avec elles, en communion totale. Pourtant, mon sentiment d'avoir une individualité diffuse subsistait. Ma conscience subjective était suffisamment présente pour me permettre de jouir de ce qui se passait. Par contre, mon sens du jugement s'était évanoui. J'appréciais tout ce qui se passait sans discrimination.

Comme je l'ai dit, j'étais la pluie, il pleuvait en moi et je « pleuvais » tout autour de moi. Si la pluie avait inondé l'habitation où je me trouvais, je n'aurais pas pu m'en dissocier pour autant. Cette inondation aurait même pu causer ma propre perte et je me demande si j'en aurais souffert. Je me situais dans un état d'au-delà de la mort – celle-ci m'était devenue indifférente –, convaincu que j'étais de subsister à travers toutes les choses avec lesquelles je me sentais uni. Non pas convaincu mentalement, convaincu par des sensations d'une plénitude telle que je n'aurais pas pu les nier.

La guérison du cœur

J'étais le tout. Je ne manquais de rien et je ne désirais rien d'autre que ce qui était présent. J'étais en fusion avec tout ce qui était dans une embrassade éternelle. Je sais d'ailleurs que les expériences que l'on qualifie du terme de « hors corps » (quand je me vois étendu dans mon lit à partir d'un point de vue extérieur) ne m'ont jamais semblé être de cet ordre. Au contraire, je me sentais au-dedans d'un corps, mais un corps étendu à toute chose. Il s'agissait plutôt d'un voyage « intra-corporel ». La métaphore que j'ai utilisée dans l'avant-propos me semble encore la plus juste. C'est comme si, ayant identifié ma vie entière au fruit qui pousse au bout d'une branche, j'avais tout à coup réalisé que j'étais fait de sève et qu'à partir de cette identité je pouvais circuler dans l'arbre entier de la vie.

Ce qui me frappe également, c'est que, pour atteindre cet état d'union, je n'avais rien fait d'autre qu'être malade. L'état d'union ne semblait nullement lié à ce que j'avais fait ou à ce que je n'avais pas fait. Il ne semblait ni une récompense ni une punition. Rien de tout cela. Je ressentais plutôt que j'avais retrouvé mon essence et que cette capacité avait toujours existé en moi. La chose qui avait changé se situait au niveau de ma conscience de cette essence. Ma conscience s'était ouverte à son essence primordiale, si l'on peut parler ainsi. Mon regard s'était élargi.

Une telle constatation appelle une question imparable : si un tel état est la condition première et naturelle de l'être, et s'il procure une jouissance qui renverse toutes les autres, comment se fait-il que je n'y sois pas demeuré ?

J'ai répondu, dans ce livre, que le poids du passé et des habitudes nous alourdit sans cesse et nous ferme le cœur. Mais on peut formuler les choses autrement. Étais-je attaché à mon état de fermeture ? Étais-je amouraché de mon état de crispation ? Préférais-je entretenir une conscience limitée plutôt qu'une conscience ouverte ? Avais-je réellement peur de laisser de côté ma maladie ? Craignais-je de quitter un monde de conflits, d'illusions et d'autodestruction ?

Cette série d'interrogations amenait une autre question qui me rendait encore plus perplexe : étais-je véritablement celui qui entretenait cet univers de malheurs à répétition ?

Au cours des dernières années, j'ai dû répondre « oui » à toutes ces interrogations. Je me suis peu à peu rendu compte que j'étais passé maître dans l'art de m'illusionner, dans l'art de répé-

La guérison du cœur

ter les mêmes bêtises, dans l'art de me juger et de me condamner, dans l'art de m'enfermer et de me punir.

Pourquoi donc en était-il ainsi ? Pourquoi, moi qui avais connu un état d'ivresse incomparable qui avait satisfait comme rien au monde ne l'avait fait auparavant ma quête de plaisir et de joie, pourquoi donc préférais-je mon état de crispation et de fermeture ? Puisque je savais que ce que je cherchais si désespérément se trouvait à la porte d'à côté, que dis-je, à la pensée d'à côté, pourquoi donc est-ce que je ne m'y établissais pas ? Pourquoi est-ce que je n'y vivais pas tout de suite, comme ça, sans faire de complications ?

Pourquoi est-ce que je préférais souffrir, chercher et cheminer, alors que je savais pertinemment qu'il n'y avait rien à chercher, pas de chemin à parcourir, et pas de souffrance à endurer pour soi-disant mériter son ciel ? D'ailleurs, cette histoire de cheminement spirituel, de trajet, de quête intérieure n'est-elle pas la plus grande illusion de toutes, le mensonge le plus habile pour se tenir éloigné de l'état d'amour et d'union, pour lui tourner le dos sans en avoir l'air ?

Au fil du temps, je finis par me rendre à l'évidence suivante : toutes ces complications n'existaient que par pure complaisance. Qu'est-ce qui motivait cette complaisance ? La peur, tout simplement la peur. La peur de perdre : perdre mes plaisirs, perdre l'estime de mon entourage, perdre mes amis ; et finalement, pour dire les choses comme elles sont, la peur de me perdre, la peur de perdre mon individualité dans cette grande fusion cosmique. Même si je souffrais du fait de me sentir seul, abandonné et séparé du reste du monde, et savais pertinemment que cette souffrance n'était qu'une illusion puisqu'en essence nous sommes constamment liés, j'avais peur de perdre ma sensation et mon sentiment d'individualité.

Je me voyais comme une goutte d'eau un instant détachée de la vague par la force des éléments et qui ne veut pas retourner à l'océan. Comme si j'avais décidé de lutter de toutes mes forces contre ce mélange de mon être individuel à l'être universel, contre ce retour à l'unité de base. Comme si je jouissais à ce point de ma sensation d'individualité que j'étais maintenant prêt à payer de tout le désespoir du monde la capacité de demeurer un individu.

Mais, dites-moi, quel peut bien être le destin de la goutte d'eau sinon celui de retourner à l'océan qui est sa source ? De la même façon, quel peut bien être notre incontournable destin ? Ne consiste-t-il pas à retourner à l'amour, notre source et notre essence ?

Je me mis à imaginer que, dans notre univers, nous sommes comme des gouttes d'eau détachées de la vague, des gouttes d'eau un peu déséquilibrées dont le destin est de retourner à l'eau mais qui y résistent férocement par peur de perdre le plaisir de leur individualité. Des gouttes d'eau qui n'arrivent pas à envisager qu'il ne s'agit pas tant de renoncer à son originalité que de lui redonner son contexte naturel et universel.

Pourtant, tous les êtres qui ont parcouru ce chemin qui mène de soi à soi-même, ou de l'individualité à l'universalité, parlent du « retour à la maison ». Ils nous offrent une métaphore du plaisir, de l'aise et du réconfort éprouvés par la goutte qui s'aperçoit qu'elle est eau et qu'il en a toujours été ainsi. Aurions-nous peur d'avoir à laisser tomber cette prétention d'être autre chose que de l'eau, autre chose que nous-même ?

Bien entendu, parler de ma colite comme d'une complaisance me semble tout à fait inapproprié. Elle a occasionné tant de souffrance, d'inconfort, de gêne et d'humiliation qu'elle ne peut me sembler relever d'une complaisance. Et pourtant... la regarder ainsi m'incite à changer de regard. Oui, peut-être que ma maladie est ma plus belle création, mon plus beau scénario d'enfermement, la meilleure façon de me convaincre qu'il n'y a pas de justice et qu'on ne peut pas faire confiance à l'univers. Oui, ma maladie est peut-être la justification parfaite qui me permet de rester accroché à mon triste sort et de demeurer centré sur moi-même.

Mais, si elle peut justifier mon état de fermeture, cette création exprime du même coup mon état d'aliénation et m'en donne un reflet. En explosant de façon si virulente, la maladie m'a aidé à lâcher prise sur ce qui me retenait, sur ce qui me définissait habituellement. En me forçant à abandonner mes façons de penser coutumières, elle m'a permis d'approcher la réalité d'une façon qui me la révèle bien différente de ce que j'avais toujours cru.

Difficile à imaginer, n'est-ce pas ? que tous nos conflits, nos douleurs, nos misères, nos guerres, et j'en passe, ne puissent être que des choix qui nous semblent plus agréables que celui de nous rendre tout simplement à nous-même, que celui de rentrer tout doucement à la maison. Difficile à imaginer que tous nos désespoirs, nos cul-de-sac, nos perversions, nos hontes, nos culpabilités ne soient en définitive que l'expression de nos résistances à laisser de côté le sentiment de notre propre importance.

De fait, la métaphore de la goutte d'eau boite en ce qu'il ne s'agit même pas de retourner à quoi que ce soit, il s'agit simplement d'être ce que l'on est le plus naturellement du monde. Il s'agit de se laisser aller à être ce que l'on est. Pour un arbre, ce n'est pas de pousser qui est contre nature, c'est de ne pas pousser. Pour une plante, ce n'est pas de s'épanouir qui n'est pas naturel, c'est de ne pas s'épanouir. La même chose vaut pour nous.

S'épanouir, grandir, s'ouvrir à notre véritable nature représentent nos mouvements naturels. Le contraire doit être très compliqué et exiger bien des contorsions. Imaginez tout ce qu'un arbre devrait inventer pour arriver à ne pas pousser. Mais nos complexités psychologiques témoignent de notre liberté. Elles nous aident à nous « prendre au sérieux » et à résister, comme le dirait le romancier Milan Kundera, à « l'insoutenable légèreté de l'être ».

Les leçons de la joie

Il ne faut pas nécessairement être passé près de la mort pour se faire une idée des moments de communion que je décris. Chacun et chacune a connu des moments de grâce ou de joie intense, des moments où l'on se sent uni à tout ce qui nous entoure. Je me souviens, par exemple, de mon état après ma première conférence à New York, je volais littéralement sur la rue. Il me semblait que tout l'univers participait à ma joie. Je rugissais de plaisir d'avoir accompli ce qui, quelques années auparavant, me semblait hors de portée. J'ai éprouvé cet état d'euphorie après un succès, mais un tel état surgit parfois sans raison. On est de bonne humeur, on prend la vie du bon côté, on se sent plus léger et on ne sait pas pourquoi. Ces états peuvent nous donner une approximation de ce que je décrivais. Ils contiennent, en germe, l'état extatique.

Des expressions telles que « Tout est amour ! » ou « Tout est joie ! » expriment des intuitions et des pressentiments qui existent en chaque être. Il est même facile d'atteindre cet état lumineux. Fermez les yeux et imaginez, par exemple, que vous êtes le soleil qui illumine le ciel, ou encore imaginez-vous débordant de bonheur au moment où vous retrouvez un enfant que vous aimez ou un animal familier. Voyez comment cela affecte directement votre respiration et vos sensations corporelles. Puis abandonnez les images et demeurez dans ce bien-être sensoriel quelques secondes. Voilà, vous y êtes. Maintenant, vous n'avez plus qu'à prolonger le moment...

« Oui, mais ça ne compte pas, direz-vous, ce n'est que de l'imagination ! » Eh bien, faisons une autre expérience. Fermez à nouveau les yeux et tentez cette fois de sentir les battements de votre cœur. Si vous n'y arrivez pas ou si vous désirez y parvenir plus rapidement, imaginez votre cœur qui bat. Vous constaterez que la sensation répond à l'imagination presque instantanément. De la même manière, si vous avez de la difficulté à vous détendre, imaginez-vous détendu et cela facilitera le processus. Tout simplement parce que quelque chose en nous connaît déjà la détente et que le corps rejoint cette réalité dès que l'esprit s'oriente dans cette direction.

La même chose vaut pour la joie. Comme la joie de vivre préexiste à notre expérience consciente de la vie, nous pouvons l'atteindre instantanément, nous pouvons rejoindre ce potentiel qui existe en nous sous la forme d'une intuition, d'un pressentiment, et nous pouvons l'actualiser. Si l'enfant repu dort sur le sein de sa mère après avoir été allaité et si les amants s'endorment après avoir fait l'amour, c'est qu'ils retrouvent en fait un état de tranquillité et de satisfaction qui est toujours présent en soi, qui préexiste à l'acte, pour ainsi dire, et qui avait été troublé par l'apparition du désir.

Nous pourrions tirer plusieurs conclusions de la petite expérience que nous venons de faire. La principale serait que ce que nous imaginons de notre vie a beaucoup plus d'influence que ce que nous en pensons.

Pour vivre heureux, il s'agit simplement de répondre à ce pressentiment d'ouverture et de lumière en soi. Il s'agit simplement de vivre sous cette lumière. Rassurez-vous, je dis « simplement » pour vous provoquer. Même si ces affirmations recouvrent leur part de vérité, je sais bien que rien n'est moins simple. D'ailleurs, comme vous avez pu vous en faire une idée, dans ma vie personnelle je suis moi-même un as de la complexité. Après tout, on ne devient pas psychanalyste pour rien !

Pourtant, il est vrai que si l'on consent à cette simplicité, si l'on consent à cette absence de prétention, la légèreté vient d'elle-même. D'une certaine façon, nous pourrions dire qu'à partir du moment où il est reconnu, c'est le pressentiment de la joie qui fait de lui-même tout le travail d'éclaircissement, comme la lumière chasse les ténèbres. À partir de cette prise de conscience, nous pourrions dire qu'il n'y a qu'à suivre la voie de résonances, à savoir la voie des êtres, des lieux et des situations qui stimulent en nous ces pressentiments de joie et d'amour. Il n'y a qu'à choisir un courant qui nous semble favorable. Il ne peut même pas y avoir d'erreur puisque, tôt ou tard, le malheur intérieur viendra nous renseigner sur notre état de déséquilibre si nous nous fourvoyons.

Un processus d'arrondissement de la personnalité

Je vous concède, en toute franchise, qu'il peut y avoir loin de la coupe aux lèvres. L'esprit peut bien embrasser la route que nous sommes en train d'esquisser en une fraction de seconde, il n'en reste pas moins qu'entre comprendre ces informations et pouvoir les vivre de façon incarnée il y a souvent un long chemin à parcourir. Pour ma part, je dois avouer que je suis sur le sentier depuis bientôt trente ans. Mais je suis peut-être un candidat rébarbatif !

De plus, si un gramme de pratique vaut plus qu'une tonne de théorie, il faut bien admettre que le temps voué à la pratique est généralement bien moindre que celui consacré à la compréhension intellectuelle. C'est que la peur de souffrir, la peur de l'inconnu, le poids du passé, voire l'inertie de notre nature font constamment obstacle au changement. Comme le disait Jung, dans ce domaine il semble que la paresse soit la passion suprême de l'homme.

Il est donc de première importance de ne pas mettre la barre trop haut au départ afin de ne pas provoquer d'abandons soudains en l'absence de résultats qui risquent de ne venir que lentement. L'idéal offre une orientation, stimule l'espoir et aiguise

La guérison du cœur

l'enthousiasme, mais on doit prendre garde de ne pas en faire l'étalon auquel mesurer sa propre valeur et les résultats obtenus.

À la fin de sa vie, Freud se montrait d'ailleurs plutôt pessimiste sur la capacité de transformation humaine lorsqu'il constatait la force des pulsions de mort et de destruction qui nous habitent. Jung a ouvert une brèche dans ce pessimisme en proposant l'idée d'un soi central qui régularise l'ensemble des manifestations de l'être au sein de ce qu'il a appelé le « processus d'individuation », c'est-à-dire le processus par lequel un individu parvient à devenir lui-même. Après tout, s'est-il dit, pourquoi serions-nous différents des autres manifestations de la nature qui possèdent toutes, dans leurs gènes, le plan de leur développement ? L'apport de Jung présente l'immense avantage d'offrir un sens à la souffrance humaine. Il offre la perspective de parvenir un jour à une conscience profonde de soi-même et de ce qui est identique à soi dans l'univers.

Nous demeurons pourtant des créatures mortelles et la parfaite santé semble tout à fait hors de portée. Comme le disait le philosophe Allan Watts, « ce qu'il y a de plus parfait ici-bas, c'est l'imperfection [1] ». L'imperfection fondamentale de la nature et de nos vies permet le désir et l'évolution, mais elle ouvre également la porte au désespoir et à la stagnation.

Il est vrai que c'est parce que « ça » boîte que nous cherchons l'équilibre. Il est vrai que c'est parce qu'un manque existe en nous que nous voulons créer autre chose. Cette imperfection est donc parfaite en ce qu'elle assure le renouvellement perpétuel de la vie, mais on peut s'y perdre. Notez que l'on peut également relativiser cet égarement en se disant qu'il entraînera de nouveaux déséquilibres qui forceront une nouvelle attitude consciente.

Malgré tout, selon ma propre expérience et celle de nombreux patients que j'ai accompagnés en thérapie individuelle ou dans les groupes, le travail sur soi permet, à la longue, de parvenir à un détachement qui ouvre la porte de la sérénité. Ce travail a le pouvoir de modifier notre qualité de vie en transformant le regard que nous portons sur ce que nous pensons et sentons. Il ne change pas nécessairement la nature de ce qui est vécu, mais plutôt la nature de ce qui est vu, et ce changement de regard permet

---

[1]. Watts, Allan, *Amour et connaissance,* Paris, Denoël/Gonthier, bibliothèque Médiations, n° 79, 1958.

de voir la beauté et la justesse de ce qui se passe en soi. La fréquentation de cette intelligence à l'œuvre aussi bien dans la santé que dans la maladie donne peu à peu le courage de passer à l'action ou de se retirer dans une contemplation qui rassure le cœur.

D'une certaine façon, nous pourrions dire que la perfection n'est pas nécessaire à la réalisation de soi. La tension vers la perfection entraîne même, sur le plan intérieur, des problèmes de déni vis-à-vis de ce qui se passe réellement en soi. Elle suscite la honte et la culpabilité devant la maladie ou l'épreuve, ce qui empêche de percevoir la justesse des événements et leur intelligence profonde. Pour cette raison, il me semble préférable de substituer la notion d'intégrité à la notion de perfection. Il ne s'agit pas, après tout, de devenir un superman ou une superwoman. Il s'agit plutôt d'en arriver à un être authentiquement conscient de ce qu'il est et de ce qui l'entoure, un être qui accepte le mouvement naturel et spontané de ce qui se passe en lui et à l'extérieur de lui. Il s'agit, en somme, beaucoup plus d'un processus d'« arrondissement » de la personnalité que d'un processus de perfectionnement.

À mon sens, l'apprentissage d'une intimité avec soi-même constitue le premier but du travail sur soi. Le deuxième peut devenir la transformation des modèles de comportements physiques et psychiques, mais une telle transformation dépend d'un nombre de facteurs plus difficiles à maîtriser. La perspective demeure enivrante, mais il faut être conscient qu'elle exigera beaucoup de celui ou celle qui s'engage sur le chemin.

L'insatisfaction est notre guide le plus sûr

Il nous manque toujours quelque chose. Nous cherchons à l'extérieur parce qu'il nous manque quelque chose à l'intérieur capable de nous combler, de faire notre bonheur, de réjouir notre cœur. Or, à travers nombre d'expériences sur le plan des acquisitions matérielles, du pouvoir, ou des relations amoureuses, vous vous rendez compte que rien, en définitive, ne peut vous combler de joie pour très longtemps. Rien ne peut vous satisfaire définitivement, ni une grosse voiture, ni la beauté de votre compagnon ou de votre compagne, ni son intelligence, ni les enfants, bref, rien.

La guérison du cœur

La conscience intime, la plupart du temps à demi avouée, de cette vérité est en grande partie responsable de la perte de sens. Cette conscience engage des comportements de fuite en avant et des tentatives de compensation par l'alcool, la drogue, le sexe, la nourriture, la télévision, le pouvoir, le contrôle. Ou encore on a besoin d'idéaliser ou de diviniser un être, une substance ou un comportement afin de faire échec à cette insatisfaction de fond.

En général, la compensation fonctionne pour de courts moments à la fois. L'utilisation de la substance ou la présence de la personne en question vous permet de retrouver, pour un certain temps, un état de bien-être intérieur, avec la réserve que vous devenez dépendant de cette substance et de cette personne. Vous en avez dès lors absolument besoin pour votre équilibre et, si ces éléments viennent à manquer, vous éprouvez des peurs et des angoisses. Votre dépendance est devenue une prison. Vous n'êtes plus libre, vous êtes devenu esclave d'une personne, d'une substance ou d'une idéologie.

Pensez simplement à un week-end que vous voulez passer dans une campagne isolée avec des amis. L'alcoolique ou le fumeur verront à s'assurer qu'ils auront de quoi consommer. Le maniaque de télévision voudra savoir s'il y a un poste, le dépendant affectif s'assurera qu'il y a un téléphone, la boulimique fera provision de tablettes de chocolat, le séducteur invétéré craindra la compagnie des hommes, celui qui a peur des femmes souhaitera le contraire.

Si vous questionnez vos propres formes de dépendance et de compensation, vous prendrez conscience des croyances qui vous limitent, celles qui vous chuchotent que vous ne pouvez pas vivre sans fumer, sans un ou une partenaire à vos côtés, sans sexe ou sans chocolat. Vous découvrirez du même coup la piètre opinion que vous avez de vous-même et vous découvrirez surtout que, peu importe la direction dans laquelle vous vous tournez, quelque chose manquera toujours à votre bonheur. Vous réaliserez alors que la première fonction de toutes ces dépendances est de masquer votre désespoir profond, votre isolement affectif et vos attentes magiques.

Si vous êtes parvenu à cette désillusion fondamentale qui est en fait la meilleure chose qui pouvait vous arriver, il n'y a pas trente-six solutions. Les souffrances et les épreuves vous offrent un miroir du fait que vous vous oubliez vous-même, un miroir de la quête insensée dans laquelle vous vous perdez. Ce miroir vous dit qu'il n'y a personne à la maison, que vous n'êtes pas dans vos chaussures, que vous n'avez pas encore trouvé le centre de votre propre univers, qu'à la place de vous-même vous avez mis quelque chose ou quelqu'un d'autre, voire un dieu quelconque. Bref, vous êtes un touriste dans votre propre vie, un touriste qui espère que le voyage se déroulera avec le moins de heurts possible, sans se rendre compte que cette attitude est la raison même de tous les chocs qu'il rencontre dans la vie.

À mon sens, il n'existe qu'une seule porte de sortie : réaliser que vous êtes déjà tout ce que vous cherchez, que vous êtes la plénitude et le bonheur auxquels vous aspirez, que ce bonheur est en vous et que vous l'aviez oublié. Alors, vous pouvez vous détendre et profiter de la vie. C'est même la meilleure chose que vous puissiez faire. Le miroir de l'épreuve vous dit que vous êtes comme le Roi-Pêcheur et que le Graal du bonheur est à portée de main pour peu que le silence soit levé sur toute cette fantastique mise en scène du malheur.

Je suis conscient, lorsque je vous dis cela, que je prends un grand raccourci. Je vous donne une information sans doute indigeste pour le moment, et qui vous laisse impuissant. J'essaie simplement d'ouvrir une perspective, de vous présenter une hypothèse qu'il vous faudra livrer à l'expérimentation de nombreuses fois avant qu'elle devienne réalité pour vous.

Du reste, cette idée ne vous est sûrement pas inconnue, elle nous est transmise par les religions asiatiques telles que le bouddhisme ou l'hindouisme dans leurs diverses formes. Elle est également présente dans le christianisme qui nous dit que nous participons tous au Christ ressuscité. Pour ma part, je préfère m'en tenir à la notion de soi développée par Jung. Elle satisfait mon besoin de compréhension tout en m'offrant une perspective ouverte. Selon Jung, le soi représente à la fois ce que chacun de nous est le plus originalement et le plus individuellement, et son identité totale avec tout ce qui l'entoure. Le concept de soi lie la portion d'individualité avec la portion d'universalité.

Nous pouvons imaginer que nous sommes l'univers, que chacune de nos cellules porte en elle cet univers comme si le monde était un immense hologramme dans lequel la moindre parcelle porterait l'image de l'ensemble. Peut-être découvrirons-nous sous peu que notre univers est compréhensible et même reproductible à partir de n'importe laquelle de ses particules.

En attendant, penser la chose suivante peut aider : il ne sert à rien d'avoir recours à quoi que ce soit pour se calmer. Il ne sert même à rien de se calmer parce que l'insatisfaction est notre guide le plus sûr. Le gourou que vous cherchez, le guide intérieur auquel vous aspirez, a pour nom l'insatisfaction. Vous avez peut-être toujours jugé que votre ennui, votre découragement, voire votre déception profonde devant la vie sont inavouables et monstrueux. Pourtant, aussi longtemps que vous ne vous serez pas réconcilié avec cette monstruosité-là, vous chercherez à l'extérieur des expédients qui ne sauront pas vous satisfaire. Et surtout, vous vous retrouverez à la merci de tous les gourous et de toutes les recettes de la terre, même de celles qui sont inscrites dans ce livre.

Refuser votre véritable guide intérieur vous entraînera sans cesse du côté de satisfactions illusoires, qui ne dureront que pour un temps seulement. Peu à peu, vous vous rendrez compte que la guérison du cœur, qui passe par l'élucidation du passé et des complexes qui vous emprisonnent, est la seule chose qui puisse vous contenter vraiment. Lorsque vous en serez convenu avec vous-même, le reste se fera, plus ou moins rapidement, mais il se fera.

Nos malheurs viennent de nos attentes

La plupart de nos malheurs procèdent de nos attentes. Ces attentes procèdent elles-mêmes de frustrations antérieures, conscientes ou inconscientes. Elles sont sans doute légitimes mais elles nous orientent souvent vers des buts irréalistes. Lorsqu'en de rares moments nous n'éprouvons ni le besoin d'être aimé ni celui de ne pas être aimé, nous pouvons nous laisser aller à être nous-même et en ressentir un sentiment de liberté. Nous cessons alors automatiquement de nous contraindre, de nous rapetisser ou de vouloir grandir.

Vivre sans attente ne signifie pas se résoudre à la passivité. À l'inverse cela libère le geste. L'action peut alors naître du goût d'être soi-même et de s'exprimer. Toute attente, tout désir élève une barrière entre soi et le monde. Nous ne sommes plus avec ce qui est, nous sommes avec ce que nous pensons devoir être.

Être en bonne santé, ne pas être malade, être joyeux, ne pas être triste, faire de l'argent, prospérer, ce sont des attentes. Et ces attentes nous empêchent de réagir simplement à ce qui nous arrive. Au fond, il n'y a rien de psychologique dans tout cela, au contraire, notre personnalité psychologique complique parfois le tout. Vivre sans attente nous permet de faire ce qu'il y a à faire et c'est tout. Nous ne nous plaignons pas de ce qui nous arrive, nous n'avons pas d'idée préconçue de ce qui doit arriver ou ne pas arriver. Le malheur vient, nous faisons ce qu'il y a à faire. Le bonheur est là, nous en profitons au maximum. Comme le dit si bien Éric Baret : « L'été, c'est l'été. L'hiver, c'est l'hiver [1]. »

Nous pouvons prendre le risque de vivre sans attente parce que la mort se profile de toute façon au bout du chemin. Tout ce que nous accumulons d'honneurs, de pouvoir, de relations, d'objets et d'argent se réduit à néant. Nous n'emportons rien avec nous. Peut-être qu'au moment de la mort notre seul véhicule est notre état intérieur. Peut-être que notre état intérieur constitue la seule chose que nous possédions vraiment.

S'abandonner au mouvement naturel est la véritable source du bonheur

Renoncer à certaines de nos attentes nous met en contact avec le mouvement incessant de la vie, et ce contact et la conscience qu'on en a peuvent avoir quelque chose d'effrayant. Il n'est pas facile de s'abandonner au rythme de la transformation naturelle, pensons simplement au fait de vieillir. Cela va à l'encontre du moi qui tente d'établir son identité en niant le mouvement, en essayant de le contrôler, et en se maintenant dans un cadre de vie sécurisant. La tentative du moi peut même finir par s'opposer au mouvement universel qui semble être fait d'union et d'expansion. Elle peut aboutir à une fermeture telle

---

1. Éric Baret est un enseignant formé dans la tradition du tantrisme cachemirien, voie qui célèbre l'unité de toute chose. Il refuserait sûrement l'étiquette de « sage » dont je l'affuble. Il est l'auteur de plusieurs livres dont *Les crocodiles ne pensent pas. Reflets du tantrisme cachemirien* (Boucherville, Éditions de Mortagne, 1994). Le volume est constitué d'une série d'entretiens accordés à Placide Gaboury.

que, poussée à l'extrême, elle engage une attitude qui relève de l'autodestruction. À la longue, toutefois, cette position forcée finit par se révéler trop douloureuse. Alors le moi doit prendre conscience de ses ralentissements physiologiques et de ses fixations psychologiques pour retrouver une certaine santé, c'est-à-dire une ouverture et une fluidité dans le mouvement.

Il serait erroné, cependant, de croire que toute affirmation individuelle relève d'un égocentrisme fermé. Bien au contraire, chaque fois que nous faisons quelque chose qui nous vivifie, nous avons la confirmation que notre mouvement personnel se situe en conjonction avec le mouvement d'ouverture et d'expansion de l'être. Il ne sert à rien d'opposer individualité et universalité, il est contre-productif d'opposer le moi et le soi. Il faut plutôt marier leurs actions de façon harmonieuse. Il s'agit d'unir ces contraires. Le personnel et l'impersonnel se complètent. Ils s'incluent mutuellement et s'expriment l'un l'autre.

Il est inutile de vouloir abolir le moi puisque le moi est tout ce que nous avons. Il est le centre de la conscience subjective, si bien que sans lui il n'y aurait pas de participation consciente et individuelle au mouvement universel, ni, par conséquent, de jouissance, ni de joie. Tout ce travail d'ouverture vise la joie du moi, son bonheur. Ce bonheur ne peut venir que si le moi se sent relié au soi, qui le dépasse ; mais, s'il s'y abolit, il n'y a plus personne pour faire l'expérience. Le moi doit donc plutôt entrer dans une communion consciente avec l'univers qui se trouve dans le soi, et autour de lui. Il s'agit plutôt d'une union consentie entre nos parties individuelle et universelle. Il s'agit d'un rééquilibrage de ces deux dynamismes, de telle sorte qu'ils n'en fassent plus qu'un.

Cette ouverture de l'individualité peut nous apparaître de l'ordre d'un suicide obligé tant que nous n'avons pas compris que nous sommes cette universalité aussi. Nous sommes individualité et universalité et nous pouvons jouir pleinement de ces deux mouvements – pourquoi renier l'un ou l'autre ? En me remémorant ma fulgurante expérience, je me suis dit, en effet, que nous semblons procéder d'un double mouvement, d'un frottement entre individualité et universalité dont la tension produit ce que nous appelons la créativité humaine.

Nous ne pouvons être heureux sans respecter cette double polarité. Notre bonheur vient de l'union de ces contraires en nous. En termes psychologiques, notre bonheur jaillit de l'union du moi et du soi. Cette communion consciente produit une harmonie dans l'être. Elle fonde la joie du cœur et l'apaise au sein du mouvement global.

Nous affirmons vouloir changer, nous transformer, trouver l'amour, être heureux, mais, en réalité, c'est ce qui nous fait le plus peur. Nous avons peur du mouvement naturel de la vie dont je faisais état au début de ce chapitre. Nous en avons peur, car il exige de nous ouverture, confiance et abandon. Cette peur constitue même la principale source de résistance au sens des souffrances. Nous préférons l'absurdité, le non-sens et la souffrance à la perception d'un sens que nous ne contrôlons pas parce qu'il nous met en face d'une intelligence qui nous échappe en grande partie. Comme le dit si bien Jung, nous ne pouvons connaître le soi que par ses influences sur notre conscience, nous pouvons entrer en relation avec ce soi, mais, pour pouvoir communiquer avec cette totalité, le moi devra abandonner sa position égocentrique.

La mort fait partie de la vie et elle permet le renouvellement et la transformation. La mort est la condition de la transformation. La destruction permet la création. Il s'agit là d'une terrible loi qui fera échec à toute tentative de sens tant que nous refuserons d'y faire face. La masse de destruction permet le renouvellement des êtres. J'imagine facilement que la maladie et la vieillesse pourraient y suffire sans que nous ayons à entrer dans ces rituels barbares, mais il semble que nous n'en soyons pas encore là.

S'abandonner au mouvement de la transformation exige une confiance dans le processus vivant. Cela met à l'épreuve nos beaux concepts et nos belles théories. Mais cela ouvre la porte du bonheur.

À quoi ressemble la musique d'un cœur guéri et allégé ?

J'ai fait un rêve cette nuit. J'ai rêvé que l'être humain se compare à une gamme de musique, que, notre vie durant, nous ne jouons que de certaines notes, *do*, *ré*, *mi*, *fa*, sans jamais explorer les notes plus hautes, *sol*, *la*, *si*. Le *fa* représentait la note du cœur, en plein centre, le lieu où la transmutation peut se produire, le lieu où la vision d'un monde purement matérialiste peut devenir psychologique et même spirituelle. Je trouvais la comparaison très adéquate, car elle impliquait la créativité. Ne sommes-nous pas invité à produire de la musique à partir des éléments de base de notre personnalité ? À quoi ressemble le chant de l'être que chacun émet ? À une grande symphonie, à une musique de chambre ?

Nous avons en main tous les sons. Nous pouvons élaborer la musique que nous aimons, celle qui nous ressemble le plus, celle qui exprime le mieux possible ce que nous sommes, et qui exprime pleinement l'univers qui s'imprègne en nous. Libre à nous de faire sonner la cacophonie du mal-être ou de l'auto-destruction. Libre à nous de vibrer de la musique de la guérison.

Chacun est l'artisan de son propre concert. Notre vie peut devenir une œuvre d'art, une œuvre dont la présence nous contente, une œuvre que nous pouvons goûter, savourer, une œuvre où transparaît tout l'univers, une œuvre qui témoigne de notre état de réconciliation avec nous-même et avec le processus vivant. Dans cette œuvre de nous-même, nous sommes à la fois compositeur, chef d'orchestre, premier violon et clarinettiste. Nous sommes la musique et la partition. Nous sommes la cacophonie et l'harmonie, le fracas et la tendresse. Ce qu'il y a de merveilleux, c'est que nous pouvons jouir de tout cela.

Pour être en mesure de savourer la vie, il faut que le cœur soit dégagé, allégé, il faut que le passé dorme en paix, il faut que la fluidité psychique ait été trouvée, il faut que l'espace intérieur ait été cultivé. Alors le bonheur peut s'avancer sur la pointe des pieds. Alors il peut nous éblouir et nous murmurer qu'il a toujours été là comme notre droit le plus inaliénable, comme la seule chose que nous ne puissions pas perdre puisqu'elle est inscrite au cœur de chacune de nos cellules. Il attendait simplement que nous nous donnions la permission de sortir du cycle infernal du malheur.

Alors le bonheur peut rire à gorge déployée, car la musique préférée du cœur est le rire. C'est d'ailleurs pourquoi on dit « rire de bon cœur » !

6

LES LEÇONS DE LA LIBERTÉ

> *Tous les hommes sont illuminés, dit le Bouddha, certains le savent et d'autres pas. Un disciple lui demande alors pourquoi certains l'ignorent. Et la réponse tombe, toute simple : « Parce qu'ils sont distraits ! »*

À propos de l'intolérable

Nous ne pouvons pas nous guérir de notre monstruosité

Le contraire de l'amour s'appelle la haine et son lieu d'expression particulier est le conflit, que celui-ci oppose les membres d'un couple, d'une famille, d'une nation ou d'ethnies diverses. Cette réalité nous amène à discuter un aspect de la souffrance humaine que nous n'avons pas abordé jusqu'ici : la guerre et ses atrocités. Il est primordial d'en parler, car pour beaucoup de gens ces ignominies mettent en échec toute réflexion sur le sens. Mais cette guerre existe d'abord et avant tout en nous. Ce sont nos conflits inconscients qui nous mettent en guerre contre les autres. Mais quels conflits inconscients ?

Dans son livre sur la médecine archétypale, le Dr Alfred Ziegler, dont j'ai parlé précédemment, affirme que, dans les faits, l'être humain est une créature hybride qui refuse sa nature véritable. Pour lui, le Sphinx que rencontre Œdipe, ce monstre qui a un corps de griffon et une tête de femme, est précisément une partie de lui-même qu'Œdipe ne peut reconnaître et à laquelle il ne veut se résoudre : sa propre monstruosité, une monstruosité qui l'écartèle entre ses instincts et ses idéaux. Nous sommes en conflit avec cette monstruosité que nous pressentons en nous, nous ne l'acceptons pas. Nous la projetons inconsciemment sur les autres pour nous en débarrasser et nous la combattons chez eux.

Or, tant que ce conflit fondamental avec notre propre imperfection n'est pas résolu, nous demeurons belliqueux. Nous guerroyons contre ce qui nous paraît monstrueux et inacceptable chez les autres, alors même qu'il ne s'agit que du miroir de notre côté ombrageux.

Intolérable Sierra Leone

Printemps 1999. Au journal de 22 heures à la télévision, une nouvelle a percé l'écran de mon indifférence au monde et à sa ronde. Ça se passait en Sierra Leone, l'un des pays les plus pauvres d'Afrique. Peut-être avez-vous également été témoin de cette nouvelle : des guérilleros s'infiltraient dans les villages et mutilaient les villageois. Ils ne les tuaient pas, ils les mutilaient.

Il me fut très pénible de regarder cette nouvelle une seconde fois, le lendemain. Voir autant d'êtres humains mutilés à la fois avait pour moi quelque chose d'intolérable. Des hommes adultes racontaient qu'ils avaient passé des jours cachés sous leur lit, comme des enfants terrorisés, pour échapper à la torture. D'autres disaient qu'on leur avait donné le choix du membre à mutiler sur leur propre corps – une jambe, un œil ou un bras ? Ces détails me donnaient mal au cœur.

Le pire est que, tout en constatant l'ampleur de cette cruauté, je ne pouvais m'empêcher de penser qu'elle avait quelque chose de génial : comment mieux neutraliser ses ennemis qu'en les mutilant ? Comment mieux inspirer la crainte qu'en faisant des milliers d'exemples vivants de sa férocité ? Oui, une idée géniale qui témoignait d'une incroyable créativité, mais une créativité orientée dans le sens de la destruction.

Le geste était froid, systématique, pensé, délibéré. Et il s'adressait à des collectivités entières. Un animal n'aurait pas pu inventer une telle chose. Ces données rendaient ce geste atrocement humain. Elles le scellaient du sceau de l'humanité. C'était

Les leçons de la liberté

cela l'intolérable : appartenir à une espèce capable de penser, d'organiser et de gérer l'exécution d'un tel projet.

Que recherchaient les bourreaux ? Ils voulaient éliminer une population pour vivre en paix sur leur territoire. Ils avaient « démonisé » le camp opposé et l'avait chargé de tous les maux de la terre. Ils pensaient donc, en toute bonne foi, se débarrasser de ces maux en neutralisant leurs ennemis. Inconscients de leur propre « ombre », de leur propre participation à la monstruosité de la nature humaine, ils pensaient ainsi terrasser leurs propres démons en mutilant leurs adversaires.

Appliqués au domaine des relations entre les peuples, les concepts d'« ombre » et de « projection de l'ombre », que Jung a développés, s'avèrent particulièrement éclairants. L'« ombre » est un archétype universel, à savoir une structure commune à tout psychisme humain. Elle rend compte de la propension de chacun à participer à ce qu'il est convenu d'appeler le *mal*.

Au niveau personnel, il s'agit du petit frère obscur que nous portons en nous-même mais que nous ne voulons pas que les autres voient. La plupart du temps, nous ne reconnaissons pas notre ombre et nous la « projetons » à l'extérieur sur autrui. Voilà pourquoi ce sont toujours les autres qui sont menteurs, jaloux, hypocrites. Autrement dit, nous prêtons à nos proches des parties de nous-même qui ne nous font pas plaisir et nous allons même jusqu'à les réprimer et à les combattre chez eux.

Les mêmes dynamiques se jouent entre les nations. Tour à tour, les Russes, les Chinois, les Tutsi, les Turcs, les Albanais, les Serbes, etc., deviennent les porteurs de toutes les calamités et il faut les éliminer. Comme disait Jésus, on voit la paille dans l'œil du voisin mais pas la poutre dans son œil. Le seul remède réside dans la reconnaissance à la fois de nos ombres personnelles et de notre participation individuelle au mal collectif. Ce qui semblait jusque-là intolérable devient alors plus familier.

Assurément, ce mal est d'abord et avant tout en nous. Il n'est pas cette chose étrange qui n'apparaît que le soir au journal télévisé. Nous souffrons, nous entretenons des conflits conscients et inconscients, nous haïssons parfois et parfois nous faisons même souffrir les autres. Chacun de nous porte les excès qui le font reculer d'horreur chez ses voisins. Il est primordial de reconnaître ces ombres en soi, car cela permet de ne plus être fasciné par la violence du monde extérieur. En effet la violence, comme toute forme d'expérience intense, exerce une grande force d'attraction sur la conscience, elle peut captiver celle-ci tant que la dimension personnelle de cette violence n'est pas reconnue. En ce sens, le travail sur soi délivre de ce qui gardait l'être captif et lui offre des choix qu'il n'avait pas avant cette prise de conscience, dont celui de choisir la paix au lieu de répondre à l'affront par la guerre.

L'enfer de Srebenica

La Sierra Leone n'est qu'un exemple parmi tant d'autres, il y a eu l'Allemagne hitlérienne, et, aujourd'hui, l'ex-Yougoslavie. Tandis que j'étais en cours de rédaction de cet ouvrage, l'actrice française Anne Bellec m'a invité à assister à la présentation d'une pièce dans laquelle elle joue et qui s'intitule *Requiem pour Srebenica*[1]. Il s'agit d'un collage de témoignages de survivants, d'articles et de déclarations officielles. Le texte relate les événements qui ont mené au massacre, par les Serbes, des musulmans qui avaient trouvé refuge dans l'enclave de Srebenica que l'ONU s'était engagé à défendre par la voix du général Philippe Morillon.

Entre le 12 et le 14 juillet 1995, les cinquante mille habitants bosniaques et, pour la plupart, musulmans de Srebenica ont tous été déportés, exécutés, jetés dans des fosses communes ou laissés sans sépulture. Radovan Karadzic est l'homme qui a ordonné ce massacre. C'est également lui qui a proclamé la république des Serbes de Bosnie et qui en a pris la tête. Il a aussi déclaré, devant le Parlement de Bosnie-Herzégovine, en 1992, « qu'en cas de guerre les musulmans seraient exterminés ». Karadzic est convaincu que les musulmans sont des Serbes qui ont perdu la « vraie » foi. Il en déduit qu'il faut éradiquer ces éléments faibles et déviants qui souillent la race et affaiblissent le gène collectif. On voit chez lui comment la fai-

---

1. *Requiem pour Srebenica,* un texte-collage fait uniquement à partir d'éditoriaux, de témoignages de survivants et de déclarations politiques. Conception et mise en scène d'Olivier Py, avec la collaboration de Philippe Gilbert, production du Centre dramatique national/Orléans-Loiret-Centre, France, 1999, non édité. Je remercie Anne Bellec de m'avoir procuré le texte inédit de la pièce.

Les leçons de la liberté

blesse et la déviance sont projetées à l'extérieur chez les musulmans.

En fait, Karadzic se juge non seulement pur, il se croit aussi immortel. Voici un texte de sa plume où il en témoigne, car, en plus d'être un psychiatre transformé en chef de guerre, il se veut aussi poète :

Je suis né sans sépulture.
Il ne périra jamais, ce corps qui me vient de Dieu.
Il n'a pas été fait que pour sentir l'odeur des fleurs,
Mais pour mettre le feu, tuer, et tout réduire en cendres.
Moi, contrairement à toi, je réveille le désastre.
Moi, contrairement à toi, je réveille la nuit.
Et j'entends cette voix qui me dit :
Brûle, brûle, brûle [1].

Une pulsion d'union pervertie

Le poème de Karadzic est puissant et révélateur. Il témoigne d'une identification à un complexe de justicier sanguinaire. Jung dirait qu'il s'est identifié à l'« archétype » du destructeur universel. Un archétype est une sorte de complexe collectif. Pour cette raison, il est beaucoup plus puissant qu'un complexe individuel, si bien que l'être qui s'identifie à une telle force semble porté par un vaste courant d'énergie collective, comme s'il était branché à une source d'autant plus violente qu'elle est impersonnelle.

Hitler, par exemple, était possédé par l'archétype du sauveur. C'est du moins ce que les Allemands projetaient sur lui. De telles identifications dépersonnalisent un être et lui confèrent un charisme qui ne tient pas à lui seul. Cet être devient alors hors norme et inhumain. Ayant perdu sa dimension personnelle, il croit être l'incarnation d'une cause divine ou diabolique et pense qu'il doit la défendre. Karadzic est convaincu qu'il doit épurer la race slave des impuretés et que, pour cela, il faut sacrifier les musulmans. Hitler, pénétré d'une idée semblable, pensait que pour purifier la race aryenne il fallait éliminer les Juifs. Ce

---
1. *Requiem pour Srebenica*, op. cit.

La guérison du cœur

qui s'est passé à Srebenica présente d'ailleurs d'étonnantes similarités avec ce qui s'est déroulé cinquante ans plus tôt dans le ghetto juif de Varsovie.

Karadzic souffre de ce que l'on appelle une « inflation psychique » – comme une grenouille qui essaie de se faire plus grosse que le bœuf. En réalité, il est persuadé qu'il est le bœuf, qui plus est, un bœuf immortel. Voilà pourquoi, dans son poème, il parle de son immortalité physique. À l'instar de certains dirigeants de secte, possédés eux aussi par des idées destructrices, il va entraîner dans la mort des milliers de personnes sans sourciller.

Cette inflation se traduit aussi par son sentiment de posséder un droit de vie ou de mort sur ses contemporains. Le bourreau usurpe, pour ainsi dire, un droit divin. « Nous sommes les dieux ici ! » s'exclamait un tortionnaire argentin en plein travail, trahissant par ces mots le formidable délire de puissance qui peut s'emparer d'un individu qui détient le sort d'un autre entre ses mains.

La recherche du pouvoir absolu se mêle à une autre motivation primaire qui joue un rôle fondamental chez chacun de nous : la recherche du plaisir. Cette recherche du plaisir vise à satisfaire une motivation tout aussi profonde : la pulsion d'union. Afin de vivre avec plaisir sur un territoire uni, les Serbes, comme les Allemands avant eux, comme les Hutu au Rwanda, ont décidé d'éliminer ceux qui semblent faire obstacle à leur idéal de pureté et d'unité.

Pour les Serbes, l'altérité est intolérable, ils ne peuvent s'y adapter. Ils proscrivent donc ceux qu'ils perçoivent comme différents d'eux. Ce faisant, ils sombrent dans le totalitarisme. En fait, ils combattent à l'extérieur quelque chose qui leur est propre. En ce sens, l'épuration ethnique constitue une formidable mise en scène de la « peur de l'autre en soi ». Le problème vient en effet, comme je l'ai souligné plus tôt, de ce que l'on a l'illusion que l'altérité est extérieure à soi.

Je me permets de m'étendre sur ce propos, car il peut nous permettre de comprendre que des personnes comme Karadzic, Hitler ou Milosevic nous sont plus familières qu'on ne le croit. Elles vivent en chacun de nous. Nous possédons tous et toutes ce totalitarisme qui cherche à nier l'existence du prochain parce qu'elle provoque trop de remous intérieurs. Il est plus facile de chercher des coupables et de les éliminer que de tenter d'apaiser ses propres conflits. Et la seule porte de sortie consiste à comprendre que l'autre est de la même nature que soi-même.

Un mot de plus sur le rôle que joue la pulsion d'union dans un tel contexte. Si, dans son essence, on peut la décrire comme un élan de communion avec l'univers, elle passe par toutes sortes de phases avant d'apparaître comme telle. Sur le plan individuel, nous cédons momentanément à l'idée qu'une voiture, une maison, ou une personne saura nous rendre heureux de façon permanente. Mais ces joies sont de courte durée. Quelque chose en nous sait que ce bonheur ne s'éternisera pas – et nous voilà relancé dans notre quête. Sur le plan collectif, la pulsion d'union emprunte la voie des besoins d'acquisition, de contrôle et de pouvoir, même si l'assouvissement de ces besoins n'arrive pas non plus à satisfaire notre être en profondeur.

En ce sens, la guerre met en action une pulsion d'union détournée de son but naturel. Les dirigeants serbes croient qu'en éliminant les musulmans et les Kosovars ils auront enfin la paix sur leur territoire. Mais en quoi cela pourrait-il rendre heureux les citoyens de ce pays de façon durable ? Combien de temps se passera-t-il avant qu'ils s'aperçoivent qu'ils se sont trompés de cible et que leur véritable ennemi leur est intérieur ?

L'omniprésence du mal

Bien qu'il soit difficile de s'y résoudre, il semble bien que la monstruosité soit omniprésente, comme nous le montrent notre histoire collective aussi bien que notre histoire individuelle. Sur la scène du monde tout comme sur la scène des relations interpersonnelles, le mal étale sans retenue sa force de destruction. La pulsion de mort dont parlait Freud paraît évidente. Force est de constater que depuis fort longtemps les hommes s'ingénient à la torture physique et mentale et qu'ils se réjouissent du sang et des larmes versés.

Que cherchons-nous à prouver par nos démonstrations de sadisme ? Que l'amour n'existe pas ? Que la vie est absurde ? Que l'être humain est une erreur de la nature, une aberration à la surface de la terre ? Que notre essence la plus profonde est d'une abjection sans fond ? Exprimons-nous ainsi notre désillusion par

La guérison du cœur

rapport à l'amour ? Avouons-nous la détresse qui a envahi nos cœurs ? Clamons-nous de la sorte, tout en le niant radicalement, notre besoin d'amour, de douceur et de tendresse ?

Le philosophe allemand Rüdiger Safranski s'est attaqué à ces questions dans *Le Mal ou le Théâtre de la liberté*. Il nous dit essentiellement que le mal est le prix de la liberté humaine : « Il n'est pas nécessaire d'en appeler au diable pour comprendre le mal, dit-il. Le mal fait partie du drame de la liberté humaine. Il est le prix de la liberté [1]. »

En allemand, le titre du livre de Safranski ne parle pas de « théâtre de la liberté » mais plutôt de « drame de la liberté » (*das Drama der Freiheit*). Ces deux expressions éclairent en fait deux aspects du mal par rapport à la liberté humaine.

Le « drame de la liberté » humaine réside dans le fait que nous sommes libres d'explorer notre capacité de création aussi bien que notre capacité de destruction. Il n'existe pas de bon Dieu ou de Père Noël pour nous sauver de nous-même. Le choix est entre nos mains et dans les mains de nul autre.

L'expression « théâtre de la liberté » révèle la dimension symbolique de la guerre. Elle met en scène la tragédie humaine, pour ainsi dire, et nous en fait la démonstration. Les informations télévisées reprennent elles-mêmes l'expression « théâtre des opérations » pour nous parler du lieu des affrontements. Et un théâtre a besoin de spectateurs.

Nous sommes impliqués dans ce qui se passe au Sierra Leone, en Bosnie, au Kosovo ou ailleurs. Ce n'est pas pour rien que nous avons inventé les moyens techniques qui nous permettent d'en être les témoins. Nous regardons ce spectacle parce qu'il nous regarde. Nous sommes interpellés parce que nous pressentons que la grande famille humaine est Une et que, comme l'a affirmé Gandhi, « tous les hommes sont frères ».

Toutefois, l'information élevée au rang de spectacle par excellence, comme c'est le cas dans la société de consommation, risque de nous faire perdre de vue la réalité des atrocités. Si le rideau tombe sur le théâtre de la liberté lorsque nous éteignons le téléviseur, le drame de la liberté, lui, se poursuit loin des projecteurs. Il ne se poursuit pas seulement en ex-Yougoslavie ou en Tchétchénie, il se poursuit également en nous sous la forme

---

1. Safranski, Rüdiger, *Le Mal ou le Théâtre de la liberté* (trad. par Valérie Sabathier), Paris, Grasset, 1999.

de conflits de toutes sortes que nous sommes incapables d'affronter ou que nous préférons ne pas solutionner.

Une invitation à la compassion

Pouvons-nous vraiment continuer à consommer ce qui se passe dans le monde comme un spectacle ? « Responsabilité globale ! » clame le Dalaï-Lama. « Pensez globalement, agissez localement ! » disent les activistes issus des années soixante-dix. La Sierra Leone n'existe pas seulement en Afrique : à échelle réduite, elle existe au sein de nos propres communautés. Elle existe également à l'intérieur de nous, la première localité dont nous sommes pour ainsi dire responsables. Cette localité a aussi ses files de réfugiés, ses affamés, ses esclaves et ses enfants qui travaillent pour des salaires de misère. Elle a aussi ses beautés inavouées, mises en échec par la peur que nous avons de nous montrer sensibles et différents.

Nous cachons dans nos donjons intérieurs le pire et le meilleur, et le spectacle du monde ne fait que nous refléter ce que nous portons au plus profond. Oui, il y a les réfugiés du Rwanda, du Kosovo et de partout ailleurs. Il y a ceux et celles qui meurent du sida. Il y a des mendiants et des gens qui ne vivent pas au chaud. Tous et toutes, ne sont-ils pas comme des guerriers d'amour qui cognent à la porte de nos cœurs pour réclamer un peu de compassion ?

Tous les êtres dans le besoin, ceux-là comme ceux de nos familles, comme ceux qui traînent dans les rues des villes, comme ceux qui défilent en nous, victimes de nos propres ostracismes, frappent à la porte du cœur, s'efforçant de nous rappeler que nous sommes amour et générosité et qu'aucune autre stratégie ne pourra régler les problèmes de l'humanité [1].

Nous qui jouissons de bonnes conditions de vie, qui mangeons à notre faim, vivons au chaud et circulons librement, quelle meilleure réponse pouvons-nous leur apporter que tenter

---

1. Ce paragraphe figure en quatrième de couverture du livre *Êtres aux passages de la vie* (Montréal, Samsarah Rainbow Planet, 1999). Il est de la plume de Françoise Moquin et de Michèle Blanchard qui travaillent toutes deux à la Maison d'Hérelle, une maison d'hébergement communautaire pour les personnes vivant avec le sida.

de dépasser nos propres souffrances pour atteindre une véritable paix intérieure, une véritable joie du cœur, et la leur offrir ? Offrir un cœur réconcilié avec la vie n'est-il pas le plus beau présent que nous puissions faire au monde, au lieu de continuer d'assister, impuissants, à son drame ?

Le passage par l'ombre

Nombre de souffrances traversent actuellement le monde. Le changement de millénaire draine avec lui des espoirs fous et des détresses effroyables. Le meilleur côtoie le pire, mais, par une compensation obligée, par un phénomène d'autorégulation naturelle, le pire devient la condition du meilleur. Les conflits éclatent de partout, on dirait que les hommes sont terriblement attirés par l'autodestruction, mais qu'il existe aussi une alternative à tant de négativité. Cette alternative passe par la prise de conscience de nos ombres : nous devons réaliser, qu'à l'instar des bourreaux nous blessons et mutilons sans cesse, les autres autant que nous-mêmes.

Dans le contexte planétaire actuel qui est livré à la noirceur et aux conflits de toutes sortes, l'orientation de l'humanité vers l'ouverture du cœur se fait impérieuse. Cette orientation prend naissance dans le secret du cœur de chacun. Lorsqu'un être est capable de revendiquer sa part de tyrannie, de violence, de dureté et de fermeture, il n'a plus de contentieux avec les parties sombres de l'humanité. Il les comprend de l'intérieur. Et cela le délivre du même coup, car elle produit de la liberté là où il n'y avait qu'asservissement inconscient.

Lorsque, par exemple, au sein d'un échange amoureux, j'ai pu faire face à ma faculté de blesser l'autre et même d'y prendre plaisir, lorsque j'ai pris la peine de réfléchir aux attentes et aux désirs secrets qui ont pu me rendre cruel, lorsque je suis parvenu à démonter les croyances qui me maintenaient dans une telle dynamique relationnelle, alors j'ai été à même de faire un choix réel. Plus que cela : j'ai cessé d'être l'esclave d'un conditionnement à la négativité.

Le passage par l'ombre immerge l'être dans l'étendue de ses potentialités, des plus sombres aux plus lumineuses. Quand un être n'est plus motivé par la peur de Dieu ou du diable, qu'il

Les leçons de la liberté

a pu toucher à sa véritable liberté, alors se présente à lui l'opportunité d'agir autrement et d'aller de son propre chef vers une essence de bonté, de douceur et de compassion, celle qui épanouit au lieu d'enfermer, celle qui unit aux autres et à l'univers. À défaut de ce passage par l'ombre, les actions qui se veulent bonnes, sans perdre complètement leur mérite, risquent d'être de celles « qui tentent de réparer ce qui ne se répare pas », provoquant de ce fait beaucoup de détresse chez les bienfaiteurs.

Notre situation collective me fait penser à cette amie qui m'annonçait avec le sourire qu'elle avait un cancer, « malin et agressif », précisait-elle, qui mobilisait toutes ses forces vives. Je ne l'avais jamais vue aussi rayonnante. Enfin elle pouvait cesser de travailler, enfin elle pouvait demander qu'on la serre dans nos bras pour la réconforter, enfin elle avait la permission d'échapper à la morosité du quotidien pour livrer la grande bataille de la survie.

En réalité, cette bataille est celle de chaque jour pour chacun de nous, puisque chaque jour nous rapproche de la mort. Au fond, ce n'est qu'une question de temps. Nous sommes tous, à plus ou moins brève échéance, condamnés. Alors pourquoi seul celui, ou celle, qui le sait et qui vit avec cette perspective se donne-t-il soudain la permission d'exister pleinement ? Comment se fait-il que nous ayons besoin d'un drame pour nous permettre de vivre enfin selon nos rêves et nos désirs, et moins soucieux de notre image ? Vraisemblablement, parce que nous faisons tout ce qui est en notre pouvoir pour ignorer notre mort prochaine, pensant ainsi nous en débarrasser, croyant à tort que la conscience de la fin inéluctable nous amènera plus près de la tombe alors qu'elle peut au contraire nous insuffler un élan de vie !

Se pourrait-il que, sur le plan collectif, cela se passe exactement de la même manière ? Se pourrait-il que nous ayons besoin de l'intensité dramatique qui accompagne une menace d'annihilation pour nous mettre en contact avec nos ressources intérieures ? Serait-il possible que nous ayons besoin de tester jusqu'à son extrême limite, représentée par l'autodestruction, la réalité de notre liberté, avant de pouvoir nous tourner vers l'amour ?

La guérison du cœur

Vertigineuses spéculations

Les dimensions cachées de notre univers

Devant la réalité de la guerre, des abus sans nom, des morts d'enfants et des massacres, la psychologie rencontre sa limite. Elle peut décrire les motivations des bourreaux dans leur soif de pouvoir, de vengeance et de domination. Elle peut comprendre les malheurs des victimes et faire état de leurs traumatismes, mais elle n'a pas de sens à leur offrir. Cela a-t-il du sens pour un enfant de porter un fusil-mitrailleur à dix ans ou de travailler comme esclave dans une usine, attaché à une machine, de se tuer à la tâche ou de se faire assassiner ? Cela a-t-il du sens pour une femme de se faire violer et tuer par un soldat devant son mari et ses enfants ? Cela a-t-il du sens de mourir de dysenterie dans une file de réfugiés ? Cela a-t-il du sens de mourir de leucémie à quatre ans ?

Difficilement. Nous pouvons en tirer une leçon de compassion et y puiser la force d'évoluer si nous croyons que le changement d'un individu affecte l'ensemble de la planète, même s'il s'agit là d'une maigre consolation pour les victimes.

Vue sous cet angle, la guerre – et ses atrocités – a quelque chose de lourd qui nous fige et qui semble mettre en échec toute tentative visant à faire du sens. Le besoin de rechercher une position intérieure qui nous donne une certaine marge de manœuvre par rapport à ces questions s'impose dès lors avec plus de force.

En général, on s'en remet à Dieu pour ce qui est de la cause ultime de tels malheurs. Pour ma part et assez bizarrement, j'ai trouvé dans un lit d'hôpital, et terrassé par la maladie, la liberté intérieure dont j'avais besoin pour faire face à de telles interrogations. Je me permets donc de déposer ma casquette de psychanalyste le temps de quelques pages pour me lancer dans des considérations qui sont à proprement parler « interdites » dans mon métier. Je n'ai aucune certitude quant à ce que je m'apprête à discuter, mais il me semble intéressant d'ouvrir la porte à ces réflexions.

L'une d'elles concerne la possibilité d'une « multidimensionnalité » de notre existence et de notre univers. Je veux dire qu'il est intéressant d'envisager que notre vie puisse ne pas

Les leçons de la liberté

s'arrêter avec la mort et ne pas avoir commencé avec la naissance. Peut-être même qu'il y a des univers parallèles et, puisque nous savons de façon scientifique que notre « corridor espace-temps » est relatif, il se pourrait bien que nous vivions plusieurs vies en même temps.

Imaginons, par exemple, que l'âme ne soit pas une sorte de concept flou et mystique, mais qu'elle représente notre individualité en action sur la scène de l'existence. Cette âme cherche à retrouver sa portion d'universalité à travers de nombreuses vies dans de multiples dimensions qui deviennent autant d'expériences sur le chemin de ses retrouvailles avec le Tout. De la même façon que nous tirons des enseignements de chacune de nos épreuves, l'âme puiserait des leçons dans chacune de ses vies.

Dans un cadre aussi vaste, tout ce qui est vécu peut offrir une direction à l'âme qui est à la recherche d'elle-même. Dans une perspective aussi large, même une expérience comme celle d'être injustement abattu au cours d'une guerre vengeresse peut être intégrée et servir à la connaissance de soi et de l'univers. Peut-être même que ce qui nous semble indu ne relève pas de l'injustice et que le destin des bourreaux et des victimes est lié par des fils qui nous sont inconnus.

Si une telle hypothèse se révélait juste, alors le monde s'apparenterait à une sorte de théâtre où nous exprimons nos incompréhensions, tandis que la guerre serait, pour ainsi dire, le plus grand étalement d'ignorance que nous puissions concevoir. Elle témoignerait d'un fabuleux enfermement collectif détenant des milliers de personnes à l'intérieur d'une vision cauchemardesque.

Je désire partager de tels horizons, car il me semble de plus en plus absurde que nous soyons limités à une seule existence. J'ai vu suffisamment de gens mourir pour savoir que nous ne partons pas tous réconciliés, loin de là. Devant un tel état de fait, il serait sensé de penser que le travail d'évolution se poursuit après soi.

La mort venue, peu importe ce qu'a été notre vie, heureuse ou malheureuse. Nous la contemplons peut-être pour en apprendre quelque chose afin d'être en mesure de continuer notre route sur le chemin de notre identité réelle. Fort de cette leçon, nous prenons peut-être une autre inspiration avant de plonger dans le grand jeu universel, jusqu'à la mort suivante qui nous permettra de mieux nous comprendre à nouveau.

Peut-être n'y a-t-il que cette grande respiration, ce grand rythme. Peut-être n'y a-t-il rien à saisir, simplement à inspirer et expirer, se ramasser et se dissoudre, se trouver et se perdre pour le simple plaisir de la chose. Inspirer l'unité et venir à l'existence à travers une multitude d'expériences, inspirer le Tout et venir au monde dans le duel et le multiple, inspirer la perfection et la traduire à travers mille formes imparfaites dont chacune nous rappelle la perfection fondamentale d'où elle est issue.

Peut-être que la dualité exprime l'unité, comme le pense Éric Baret. Peut-être que l'imperfection exprime la perfection, comme le propose le philosophe Allan Watts. Peut-être que la souffrance nous parle d'une extase oubliée, comme le dit le Bouddha. Peut-être que l'imagination nous en révèle autant sur la réalité que la science. Peut-être que l'imagination est la glande à bonheur que nous avons oubliée, occupés que nous sommes à faire des comptes. Peut-être.

Tout est en transformation perpétuelle

Poursuivons encore plus loin nos spéculations, non pas du côté de la guerre mais du côté de la mort, cette phase finale de l'existence. Tout, dans l'univers, est en mouvement. Tout bat. Tout bouge sans cesse. Nous ne pouvons rien y faire. C'est comme ça. Nous naissons et nous mourons. Nous pouvons retarder la vieillesse mais nous ne pouvons échapper à la mort.

D'une certaine façon, nous pourrions dire que, vis-à-vis de cette transformation perpétuelle et universelle, notre conscience nous joue des tours. J'entends par là que la conscience du temps qui passe a le pouvoir de nous rendre malheureux. Au lieu de nous sentir à l'aise dans le mouvement de transformation, nous nous mettons à le craindre. Nous voulons retenir notre présent et le contrôler au lieu de nous abandonner à la transformation. La peur de perdre nous fige sur place et inhibe notre mouvement naturel. Nous voudrions ne conserver que les aspects créateurs de notre réalité sans admettre qu'il ne peut y avoir de création sans destruction. Il ne peut y avoir de vie sans mort.

Les leçons de la liberté

Il est compréhensible que la réalité de la mort provoque en nous peur, recul, tristesse et nostalgie à l'égard du passé, et contraction à l'égard du futur. Pourtant, le message de la nature est sans équivoque : tout naît, croît et meurt. Les processus biologiques dont nous dépendons diffusent eux aussi, chaque seconde, leur précieux enseignement : inspiration/rétention/expiration ; prise d'air/oxygénation des tissus/rejet des déchets ; absorption de nourriture/digestion/élimination. Ce qui entre doit ressortir. Ce qui naît doit mourir. Si cette réalité nous apparaît injuste et terrible, sa terrible loi peut constituer une source de non-sens.

Le rictus de la mort a de quoi nous faire frémir. Mais la conscience de celle-ci peut nous engager à vivre de façon impeccable, comme le sorcier yaqui. Elle a le pouvoir de nous engager dans une démarche de connaissance par rapport à la réalité de notre être. Sur cette voie, reconnaître nos dimensions émotives et mentales représente un premier pas qui ne nous affranchit pas de la mort mais qui nous affranchit d'une vie uniquement définie par des besoins primaires et matériels. La conscience de la mort engage la quête de sens et cette quête trouve son aboutissement dans la reconnaissance de la portion d'universalité que contient notre identité.

Cette portion d'universalité ne connaît pas la mort de la même façon que notre portion d'individualité, elle la connaît comme faisant partie intégrante du processus de transformation. Sans la mort, il ne saurait y avoir de changement. Questionné par l'animateur Bernard Pivot à propos de la perte de la plupart de ses compagnons de route et de ses maîtres, le Dalaï-Lama répondait que, d'une certaine manière, il trouvait là matière à nostalgie, mais qu'en même temps cela permettait au monde de se renouveler.

Qui nous prouve, par ailleurs, que notre espace et notre temps, dont Einstein a démontré la relativité, sont les seules façons de concevoir l'espace et le temps ? Lorsque nous voyons surgir tout un monde virtuel avec ses personnages et ses décors d'une petite puce électronique, nous avons de quoi « faire danser notre imagination ». Peut-être portons-nous au creux de notre main des univers entiers qui ont aussi leurs soleils et leurs galaxies. Peut-être même que cette création de mondes et de dimensions est infinie.

La guérison du cœur

Nous existerions alors au sein d'un grand jeu dont le but serait le plaisir du jeu et des retrouvailles avec l'unité perdue. Notre porte de sortie consisterait alors à découvrir en nous le joueur, le créateur, qui serait notre identité de base, notre portion universelle. Peut-être n'y a-t-il pas d'autre sens à la vie que cet éveil à la dimension cosmique et universelle. Le seul but, la seule mission, le seul devoir, résiderait dans le plaisir de vivre à travers les mondes dans la conscience de l'unité et dans la joie d'exister.

Nos peines, nos deuils, nos épreuves et nos maladies, qui nous rappellent si cruellement que nous sommes mortels, nous indiquent peut-être la voie de la joie et de l'ouverture du cœur. La crise apparaîtrait ainsi comme une véritable occasion pour transformer du non-sens en sens, de l'individualité en universalité, de la fermeture en ouverture, du contingent en illimité, du fini en infini, de l'imperfection en perfection, de la diversité en unité.

Si tel est le cas, la préparation à la mort devrait jouer un rôle fondamental dans nos vies, car la peur du mouvement de transformation est essentiellement motivée par la peur de la mort. La mort constitue en effet le changement le plus radical que nous ayons à subir au cours de ce que nous appelons une existence, le passage le plus délicat et le plus fondamental. Voilà pourquoi, sans doute, toutes les religions ont les yeux fixés dessus.

Dans son ouvrage, *Le Livre tibétain de la vie et de la mort*, Sogyal Rinpoché essaie de nous faire comprendre que toute vie est faite de petites morts qui se succèdent les unes les autres, et de petites renaissances qui se suivent de la même façon, pour nous aider à apprivoiser le terme de l'existence. Il nous amène à concevoir que ce mouvement est constant et que ce que nous appelons l'ego repose sur une idée de stabilité qui n'a aucune réalité. Il compare l'ego à un personnage qui, jeté dans le vide, s'accrocherait aux objets qui descendent avec lui pour se donner l'illusion que la chute n'existe pas [1] ! Pour les Tibétains, l'ego se fonde essentiellement sur cette tentative d'attraper ou de saisir quelque chose alors qu'il n'y a rien à attraper ou à saisir puisque nous sommes toutes choses dès le départ.

---

1. Rinpoché, Sogyal, *The Tibetan Book of Living and Dying,* San Francisco, Harper and Collins, 1992, p. 116.

Les leçons de la liberté

Cet exemple m'a fait rire à gorge déployée. Le moi y apparaît comme une petite installation provisoire, condamnée à mourir, tout en refusant de comprendre qu'il en est ainsi. Il s'accroche à tout pour éviter de faire face à la réalité de sa mort annoncée, mais au fond, il n'y peut rien. Selon l'idée tibétaine, le moi doit se préoccuper de la mort avant que la mort ne s'occupe de lui. Son but est double : d'une part, permettre à l'être de vivre plus intensément ; d'autre part, l'aider à s'affranchir de la peur en l'invitant à s'abandonner au processus vivant au lieu d'essayer de le contrôler.

La métaphore qu'utilise Sogyal Rinpoché ne correspond pas seulement à notre univers psycho-spirituel. Elle décrit très bien notre position cosmique. Lorsque j'ai coanimé un atelier avec Hubert Reeves dans le Sahara, le premier exercice qu'il nous demandait de faire, une fois que nous nous étions couchés à même le sable du désert, consistait à imaginer que la Terre est un vaisseau spatial circulant à grande vitesse dans un système solaire qui, lui-même, se meut dans une galaxie qui, elle-même, se déplace à une vitesse folle dans l'univers...

Il nous faisait également réaliser que le soleil ne se couche pas et ne se lève pas. C'est la Terre, en rotation sur elle-même, qui produit les couchers et les levers de soleil. La perception de ce mouvement universel ouvre notre perspective à un point tel que cette ouverture appelle une compréhension et une explication plus larges d'un point de vue psychologique. Elle stimule la quête de sens et la recherche de l'unité fondamentale, ne serait-ce que pour permettre d'échapper au vertige !

Les spéculations vertigineuses auxquelles nous venons de nous livrer à propos de la guerre, de la réincarnation et de la mort appartiennent toutes au théâtre de la liberté. Si nous sommes libres de nous détruire, nous sommes également libres d'imaginer. Si le mal est le prix de la liberté, l'imagination en est la fleur.

Qui peut dire ce qui est vraiment vrai ? La guerre est-elle plus réelle que le jeu d'un enfant ? En tout cas, il n'y a pas à s'interroger longtemps pour savoir laquelle de ces activités apporte le plus de bonheur. Nous n'avons pas à obéir aux diktats d'un monde obsédé par la mort et l'autodestruction. La terre n'a pas à suivre la voie des conflits et des charniers. Une chose est certaine, cependant : il faudra une bonne dose d'imagination et d'amour pour faire en sorte que change cet état d'esprit, tant sur le plan individuel que collectif.

Tant que nous n'aurons pas intégré la réalité de notre liberté, nous risquons de rebondir de catastrophe en catastrophe, de petits malheurs en malheurs plus grands, jusqu'à ce que nous comprenions ou jusqu'à ce que nous nous détruisions. Du point de vue de l'univers, cela n'a aucune importance. L'humanité peut disparaître. Ce sera la fin regrettable d'une merveilleuse expérience cosmique. Au moins, si nous n'avons pas réussi à vivre, aurons-nous réussi à nous prouver que nous étions réellement libres... Mais quelle piètre consolation !

Conclusion

LA PLUS BELLE CRÉATION DE L'ÊTRE HUMAIN

L'ironie de la vie

Nous voici arrivés au terme de notre périple. J'espère que mes propos et ceux des gens que je vous ai présentés vous ont permis d'approcher cette « chose inexplicable » qui a illuminé ma vie et dont je vous parlais dans l'avant-propos. J'espère également que les leçons n'ont pas été trop ennuyeuses. Pour ma part, comme ce fut le cas pour mes livres précédents, l'écriture de celui-ci m'a servi de rituel de passage. Ce livre est devenu une épreuve initiatique et transformatrice. Jamais il ne m'a semblé avoir les idées aussi claires quant au sens de la souffrance et de la liberté humaine.

J'y ai appris et réappris bien des leçons, et souvent de manière pénible, car la rédaction de cet ouvrage a réactivé d'anciennes souffrances. J'ai été confronté à mon imperfection fondamentale. Cependant ma conviction demeure que cette imperfection exprime la perfection de base, tout comme, selon Éric Baret, la dualité exprime l'unité. Peut-être qu'aussitôt que l'être entre en expression, il entre du même coup dans le monde des contingences, des limites et des divisions. Peut-être qu'aussitôt qu'il se sépare du tout il entre en déséquilibre, ou du moins dans l'illusion d'un déséquilibre puisque cette séparation n'existe pas en tant que telle. Mais nous y croyons et ce que nous croyons définit notre réalité.

Peut-être qu'il n'y a pas d'équilibre ici-bas, ou qu'il demeure à jamais mouvant et actif. Il nous habite comme un pressentiment, une aspiration qui nous maintient sur la route du sens, un sens que nous créons mais qui reste relatif et mouvant lui aussi. Peut-être ne pouvons-nous qu'espérer que notre création de sens respecte le plus possible le mouvement général du phénomène vivant, produisant du même coup harmonie, vie, énergie, espoir, enthousiasme. Car, au fond, le bonheur ne se résume-t-il pas au goût de vivre ?

Petite récapitulation

Je voudrais maintenant passer en revue quelques points qui me semblent essentiels. Le premier concerne la question du sens elle-même. Je tiens une fois de plus à rappeler combien nous pouvons trouver avantage à traiter les événements comme s'ils avaient un sens. Ainsi nous sortons d'un monde de victimes pour entrer dans un monde de responsabilité et de liberté. Au lieu d'être à la merci du destin, nous en devenons les cocréateurs.

Pour cela, nous devons accepter de concevoir que la vie est symbolique, à savoir que ce qui nous arrive – épreuve, maladie, accident heureux ou malheureux – nous renvoie à quelque chose d'inconnu dont cet événement est l'expression. Le corps sert précisément à rendre visible cette expression. Sinon, nous demeurerions des étrangers vis-à-vis de nous-mêmes.

Michel Odoul emploie la métaphore de l'ordinateur pour définir cet état de fait. Il nous explique ainsi que si un ordinateur n'avait pas de supports « périphériques », tels qu'écran, clavier, imprimante, nous ne pourrions jamais en percevoir la puissance. En d'autres termes, notre corps nous permet de connaître et de faire l'expérience de la puissance de notre esprit [1].

Remarquez que j'utilise le mot « esprit » avec circonspection. Mais comment décrire ce qui semble au cœur de chaque manifestation sans même l'alourdir et qui, de plus, a l'air de relier tout ce qui existe ? La vie paraît procéder de l'esprit et, tant que nous ne sommes pas prêts à une telle perspective, la quête de sens risque d'aboutir à un cul-de-sac.

Jung parvient à la même conclusion lorsqu'il nous dit que ce n'est pas le moi qui représente le centre de la personnalité mais le soi. Le soi est comme un passager caché dans la calèche de l'être

---

1. Odoul, Michel, « *Dis-moi où tu as mal* » – *Le lexique, op. cit.*, p. 13.

La plus belle création de l'être humain

dont le moi est en quelque sorte le cocher. Les tribulations du voyage nous amènent à prendre conscience de notre situation et de ce qui nous emporte vraiment. Nous réalisons alors que nous sommes la plupart du temps à la merci de nos émotions, de nos idées, de nos croyances et de nos fantasmes. Que les niveaux les plus subtils de notre être sont en fait ceux qui ont le plus le pouvoir de nous influencer. Toutefois, peu à peu, nous nous lions d'amitié avec le passager inconnu et il nous aide à retrouver la maîtrise de notre véhicule.

Notre bonheur tient dans la reconnaissance de cette intimité, voire de cette identité, entre le moi et le soi. En cela réside la guérison du cœur qui consiste à relier notre portion d'individualité et notre portion d'universalité. Il ne s'agit en somme que d'une question d'ouverture.

Sur le plan du développement psychologique, nous avons vu combien l'intégration de nos propres ombres constitue un passage pénible mais absolument nécessaire dans l'apprentissage de soi. La prise de conscience de notre propension à l'échec et à la douleur nous garde dans une saine « humilité de l'esprit », dirait Marie-Lise Labonté. En tout cas, les tentatives d'épuration ethnique contemporaines nous montrent à quels excès peut mener le fait d'évacuer totalement sa part d'ombre sur un voisin, qui se mue ainsi en porteur de tous les maux et de toutes les impuretés. Non seulement une multitude de victimes innocentes sont-elles livrées à des exactions sans nom, mais les tortionnaires deviennent la proie d'un orgueil si démesuré qu'ils en arrivent à se croire immortels, ce dont témoigne avec éloquence le poème de Karadzic que j'ai cité. Sans être un Karadzic, il faut bien se rendre compte que nul n'est à l'abri de l'orgueil.

J'ai également souligné combien la relation amoureuse est un lieu idéal d'expression de nos ombres et de nos lumières et combien elle peut servir de creuset au travail sur soi – quoi de plus agréable que de partager ses loisirs ! De même avons-nous vu que cet effort ne mène pas à un repli sur soi égocentrique, plutôt à une union encore plus profonde avec l'autre. À ce moment-là, il s'agit d'une union délivrée des attentes. Le couple se sent alors uni dans une recherche commune, dans la conscience d'appartenir au même élan universel. C'est sans doute un horizon lointain pour la plupart des couples, pourtant je crois sincèrement que la crise des intimités est telle, actuellement, qu'il

La guérison du cœur

n'y a qu'au sein d'une telle perspective que nous arriverons à retrouver un peu de paix.

À propos de guérison, il est aussi bon de garder en mémoire, comme le dit Liliane Reuter, que toute guérison véritable est de l'ordre de l'autoguérison. Il s'agit d'une guérison à laquelle la conscience participe en donnant la permission aux cellules de se régénérer. Peu importe si l'on se guérit avec des médicaments chimiques ou naturels, par des moyens classiques, psychologiques ou spirituels ; ce qui compte, c'est de participer consciemment à sa propre guérison, c'est de solliciter de façon consciente la réponse de son corps au traitement. Alors, nous faisons l'expérience que nous avons la possibilité de stimuler les forces régénératrices qui dorment en nous. Ce point est capital et j'espère avoir assez souligné dans ce livre qu'il ne sert à rien d'attendre une pilule magique qui vienne du Nouvel Âge, du Moyen Âge ou d'une relation exceptionnelle pour être sauvé de soi-même. Se réveiller, devenir présent à soi et à ses propres potentialités oubliées, voilà ce à quoi chaque souffrance nous invite.

Science et conscience

Cela m'amène tout naturellement à la question de la guérison du cœur. Nous pourrions dire que toute guérison pointe vers la guérison du cœur en ce sens qu'elle appelle une ouverture de la conscience. En effet, notre conscience nous offre la possibilité à la fois d'acquérir des connaissances par rapport à l'univers et d'entrer en communion intime avec lui. Notre conscience nous aide à connaître la nature de ce tout vibrant en nous permettant de l'observer le plus rigoureusement possible et de nous unir à lui au sein d'une expérience d'expansion de l'être. Ainsi ce qui apparaît au niveau extérieur et objectif comme un ensemble énergétique peut être mystérieusement expérimenté au niveau individuel et subjectif comme une force d'amour.

Je crois même que cette expérience personnelle et intime n'est pas différente de celles proposées par les mystiques chrétienne, hindoue ou musulmane. « Tomber dans Dieu » a signifié pour moi faire l'expérience subjective de l'unité fondamentale. Elle m'a conduit à abandonner une vision anthropocentrique qui

La plus belle création de l'être humain

place l'homme au centre de l'univers pour aller vers une vision « éco-centrique » qui voit l'être humain comme une partie de ce grand réseau du vivant au sein de que j'appellerais une « écologie de l'être ».

Il faut dire que je me sens plus à l'aise avec la notion d'intelligence créatrice qu'avec la notion de Dieu. Grâce à elle, je peux contempler la beauté d'un lac au soleil couchant en me sentant en contact étroit avec cette intelligence organisatrice qui habite chaque parcelle de l'univers comme chacune de mes cellules, ému qu'alors ma portion d'individualité puisse rejoindre ma portion d'universalité.

De toute façon, qu'il s'agisse des appellations dieu, amour, univers, tout, grand manitou, énergie, intelligence universelle, ou quelque chose d'autre, pour moi, il importe surtout de se rappeler que cette dimension universelle se situe à l'intérieur de soi comme à l'intérieur de tout ce qui est. Elle n'est pas séparée de nous, elle organise et soutient la vie à tous les échelons. Non seulement nous y participons de tout notre être de manière indissociable mais nous sommes cela.

À la limite, tout ce qui nous arrive extérieurement et tout ce qui se passe en nous intérieurement peut être considéré comme une création. Lorsque l'on peut contempler avec un certain détachement le désastre dans lequel on a réussi à se fourrer, il y a parfois de quoi s'émerveiller. Chacun de nos états intérieurs, chacune de nos humeurs, chacun de nos climats psychologiques exprime un état du tout, un état parfait en soi.

La guérison du cœur est le plus bel exemple de la créativité humaine. Elle est la création la plus achevée de l'être humain. Toutes les autres créativités pointent vers elle, la désignent et s'en approchent. Cette création sous-tend toutes les autres créations puisqu'elle concerne la transformation intégrale de l'être, son accomplissement et son retour à la source.

Aimer, c'est être Un

Automne 1999, dix ans après les événements. Je rends visite à mes parents à Chicoutimi. Bien que la saison soit peu avancée, il a déjà neigé. Tout est magnifiquement blanc dans le soleil du matin. On a l'impression d'être au début du monde. Cette blancheur lumineuse résonne en moi, m'inspire et me donne des ailes. Elle éveille ma propre lumière et les mots jaillissent. Ils paraphrasent les paroles d'Éric Baret en conférence.

Aimer, c'est être Un. Aimer, c'est apprécier. Aimer, c'est être « avec ». Aimer, c'est être en communion avec quelqu'un ou quelque chose. Aimer, c'est être lié à ce qui existe. Aimer, c'est être mélangé au tout. Aimer, c'est réaliser que l'on est de la même nature que la personne qui partage notre vie, que l'on est de la même nature que le réfugié à la frontière de n'importe quel pays, et que l'on est aussi de la même nature que celui qui le chasse et l'opprime. Car, aimer, c'est ne plus rien rencontrer d'étranger dans le monde parce que nous reconnaissons en chaque chose notre essence intime.

Aimer, c'est voir dans les yeux du bourreau comme dans ceux de la victime le même désir de vivre. Aimer, c'est pressentir la joie profonde qui soutient tout ce qui est. Aimer, c'est sentir le grand élan créateur qui anime chaque cellule de notre être et qui cherche son expression pleine et entière dans un retour à l'amour, dans un retour au bonheur, dans un retour à l'extase.

L'amour est notre essence la plus intime. Il est ce que nous sommes, ce vaste mouvement créateur, joyeux et majestueux. Il est ce que nous avons oublié que nous étions. Il est notre commencement, notre pendant et notre futur. L'amour est notre joie et notre peine.

Nous sommes libre de mettre le temps qu'il faut pour nous éveiller à cette réalité puisque nous sommes déjà dans l'amour et qu'il n'y a rien à redire à nos jeux, à nos errances et à nos complaisances. À travers eux, nous ne faisons que nous révéler à nous-même les lois de l'univers. Nous ne faisons qu'apprendre une à une les leçons de l'amour. Nous ne faisons que nous rendre compte que la souffrance est un instrument de la joie.

Bon, j'arrête ici ma course, car je commence à craindre de perdre mon cheval à travers les mots. Qui désire sincèrement passer le reste de sa vie à galoper de village en village en cherchant sa monture ?

Bibliographie

AEIPPLI, Ernest, *Les Rêves,* Paris, Petite Bibliothèque Payot, n° 3, 1972.

BARET, Éric, *Les crocodiles ne pensent pas. Reflets du tantrisme cachemirien,* Boucherville, Édition de Mortagne, 1994.

BAUDOIN, Charles, *L'œuvre de Jung,* Paris, Petite Bibliothèque Payot, n° 265, 1963.

BECKER, de R., « Les machinations de la nuit », dans CHEVALIER, Jean GHEERBRANT, Alain, *Dictionnaire des symboles,* Paris, Robert Laffont, 1969.

BERTHERAT, Thérèse, *Le corps a ses raisons. Autoguérison et anti-gymnastique* (avec la collaboration de Carol Bernstein), Paris, Seuil, 1976.

BESSON, Patrick, « Entretien de Radovan Karadzic avec Patrick Besson », *Avec les Serbes,* Paris, L'Âge d'Homme, 1996.

CASTANEDA, Carlos, *The Active Side of Infinity,* New York, Harper Collins Publishers, 1998.

CHEVALIER, Jean GHEERBRANT, Alain, *Dictionnaire des symboles,* Paris, Robert Laffont, 1969.

CHÖDRÖN, Pema, *Entrer en amitié avec soi-même,* Paris, La Table Ronde ; 1997.
– *Quand tout s'effondre* (trad. par Claude et Claude Riso-Lévi), Paris, La Table Ronde, 1999.

CORNEAU, Guy, *L'Amour en guerre,* Montréal, Éditions de l'Homme, 1996 (pour le Canada), *N'y a-t-il pas d'amour heureux ?* Paris, Robert Laffont, 1997 (pour l'Europe francophone).
– « Comme le nuage va, comme l'oiseau chante », *Comme un cri du Cœur – Témoignages,* Montréal, L'Essentiel, 1992.
– *Père manquant, fils manqué, Que sont les hommes devenus ?,* Montréal, Éditions de l'Homme, 1982.

CROMBEZ, Jean-Charles, *La Guérison en Écho,* Montréal, MNH, 1996.
– *La Personne en ÉCHO. Cheminements vers la complexité,* Montréal, MNH, 1999.

MONTIGNY Johanne de, *Le Crash et le défi : survivre,* Montréal, Les Éditions du Remue-ménage, 1985.

MONTIGNY, Johanne de HENNEZEL, Marie de, *L'Amour ultime. L'Accompagnement des mourants,* Paris, Hatier, coll. « Le sens de la vie », 1993.

DREUILHE, Alain Emmanuel, *Corps à corps. Journal de Sida,* Paris, Gallimard / Lacombe, coll. « Au vif du sujet », 1987

FOREST, Martyne Isabel, « Le mythe de l'objectivité d'un jugement sur la douleur : le droit et la clinique nez à nez ? », *Frontières,* Montréal, Université du Québec à Montréal, vol. 8, n° 2, automne 1995.
– « Face au cancer de son enfant, histoire d'une souffrance », *L'Espoir. Le bulletin de Leucan, l'Association pour les enfants atteints de cancer,* Montréal, Leucan, vol. 21, n° 3, automne 1999.

FRANZ, Marie-Louise von ; *L'Interprétation des contes de fées,* Paris, La Fontaine de Pierre, 1980.

- « The Geography of the Soul. An Interview with Marie-Louise von Franz », in *Touch,* Nashua, Centerpoint, été 1993, p. 10.
FRANZ, Marie-Louise von, JUNG, Emma, *La Légende du Graal,* Paris, Albin Michel, coll. « Sciences et Symboles », 1988.
GUATTARI, Félix, « Le divan du pauvre », *Communications,* n° 23, Paris, Seuil, 1975.
JACOBI, Jolanda, *La Psychologie de C. G. Jung,* Genève, Mont-Blanc, coll. « Action et Pensée », 1964.
JACOBY, Mario, *Shame and the Origins of Self-Esteem. A Jungian Approach,* Londres, Routledge, 1994.
JUNG, Carl Gustav, *Dialectique du moi et de l'inconscient,* Paris, Gallimard, coll. « Folio / Essais », n° 46, 1973.
- *L'Énergétique psychique,* Genève, Librairie de l'Université, et Paris, Buchet-Chastel, 1956.
- « *Les Types psychologiques* » (préface et traduction d'Yves Le Lay), Genève, Librairie de l'Université, Georg & Cie, S.A., 1968.
- « Civilisation in Transition », *The Collected Works of C. G. Jung,* vol. 10, Bollingen Series XX, Princeton, Princeton University Press, 1959.
- « Synchronicity. A Causal Connecting Principle », *The Collected Works of C. G. Jung,* vol. 8, Bollingen Series XX, Princeton, Princeton University Press, Princeton / Bollingen Paperback Edition, 1973.
LABONTÉ, Marie-Lise, *S'autoguérir... c'est possible,* Montréal, Québec-Amérique, coll. « Santé », série Témoignages, 1986.
MARTEL, Jacques, *Le Grand Dictionnaire des malaises et des maladies,* Montréal, éditions ATMÀ internationales, 1998.
MILLER, Alice, *Le Drame de l'enfant doué,* Paris, Presses Universitaires de France, coll. « Le fil rouge », 1990.
MOLIÈRE, *Le Malade imaginaire,* Paris, Gallimard, coll. « Folio classique », n° 3300, 1971.
MOQUIN, Françoise, et BLANCHARD, Michèle, *Êtres aux passages de la vie,* Montréal, Samsarah Rainbow Planet, 1999.
ODOUL, Michel, « *Dis-moi où tu as mal* » – *Le lexique,* Paris, Dervy, coll. « Chemins de l'Harmonie », 1999.
ORNISH, Dean, *Love and Survival. 8 Pathways Toward Intimacy,* New York, Harper Perrenial, 1999.
POUSSIN, Alexandre TESSON, Sylvain, *La Marche dans le ciel. 5 000 kilomètres à pied à travers l'Himalaya,* Paris, Robert Laffont, 1998.
PROVENCHER, Normand, *Dieu le Vivant,* Ottawa (Canada), Novalis, 1999.
PY, Olivier, *Requiem pour Srebenica* (avec la collaboration de Philippe Gilbert), Orléans-Loiret-Centre (France), 1999, inédit.
REEVES, Hubert, *Poussières d'étoiles,* Paris, Seuil, coll. « Science ouverte », 1984.
RENARD, Léon, « La maladie : une alternative du cerveau », *Biocontact,* novembre 1996.
REUTER, Liliane, *Votre esprit est votre meilleur médecin. Préserver votre santé, favoriser l'autoguérison grâce à la médecine holistique,* Paris, Robert Laffont, coll. « Réponses », 1999.

Bibliographie

Rilke, Rainer Maria, *Lettres à un jeune poète,* Paris, Grasset, 1937.

Rinpoch, Sogyal, *The Tibetan Book of Living and Dying,* San Francisco, Harper and Collins, 1992.

Robert, Paul, *Petit Robert 1. Dictionnaire alphabétique et analogique de la langue française,* Paris, Société du Nouveau Littré (SNL), 1978.

Safranski, Rüdiger, *Le Mal ou le Théâtre de la liberté* (trad. par Valérie Sabathier), Paris, Grasset, 1999.

Saint – Exupéry, Patrick de, « Bosnie : Et les Serbes nous ont hachés à la mitrailleuse... », *Le Figaro,* 8 mars 1996.

Sa Sainteté le Dalaï-Lama et Cutler, Howard, *L'Art du bonheur,* Paris, Robert Laffont, coll. « Aider la vie », 1998.

Sünder, Richard, « Syntaxe de la santé 1. Le sens de la maladie selon Claude Sabbah », *Les Cahiers de la bioénergie,* n° 11, 1er trimestre 1999.

Troyes, Chrétien de, « Perceval le Gallois ou le Conte du Graal », *La Légende arthurienne. Le Graal et la Table Ronde,* Paris, Robert Laffont, coll. « Bouquins », 1989.

Trungpa, Chögyam, *Cutting Through Spiritual Materialism,* Boston & London, Shambhala, 1987.

Watts, Allan, *Amour et connaissance,* Paris, Denoël/Gonthier, bibliothèque Médiations, n° 79, 1958.

Woodman, Marion, *Obésité, anorexie et féminité refoulée,* Montréal, La Pleine Lune, 1994.

– *La Vierge enceinte,* Montréal, La Pleine Lune, 1992.

Ziegler, Alfred J., *Archetypal Medicine* (trad. par Gary V. Hartman), Dallas, Spring Publications, 1983.

Remerciements

Bien qu'il exige une grande solitude de la part de son auteur, un livre ne se fait pas seul, loin de là. Il réclame un soutien tant physique que moral. Je tiens tout d'abord à remercier mon éditeur Antoine Audouard, aux éditions Robert Laffont, pour son amitié, sa chaleur et sa confiance sans cesse renouvelée dans mon travail. Je me suis senti accueilli, encouragé et compris.

Christiane Blondeau, mon indispensable adjointe aux Productions Guy Corneau et aux Productions Cœur com, a veillé à s'acquitter de toutes les tâches courantes et à faire en sorte qu'on me dérange le moins possible pendant les longs mois qu'a duré la gestation de ce projet. De plus, elle a su assumer avec son talent habituel nombre de responsabilités pendant que je n'étais pas à la barre.

Ma gratitude va de même à mes lecteurs de la première heure, Josée Narbonne, Pierre Choinière et Danièle Morneau, pour leurs précieux conseils et pour leur enthousiasme qui m'a donné des ailes.

D'autres personnes m'ont entouré de leur sollicitude pendant ce travail d'écriture. Plus particulièrement, Pierre Lessard, Jan Bauer et Régine Parez.

Je m'en voudrais d'oublier ceux et celles qui m'ont fait bénéficier de leurs talents de masseurs et de masseuses tant physiques qu'énergétiques : Norman Paquette, Jacques Hébert, Claude Lemieux, Claude Hamel et Enaam Takla. Leurs soins m'ont revigoré pendant cette période qui ne fut pas sans épreuves de toutes sortes. Je tiens à mentionner également mon médecin, Michel Boivin, qui a suivi mon état de santé avec son humanité et son humour habituels.

Gilles Coutlé m'a aidé par ses judicieux conseils, à éviter la tendinite. Toute l'équipe de La Huardière, menée par Marianne Fortin et Markus Studen, au centre écologique de l'université du Québec à Montréal, m'a fait l'effet d'un vent de fraîcheur fort bienvenu lorsque je m'y suis réfugié pendant un mois pour écrire.

Ma considération va aussi à ceux et celles qui m'ont permis si généreusement d'utiliser leurs témoignages pour que leur expérience puisse servir à d'autres. Je pense notamment à Marie-Lise Labonté, à Johanne de Montigny et à Serge Clément.

Finalement, merci aux moments de doute, d'inspiration, de détresse et de béatitude qui m'ont accompagné tout au long. Ils m'ont appris encore une fois que, si nous ne sommes rien face à l'infinité, nous n'en sommes pas moins tendrement accompagnés au sein de l'unité fondamentale.

TABLE

Avant-propos : LA PRESQUE MORT.................... 11
Un témoignage personnel 11
Avez-vous vu mon cheval ?, 11 / La descente aux enfers, 12 / Zoom dans un nuage, 13 / L'abandon, 16 / La nature angélique, 19 / De retour sur terre, 22.

Introduction : NOS SOUFFRANCES ONT-ELLES UN SENS ? .. 25
Une hypothèse de travail........................ 25
La poussée vers le sens, 25 / La maladie m'a appris à vivre, 26 / Ce qui se prouve et ce qui s'éprouve, 28 / Observer la réalité, 29.
L'univers du cœur 31
Poussières d'étoiles, 31 / La vie qui bat, 32 / Richard Cœur de Lion, 34 / Retrouver son équilibre, 36 / L'ouverture du cœur, 37.
Enseignements et renseignements 39
La trajectoire de ce livre, 39 / À l'école du fracas, 40.

1. LES LEÇONS DE LA MALADIE 43
Des médecins nous parlent 43
« Votre maladie est la partie la plus saine de votre personnalité ! », 43 / La guérison en écho, 46 / Une hypothèse complémentaire, 50 / Nous sommes de l'énergie, 52 / « Le médecin soigne, le patient guérit », 53 / « Le germe n'est rien, le terrain est tout », 55 / La maladie est une solution de survie, 57 / Arthur aux mains couvertes d'eczéma, 60 / L'amour et l'intimité prolongent notre durée de vie, 63 / Des recherches convaincantes, 66 / C'est l'amour qui guérit, 70.
La maladie de l'irrespect de soi 72
« L'hypoglycémie m'a sauvé la vie ! », 72 / L'intelligence de la maladie, 74 / L'histoire de Marion, 75 / Le cas d'Alexis, 77 / Ce qu'Alexis n'avait pas digéré, 80 / Au pays des « performants angoissés », 82 / La dimension collective de la maladie, 86.

2. LES LEÇONS DU SENS............................ 91
L'aspect symbolique de la maladie................. 91
Le feu des planches, 91 / La vie est un théâtre, 93 / Le théâtre du rêve, 95 / Faire danser l'imagination, 97.
Comment faire du sens ? 99
Entre le moi et le soi, 99 / Le soi agit comme un thermostat, 100 / L'aspect compensateur des rêves, 101 / Un malaise physique ne vient jamais seul, 103 / Le sens indique une direction, 105 / Tourner

autour du pot, 107 / Le sens est une création subjective, 108 / Le poids du sens, 111 / Le sens agit comme un symbole, 112 / L'avantage d'accorder un sens à ce que nous vivons, 115.

La maladie du Roi-Pêcheur 115
La légende du Graal, 115 / La blessure parle, 118 / Le vase qui guérit, 119.

Les caractéristiques de la maladie 123
La manifestation du « vivant », 123.
1) Vivacité, spontanéité et perte de contrôle, 124 / 2) Délire et déraillement, 125 / 3) Mise en échec du moi et perte de la face, 126 / 4) Mortification et souffrance, 128 / 5) Répétition morbide des symptômes, 129 / 6) Immobilisme forcé, 129 / 7) Présence et peur de la mort, 130.
Prendre conscience de soi-même, 132.

3. LES LEÇONS DE L'ÉPREUVE 135

Le sens des épreuves 135
La culture de la douleur, 135 / Qu'est-ce que la « synchronicité » ?, 141.

Une rencontre opportune 144
À la terrasse d'un café, 144 / Un accident qui délivre, 146.

Johanne de Montigny ou le crash intérieur 147
Une leçon de courage, 147 / Si vous avez mal, c'est que vous êtes en train de guérir, 150 / Vingt ans après, 152 / La souffrance morale révèle l'âme, 153 / Le déni cache un espoir, 154 / Une relation intime avec l'inconnu et l'imprévisible, 155 / Pouvoir dire que l'on a besoin, 156.

Marie-Lise Labonté ou l'autoguérison 157
La maladie est un processus d'autodestruction, 157 / Le verdict, 159 / Le corps a ses raisons, 161 / La douleur émotionnelle, 163 / L'arthrite mentale, 164 / Transformer ses croyances, 165 / Muktananda, 167 / L'élan de l'esprit, 168 / Exprimer la pulsion de mort pour cultiver l'élan de vie, 169.

La « glande à bonheur » 171
La leçon de l'épreuve collective : la solidarité, 171 / On peut mener le cheval à la fontaine..., 172 / Malgré tout..., 175.

4. LES LEÇONS DE L'AMOUR 177

Les enseignements de la peine d'amour 177
La pulsion d'amour, 177 / Une question de friction, 179 / « Miroir, miroir, dis-moi qui est la plus belle... », 182 / Lorsque les assiettes commencent à voler, 184 / Les nœuds de l'enfance, 186.

Quelques exemples 189
Hélène, la battante, 189 / Lucia, la romantique, 192 / Alain, le dépendant, 195.

L'amour de la peine 197
Les Olympiades de la souffrance, 197 / Un peu plus de la même chose, s'il vous plaît !, 199 / S'en tenir au difficile..., 200 / Si nos souffrances

Table

ont un sens, pourquoi nous séparer ?, 202 / La question des besoins fondamentaux, 204 / Est-il juste d'avoir besoin de sécurité ?, 207.

Le but de l'amour 209
Le choix amoureux existe-t-il ?, 209 / Les étapes de la vie amoureuse, 210 / Un exercice récapitulatif, 212.

5. LA GUÉRISON DU CŒUR 215

Conseils pour un cœur endolori 215
Le chantier de l'être, 215 / La bienveillance envers soi, 217 / Cheminer avec plaisir, 221 / La création d'un espace intérieur, 222 / S'exprimer, 226 / Imaginez ! imaginez ! il en restera toujours quelque chose..., 228 / Une nouvelle information dans le système, 230 / La fluidité psychique, 231 / Pourquoi ressasser le passé ?, 233 / Se rendre disponible au présent, 235 / Choisir le rythme de son évolution, 237.

Et le bonheur, dans tout ça... 238
Une différence d'ouverture, 238 / Les leçons de la joie, 242 / Un processus d'arrondissement de la personnalité, 244 / L'insatisfaction est notre guide le plus sûr, 246 / Nos malheurs viennent de nos attentes, 249 / S'abandonner au mouvement naturel est la véritable source du bonheur, 250 / À quoi ressemble la musique d'un cœur guéri et allégé ?, 252.

6. LES LEÇONS DE LA LIBERTÉ 225

À propos de l'intolérable 255
Nous ne pouvons pas nous guérir de notre monstruosité, 255 / Intolérable Sierra Leone, 256 / L'enfer de Srebenica, 258 / Une pulsion d'union pervertie, 259 / L'omniprésence du mal, 261 / Une invitation à la compassion, 263 / Le passage par l'ombre, 264.

Vertigineuses spéculations 266
Les dimensions cachées de notre univers, 266 / Tout est en transformation perpétuelle, 268.

Conclusion : LA PLUS BELLE CRÉATION DE L'ÊTRE HUMAIN   273
L'ironie de la vie, 273 / Petite récapitulation, 274 / Science et conscience, 276 / Aimer, c'est être Un, 277.

Bibliographie 279
Remerciements 283

La guérison du cœur

Si vous désirez recevoir des informations au sujet des conférences et des séminaires de Guy Corneau ou la brochure des Productions Cœur.com, ou si vous souhaitez obtenir des renseignements sur les réseaux d'entraide pour les hommes et pour les femmes, nous vous prions de contacter :

Pour le Québec :

Les Productions Cœur.com
627 Querbes, Outremont, Qc
Canada, H2V 3W6
Tél. : (514) 990-0886
Fax : (514) 271-3957

Pour L'Europe francophone :
Les Productions Cœur.com
90, avenue du Monde
B-1400, Nivelles
Belgique
Tél. : (32) 67.21.23.87
Fax : (32) 67.84.43.94

Vous pouvez également consulter notre site Internet :
www.productionscœur.com

Cet ouvrage a été réalisé par la
SOCIÉTÉ NOUVELLE FIRMIN-DIDOT
Mesnil-sur-l'Estrée
pour le compte des Éditions Robert Laffont
24, avenue Marceau, 75008 Paris
en mars 2000

Imprimé en France
Dépôt légal : avril 2000
N° d'édition : 40609/01 – N° d'impression : 50415